VERENA KÖNIG

Trauma und Beziehungen

arkana

VERENA KÖNIG

Trauma und Beziehungen

Wie wir die immergleichen Bindungsmuster hinter uns lassen

Mit Illustrationen von
Verena Mayer-Kolbinger

arkana

POLYVAGAL INSTITUTE
PVI
POLYVAGAL INFORMED

Certified by Polyvagal Institute as accurately representing the principles described in Polyvagal Theory.

MIX
Papier | Fördert gute Waldnutzung
FSC® C014496
FSC www.fsc.org

Penguin Random House Verlagsgruppe FSC® N001967

10. Auflage
Originalausgabe September 2024

Neumarkter Straße 28, 81673 München
produktsicherheit@penguinrandomhouse.de
(Vorstehende Angaben sind zugleich
Pflichtinformationen nach GPSR.)

Lektorat: Anne Nordmann
Illustrationen: Verena Mayer-Kolbinger
Umschlag: ki 36 Editorial Design, München
Umschlagmotiv: © creativemarket/Basia Stryjecka,
© Adobe Stock/Mykola Mazuryk
Satz: Satzwerk Huber, Germering
Druck und Bindung: GGP Media GmbH, Pößneck
Printed in Germany
SC · CS
ISBN 978-3-442-34310-2

www.arkana-verlag.de

INHALT

EINLEITUNG

Trauma geschieht in Beziehungen und
Trauma heilt in Beziehungen.

Woran erkenne ich ein Trauma? Und wann ist ein Trauma geheilt? Diese und ähnliche Fragen werden täglich in E-Mails, den sozialen Medien oder Interviews und natürlich in der Praxis an mich herangetragen. Im Laufe der Jahre haben sich meine Antworten auf diese Fragen verändert. Am Anfang meiner Laufbahn als Traumatherapeutin berief ich mich auf Diagnosekriterien und Evaluationstechniken. Wirklich richtig angefühlt hat sich das nie, denn diese Parameter geben etwas nicht wieder, das für traumatisierte Menschen so wesentlich ist: das Maß an Verbundenheit und empfundener Sicherheit in ihrem Leben. Deswegen lauten meine Antworten heute eher so:

> *Trauma erkennen wir daran, wie wir unsere Beziehungen führen und erleben. Das Maß an Heilung von Traumafolgen erkennen wir daran, wie sicher, wohl und lebendig wir uns in unseren Beziehungen fühlen.*

Und damit meine ich nicht ausschließlich die Paarbeziehung, sondern jegliche Beziehungen, zu allem und jedem, dem wir uns verbunden fühlen können. Sei es die Beziehung zu unserem Körper, unseren Mitmenschen, dem Planeten Erde oder auch zu unseren Symptomen und unserer Vergangenheit.

Nirgendwo im Leben zeigt sich der Schmerz unserer Versehrtheit so deutlich wie in unseren Beziehungen. Und zwar ganz gleich, ob wir uns die Probleme in unserer eigenen Alltagswelt anschauen oder ob wir die größten Probleme der Menschheit betrachten. Wieso ist das so?

Ganz einfach auf den Punkt gebracht: Weil wir einander brauchen und uns das verletzlich macht. Unsere menschliche, soziale Natur lebt buchstäblich von zwischenmenschlicher, lebendiger Verbundenheit. Wo es an ihr mangelt, herrschen Disharmonie, Leid und wiederkehrende Konflikte.

Trauma zerreißt Verbundenheit

Stress- und Traumafolgen beeinträchtigen in hohem Maße, wie und ob wir Verbundenheit erleben.

Mit anderen Worten: Viele unserer Probleme haben mit ungelösten Traumata in individuellen Biografien und kollektiven Zusammenhängen zu tun.

Die Traumaforschung zeigt, dass sogenannte »Man made«-Traumata, also jene Traumatisierungen, die Menschen einander zufügen, eine andere Wirkung auf die Psyche und das gesamte Leben haben als etwa Traumata durch Naturkatastrophen oder Unfälle. Die Verarbeitung zwischenmenschlicher Traumata scheint komplexer. Insbesondere frühe Verletzungen auf der Bindungsebene beschäftigen uns unbewusst und subtil, aber kraftvoll, machtvoll und dauerhaft in all unseren Lebensbereichen.

Ein Mensch, der ein psychisches Trauma erlitten hat, ist tief verwundet und empfindet die Welt als einen gefährlichen Ort und Menschen als bedrohlich. Deswegen hemmen Traumafolgen ihn fortan in der Erfüllung seiner elementaren, zwischenmenschlichen Bedürfnisse nach Liebe, Geborgenheit, Verbundenheit und gemeinsamer Entwicklung, die dann oft nur erschwert oder gar nicht erfüllt werden können. Diese Tatsache bleibt noch immer häufig unerkannt. Infolgedessen mühen wir uns mit 5-Schritte-Plänen zur Beziehungsrettung, künstlich anmutenden Kommunikationstechniken zur Deeskalation oder komplexen Regelwerken zur Wahrung unterschiedlicher Interessen ab, ohne dass wir dabei glücklicher werden. Um all die vielfältigen Beziehungsthemen wirklich zu transformieren, geht es nicht vorrangig darum, sich mit den Symptomen auseinanderzusetzen, sondern viel mehr um die Wunden, die zu diesen Symptomen führen. Solange wir unsere Wunden nicht sehen, werden sie nicht heilen und wir werden unserem Schmerz nicht heilsam begegnen können. Hier sind wir mit einem scheinbaren Paradoxon konfrontiert: Trauma geschieht in Beziehungen, sodass wir uns infolgedessen verschließen und unsere Wunden verbergen, um uns zu schützen. Doch Trauma heilt auch in Beziehungen, sodass wir ohne menschliche Verbundenheit weiter in Einsamkeit und alten Schutzstrategien verharren.

Solange wir unseren Schmerz nicht als Ruf nach Verbundenheit erkennen, werden wir ihn nur weiter zu betäuben versuchen, statt uns seinen Wurzeln zuzuwenden. Und damit werden auch unsere Beziehungen Ausdruck dieser Wunden sein, die endlich gesehen und versorgt werden wollen.

Traumadynamiken zu verstehen hilft, die Heilkraft von Beziehungen zu entfalten

Das theoretische, sachliche Wissen über Trauma und seine Folgen ist hilfreich, wenn nicht sogar Bedingung, um Beziehungsdynamiken, die auf frühe Traumata zurückzuführen sind, erkennen und verändern zu können. Wenn wir lernen, die Auswirkungen von Trauma zu verstehen, lernen wir, unsere menschliche Natur zu verstehen. Wenn es uns gelingt, dieses Wissen zu verkörpern, es also aktiv zu leben, können wir über unsere alten Wunden hinauswachsen. Darin liegt das große Potenzial, die unbewussten, alten Kreisläufe, an die wir uns angepasst und die wir als gegeben angenommen haben, nicht mehr weiter und weiter am Leben zu erhalten. Es liegt in unseren Händen, stattdessen in unserem Inneren und der Welt eine Atmosphäre zu schaffen, in der menschliche Verletzlichkeit und Empfindsamkeit als Nährboden für echte Verbundenheit und sichere und würdevolle Begegnungen gestärkt werden können.

Dies ist kein Beziehungsratgeber

Dieses Buch enthält keine Tipps und Tricks, mit denen wir endlich die erfüllte Liebesbeziehung finden oder immer gelassen und ausgeglichen jede Welle des Lebens surfen. Es will vielmehr einen Aspekt deines Wesens ansprechen, der jenseits deiner Verletzungen, Prägungen und Muster existiert und der hilft, ein Leben in Verbundenheit und grundlegender Balance zu führen.

Es will dich inspirieren zu erkennen, dass all die Muster und Symptome, die dein Leben vielleicht bestimmen, logische Folgen deiner Vergangenheit und hochintelligente Anpassungsleistungen an widrige Umstände darstellen. Hinter diesen Überlebensstrategien liegt deine natürliche, in deinem Nervensystem und deinem Körper tief verwurzelte Fähigkeit zur sicheren Bindung, gesunden Beziehung und tiefen Verbundenheit mit dem Leben. Wenn es uns gelingt, diese Fähigkeit wiederzuentdecken, können wir beginnen, Beziehungen als heilsame, sichere Orte zu kultivieren. So können die schmerzliche Einsamkeit und die Entfremdung von uns selbst und unserer verletzlichen Natur langsam enden.

Möge dieses Buch dir wie ein Kompass sein, der dir auf deinem Weg die Richtung zu deiner unversehrten Natur und gelingenden Beziehungen weist.

Zum Umgang mit den Inhalten

Die Begegnung mit der eigenen Verletzlichkeit und Verletztheit kann sehr intensiv sein. Es kann weh tun, wieder mit dem Schmerz in Kontakt zu kommen, den man in die hintersten Winkel des eigenen Inneren gepackt hat. Doch dieser »Bewusstwerdungsschmerz« hat, wohl dosiert, etwas sehr Heilsames. Es kann sich erlösend, wohltuend und tröstlich anfühlen, wenn endlich der Moment gekommen ist, in dem die alte, ungesehene Versehrtheit einen Platz, eine Zeugenschaft und einen Raum bekommt.

Dieses Buch versucht, dich ganz behutsam und doch bestimmt an die Hand zu nehmen, um eine solche Begegnung zu ermöglichen.

In Teil 1 legen wir mit grundlegenden Informationen zu Traumadynamiken, unserer bindungsorientierten Biologie, unserem Nervensystem und frühen Prägungen die Basis. Durch das Wissen um die Grundlagen der Bindungsforschung und der Polyvagaltheorie bekommen wir ein neues Verständnis für zwischenmenschliche Dynamiken. In Teil 2 und 3 tauchen wir tief in die Ursachen für unsere tiefen Verwundungen ein, damit du Worte bekommst für das, was oft schwer in Worte zu fassen ist. Wir sehen uns die Folgen dieser Verletzungen für unser Nervensystem und unsere Beziehungen an und betrachten, welche hochintelligenten Überlebensstrategien wir von klein auf entwickeln, um mit ihnen klarzukommen. Teil 4 möchte dich inspirieren, zuversichtlich und mutig das gesammelte Wissen in eine heilsame Praxis zu übersetzen, die dir Kraft gibt, mit deiner Verletzlichkeit und Verletztheit Frieden zu schließen und Schritt für Schritt einen heilsamen Lebenswandel und zwischenmenschliche Verbundenheit zu kreieren.

Möglicherweise bringen die Informationen in diesem Buch in dir einen Prozess in Bewegung. Solche Prozesse wirken integrativ, da das, was bisher nicht vollständig verarbeitet wurde, im Licht deines Bewusstseins einen Platz bekommt. Gleichzeitig kosten derartige innere Bewegungen Energie, da sie einem Umbau an der Basis deiner inneren Architektur gleichen können. Sowohl emotional als auch gedanklich und auch neurobiologisch beginnen Dinge, sich neu zu sortieren. All das führt zu heilsamer Veränderung.

Daher möchte ich dich einladen, dieses Buch, so wie jede Auseinandersetzung mit dem Thema Trauma und Traumafolgen, bewusst, achtsam und behutsam handzuhaben. Je interessanter dir der Lesestoff erscheint, desto kleiner sollten die Portionen sein. Um dir diese Vorgehensweise zu erleichtern, findest du immer wieder Reflexionsfragen, die dich einladen, innezuhalten und mit dir selbst Kontakt aufzunehmen. Vielleicht möchtest du ein Notizbuch zur Hand nehmen und eine Art Lesetagebuch führen, in dem du vermerkst, was für dich besonders wichtig ist oder dich besonders bewegt. Schenke dir Zeit, um die Aspekte, die dich berühren, zu reflektieren und zu integrieren. Damit beginnst du bereits, die Beziehung zu deinem Inneren mit Achtsamkeit und Bewusstheit zu bereichern und einen sicheren Rahmen für das zu erschaffen, was du erlebst. Wenn du möchtest, betrachte die Lektüre dieses Buches als eine Reise. Raste regelmäßig, genieße die Landschaften, die dir guttun, und bewege dich achtsam durch die Wegabschnitte, die dich herausfordern.

Du findest in meinem Text sowohl die weibliche als auch männliche Form. Jeder Mensch, gleich welcher Geschlechteridentität, möge sich in diese Formulierungen eingeschlossen fühlen.

Ich hoffe, dass es dir ein Gefühl von menschlicher Wärme und Zugewandtheit vermittelt, wenn ich dich duze, und dass ich dir damit nicht zu nahetrete.

Und nun wünsche ich dir eine inspirierende Lesereise mit heilsamen Erkenntnissen und bereichernder Selbstreflexion.

ESSENZ: DER SCHLÜSSEL ZUR TRAUMAINTEGRATION LIEGT IN UNSEREN BEZIEHUNGEN

Trauma ist ein großer Überbegriff und hat viele Gesichter. Traumafolgen sind sehr vielfältig. Eines haben jedoch alle Traumafolgen gemein: Die Wirkung von Trauma zeigt sich in unseren Beziehungen. In der Beziehung zu uns selbst und zu unserem Körper, in den Beziehungen zu anderen Menschen, zur Welt und zum Leben. Deswegen liegt der Schlüssel zur Traumaintegration ebenso in Beziehungen.

Wir sind zutiefst soziale Wesen und in der gesunden Bezogenheit aufeinander liegt eine große Heilkraft, die es zu entdecken gilt.

1

Das Leben ist Beziehung

Wir brauchen einander.

In einer Welt, in der Kriege, soziale Ungerechtigkeit,
drohende Katastrophen und Konkurrenzkämpfe
die Schlagzeilen beherrschen, klingt dieser
Satz wie eine weltfremde Ermahnung.

Doch wenn wir als Individuen und Gemeinschaft die Chance
auf eine Zukunft in Frieden und Gesundheit nicht verpassen
wollen, müssen wir uns dieser simplen Wahrheit zuwenden.

Sie ist keine emotionale Floskel,
sondern eine treffende Beschreibung
unserer menschlichen Natur.

VON DER HEILSAMEN KRAFT, GESEHEN ZU WERDEN

Menschen beginnen in dem Moment zu heilen,
in dem sie sich gesehen fühlen.

»Er sieht mich einfach nicht.«
Als Bella diesen Satz ausspricht, füllen sich ihre Augen mit Tränen und die wütende Entrüstung, mit der sie zuvor über ihren Partner geklagt hat, wird von ihnen verschluckt. Bella sackt in sich zusammen, ihre Schultern fallen nach vorne, sie verbirgt das Gesicht in den Händen. Keine Spur ist mehr von der aufgebrachten, energisch gestikulierenden Frau zu sehen.
Stattdessen wird etwas erkennbar, was hinter all der Wut, Genervtheit und Verzweiflung steht: ein tiefer, fast unaushaltbarer Schmerz – der Schmerz, nicht gesehen zu werden.

Es gibt kaum etwas Heilsameres als das Gefühl, verstanden und gesehen zu werden. Es ermöglicht uns, echte Verbundenheit und Zugehörigkeit zu erleben. Wenn wir uns gesehen fühlen, fühlen wir uns sicher. Wenn uns jemand wirklich wahrnimmt, fühlen wir uns in seiner Gegenwart geborgen und können Mut schöpfen und Zuversicht fassen, um über eine Wunde oder uns selbst hinauszuwachsen. In dem Augenblick, in dem wir spüren, dass ein Gegenüber uns im eigenen Inneren willkommen heißt, können uralte, selbst über Generationen fortdauernde Verwundungen beginnen zu heilen. Die Würde eines Menschen oder eines ganzen Volkes wird wiederhergestellt, wenn Schmerz, Leid und Unrecht offiziell und aufrichtig anerkannt werden. Das Gefühl eines Opfers, allein und verloren zu sein, kann enden, wenn ein mitfühlender Mensch, der Ähnliches kennt, den Schmerz des Unaussprechlichen mit einem warmen Blick bezeugt.

Zu den heilsamsten Sätzen, die wir einander sagen können, gehören vermutlich diese: Ich sehe dich. Ich glaube dir. Du bist nicht allein.

Verdrängung als Überlebensstrategie

Sich nicht verstanden und gesehen zu fühlen, führt hingegen dazu, dass wir uns einsam, nicht zugehörig oder sogar wertlos fühlen. Solche Empfindungen können zum Schicksal werden und ein ganzes Leben bestimmen. Dann steuern sie unterbewusst unsere Gedanken, Gefühle und Handlungen. Und das nicht etwa, weil sie uns immerzu quälend bewusst sind, sondern viel eher, weil sie unterdrückt und verdrängt werden. Sie sind so schwer zu ertragen, dass unser Inneres versucht, uns vor dem Schmerz, der in ihnen gebunden ist, zu schützen. Diese unbewusste Schutzstrategie hat auf Dauer einen hohen Preis. Denn was wir aus dem Bewusstsein drängen, verliert mitnichten an Bedeutung, sondern wirkt im Inneren wie im Außen fort, was vielerlei Konsequenzen hat:

- **Was wir verdrängen, können wir nicht verarbeiten.** Was nicht verarbeitet ist, behindert die persönliche Entwicklung und schmälert die Chance, aus den gemachten Erfahrungen zu lernen, an ihnen zu wachsen und sie nicht an andere weiterzugeben.
- **Wir vermeiden nicht nur das, was wir ausblenden, sondern sämtliche Aspekte des Lebens, die damit verknüpft sind.** So meidet etwa eine frühtraumatisierte Person, sich sportlich zu betätigen, weil der Anstieg der Herzfrequenz in ihrer inneren, unterbewussten Wahrnehmung (Interozeption) die Erinnerung an lange zurückliegende angstvolle Zustände des Kontrollverlustes wachruft. Dieses Meideverhalten geschieht nicht bewusst. Daher verstehen viele Menschen sich selbst nicht. Sie fühlen sich unzulänglich, denn es wäre doch gesund und vernünftig, Sport zu treiben,

aber »irgendetwas« ist stärker als Vernunft und Wille und hält sie immer wieder davon ab.

- **Was nicht verarbeitet und integriert ist, wird projiziert.** Die Psychodynamik der Projektion zeichnet sich dadurch aus, dass wir Gefühle, Gedanken und Bedürfnisse, die wir bei uns selbst ablehnen, auf eine andere Person oder ein Objekt übertragen, um uns im eigenen Inneren davon zu distanzieren. Dieser Abwehrmechanismus führt häufig zu der Tendenz, impulsiv, unreflektiert und ungerecht zu urteilen. So neigt jemand, der mit seinen Bedürfnissen in der Kindheit alleingelassen wurde, möglicherweise dazu, einen hilfsbedürftigen Menschen als weinerlich und übersensibel abzuwerten. Vermutlich gründen viele Ressentiments in eigenen, unintegrierten Verletzungen, die wir nach außen übertragen, um den Druck im Inneren zu mindern.
- **Unverarbeitete Traumata werden häufig weitergegeben.** Die Begriffe »intergenerationelles« und »transgenerationelles Trauma« umschreiben genau diese Tatsache. Was ausgeblendet statt verarbeitet wird, findet oft mehr oder weniger offensichtlich in innerfamiliären oder kollektiven Kontexten seinen Ausdruck. Ein klassisches Beispiel ist ein traumatisierter Elternteil, dessen Trauma das Erziehungsverhalten und die emotionale Verfügbarkeit beeinflusst, was wiederum Auswirkungen auf die Kinder hat. Oder aber die Atmosphäre der Angst, in der Generationen von Kindern mit dunkler Hautfarbe in einer von Rassismus infiltrierten Gesellschaft Tag für Tag leben.
- **Schmerzliche Gefühle abzuschneiden, bedeutet auch, sich von der eigenen, fühlenden Natur abzuschneiden.** Es ist nicht möglich, einzelne Gefühle selektiv zu isolieren. Wenn wir Gefühle dauerhaft unterdrücken, hat das zur Folge, dass unsere emotionale Schwingungsfähigkeit leidet. Es fällt uns dann schwerer, uns mit anderen zu freuen, uns in den Schmerz eines anderen einzufühlen oder uns den eigenen Emotionen zuzuwenden und uns selbst Trost zu spenden. Diese Strategie geht augenscheinlich zulasten der Lebenselixiere Nähe und Verbundenheit. Es scheint eine Gleichung zu gelten: In dem Maße, in dem Gefühle verdrängt werden, schwin-

den Toleranz und Empathie. Je mehr ein einzelner Mensch oder ein Kollektiv verdrängt, desto mehr herrschen emotionale Kälte und Empathiemangel.

- **Je höher der innere Druck wird, desto stärker müssen die Kompensationsstrategien sein.** Mit Verdrängung allein ist es nicht getan. Was nicht verarbeitet ist, ist triggerbar. Das bedeutet, dass Aspekte dessen, was wir aus dem Bewusstsein verbannen, durch Reize aus dem Außen oder Inneren aktiviert werden können. So kann etwa durch einen Streit (Trigger), eine tiefe Angst vor dem Verlassenwerden ausgelöst werden. Diese (vermutlich alte) Angst muss nun irgendwie ausgehalten werden, oder noch besser, so schnell wie möglich weg. Wenn wir nicht gelernt haben, mit intensiven Gefühlen umzugehen, haben wir stattdessen gelernt, sie zu kompensieren. Kompensation ist eine kreative Anpassungsleistung, die vielfältige Strategien hervorbringt, die wiederum häufig viel Kraft kosten. Es ist sehr anstrengend, beispielsweise die Angst vor dem Verlassenwerden Tag für Tag zu kompensieren, indem wir eigene Bedürfnisse zurückstellen und uns für andere aufopfern. (Später werden wir verschiedene Kompensationsstrategien genauer beleuchten.)

Kompensation als Überlebensstrategie führt über kurz oder lang zur Dekompensation

Viele meiner Klientinnen und Klienten kamen zu einem ganz bestimmten Zeitpunkt in ihrem Leben erschöpft und in großer Not zu mir in die Praxis: als die Kraft nicht mehr ausreichte, um sowohl Verdrängungsmechanismen als auch Kompensationsstrategien aufrechtzuerhalten, und alles über sie hereinbrach. Während die Herausforderungen im Außen weiter stiegen, hatten sie keine Chance, mit ihnen zu wachsen, da die »altbewährte« Strategie des Verdrängens verhindert hatte, dass sie adäquate Werkzeuge finden und innere Stabilität bilden konnten. Manchmal genügt dann ein scheinbar kleines Ereignis und die Belastungsgrenze ist erreicht. Dann brechen die inneren Dämme. Der Druck wird einfach zu groß. All das, was durch Kompensation und Verdrängung in Schach gehalten wurde, strömt nun ins Bewusstsein. Die Kompensation gelingt nicht mehr, die alte Strategie versagt.

Der Moment der Dekompensation stellt häufig eine große Krise dar. Nicht selten werden Menschen in einer Dekompensation retraumatisiert, weil all die alten Empfindungen ungefiltert das Hier und Jetzt überfluten. In diesem Kontext fällt häufig der Begriff »late onset pTSD«, der besagt, dass eine komplexe Posttraumatische Belastungsstörung auch viele Jahre nach den auslösenden Ereignissen auftreten kann. Es ist also keine dauerhafte oder verlässliche Lösung, mit Kompensationsstrategien das eigene Innere zu kontrollieren. Kompensationsstrategien sind sehr hilfreich, um für eine begrenzte Zeit trotz großer Belastung eine gewisse Stabilität zu erreichen. Diese Stabilität hat aber ihre Grenzen. Wahre Stabilität und wirkliche Resilienz erreichen wir dadurch, dass wir unsere verdrängten Gefühle und Empfindungen integrieren und uns mehr und mehr auf uns selbst und andere verlassen können, statt uns selbst immer wieder zu verlassen.

Aus diesem Blickwinkel betrachtet, kann eine Dekompensation auch einen Wendepunkt darstellen, der viel Gutes mit sich bringt. Denn das Ende der Kompensation ist oftmals der Beginn der Integration und damit nicht selten der Anfang eines neuen Lebensabschnitts voller heilsamer Momente.

BASISWISSEN: INTEGRATION ALS SCHLÜSSEL

In der traumatherapeutischen und traumasensiblen Arbeit ist Integration ein Schlüsselfaktor. Traumafolgen ergeben sich durch die fehlende Verarbeitung, also Integration des Geschehenen. Da infolgedessen Verdrängung, Dissoziation und Kompensation eine große Rolle spielen, geht es niemals darum, Verhaltensmuster, Eigenschaften oder Symptome »loszuwerden«, weil dies die Verarbeitung weiter erschweren oder sogar verhindern würde. Sondern es geht stets darum, sie zu integrieren. Es ist höchst nachvollziehbar, wenn man Unangenehmes, Unliebsames oder gar Quälendes loswerden möchte. Doch was wir erlebt haben und was das Erlebte mit uns gemacht hat, gehört zu uns. Es loshaben zu wollen, bedeutet gewissermaßen, einen lebendigen Teil unserer Selbst zunichtemachen zu wollen. In dieser so nachvollziehbaren Sehnsucht liegt etwas unmittelbar Destruktives, das sich häufig in dem Gefühl, sich selbst immer fremder zu werden, zeigt. Der Kampf gegen das, was wir loswerden wollen, ist immer ein Kampf gegen uns selbst und den können wir nur verlieren.

Wenn wir hingegen die Strategie wechseln und zunächst einmal grundlegend davon ausgehen, dass das, was zu uns gehört, nicht gegen uns ist, sondern für uns, ändert sich die Lage. Wenn wir anerkennen, dass unsere Überlebensstrategien und Kompensationsmechanismen gesund und nicht falsch sind, kann der Kampf enden. Der Prozess der Integration kann beginnen. Wir fangen an, uns aus der Starre der Überlebensstrategien zu befreien und uns weiterzuentwickeln. Indem wir beginnen, neugierig zu werden auf das, was jenseits unserer Strategien, Verhaltensmuster und Symptome liegt, kann sich nach und nach unser unversehrtes Wesen zeigen, das hinter alledem mal mehr, mal weniger verborgen war.

Integration bedeutet, dem, was ausgeschlossen war, einen Platz im Licht des Bewusstseins zu geben. Gefühle, Erinnerungen und Körperempfindungen wollen heimkehren. Im heilsamen Licht des Bewusstseins ist auch Platz für die Wirklichkeit unseres eigenen Erlebens. Es war, wie es war. Und das gehört zu uns, unserem Leben und unserer Vergangenheit. Integration ist, wie hier vermutlich deutlich wird, keine Entscheidung oder ein einmaliges Ereignis, sondern ein Prozess.

Die größte Heilkraft liegt in unseren zwischenmenschlichen Beziehungen

Ob wir einander sehen und unterstützen oder uns weiter mit Projektionen und Kompensationsstrategien im Kreise drehen, ist in meinen Augen das Entscheidende für individuelles Lebensglück und eine weitgehend friedliche Welt. Wo Wohlwollen und Respekt die Basis für menschliche Begegnungen sind, geschieht Heilsames, Versöhnliches und auch Neues. Wenn es uns gelänge zu verstehen und anzuerkennen, dass wir alle, ohne Ausnahme, von Natur aus aufeinander angewiesen sind, käme das einem »Zurücksetzen auf unsere Werkseinstellung« gleich und wir hätten die Chance auf einen echten Neubeginn. Pur, unschuldig und jenseits der antrainierten Kampf- oder Fluchtreaktionen und antrainierten Kompensationsstrategien. Selbst wenn das poetisch, idealistisch oder naiv klingt, gibt es Grund, zuversichtlich zu sein. Wir werden im Weiteren erkunden, welche Argumente oder gar Beweise uns sowohl die Neurobiologie als auch die Bindungstheorie dafür liefern.

Einladung zur Reflexion

Wie geht es dir mit dem Gedanken, dass wir einander brauchen? Ist er eher angenehm, eher unangenehm, oder fühlt er sich ambivalent an?

Was löst er in deinem Körper für (fast unmerkliche) Reaktionen aus? Was geschieht mit deinem Atem und deiner Körperhaltung?

Was löst er für Gedanken, Assoziationen oder Erinnerungen aus? Welches »Aber ...« kommt in dir auf?

Notiere dir deine Antworten, um zu beobachten, ob sich im Laufe der Zeit etwas daran ändert, wenn du mehr über unsere bindungsorientierte Natur erfährst.

ESSENZ: ES GIBT NOCH GANZ ANDERE WEGE ALS DAS VERDRÄNGEN, UM NICHT VON ALTEN GEFÜHLEN ÜBERWÄLTIGT ZU WERDEN.

»Entweder ich werde von diesem Gefühl weggespült oder ich verdränge es.«

Viele von Traumafolgen betroffene Menschen glauben, dass es nur dieses »Entweder-oder« gäbe. Doch da ist so viel mehr, was einem heilsamen Umgang mit überflutenden Gefühlen wirklich dient:

- Werde dir bewusst, dass du das, was dich so beutelt, bereits überstanden hast! Was in deinem Inneren noch wirkt, ist der unverarbeitete Nachhall der Vergangenheit.
- Du bist größer als das, was dir passiert ist!
- Indem du lernst, dein Nervensystem zu verstehen und es zu regulieren, wird die Wucht der alten Gefühle abflauen.
- Indem du bewusst gute Erfahrungen im Hier und Jetzt sammelst, bringst du heilsame Informationen in dein versehrtes Inneres.
- Indem du dir deiner Ressourcen bewusst wirst und sie pflegst, stärkst du deine Resilienz und lernst, dir Halt zu geben.
- Indem du wohltuende Beziehungen pflegst, gestaltest du ein Leben jenseits der Schatten der Vergangenheit.
- Indem du dir Hilfe und Unterstützung holst, durchbrichst du die alte Überzeugung, dass du allein bist und es niemals besser werden wird.

Einladung zur Reflexion:
Was hilft dir, um überflutende Gefühle zu regulieren? Was sind wichtige Ressourcen für dich auf dem Heilungsweg?

Anpassung als Überlebensstrategie – Es wird »normal«, was schadet.

Viele Menschen – und zu einem großen Teil wohl auch die Menschheit als Ganzes – sind so sehr in ihren Kompensationsstrategien verstrickt, mit denen sie versuchen, ihren alten und abgekapselten Schmerz auszublenden, dass Einsamkeit, andauernde Konflikte und mangelnde Verbundenheit zu einem Normalzustand für sie geworden sind. So gilt es eher als Ausnahme und hohe Errungenschaft, wenn in einer Region dauerhaft Frieden herrscht, als dass es als Ausnahme betrachtet würde, dass es Kriege gibt. Eine hohe Scheidungsrate ist heute »normal«. Es wird auch als normal gehandelt, dass wir an unserer Work-Life-Balance arbeiten und unseren Medienkonsum besser in den Griff kriegen sollen, statt dass wir uns fragen, wieso wir diese Probleme überhaupt haben. Es ist »normal«, dass wir Symptome behandeln, statt uns ihren Ursachen zuzuwenden.

Ich glaube, dass das Phänomen, toxische Bedingungen zu normalisieren, ein Ergebnis unserer Fähigkeit zur Anpassung ist. Diese Fähigkeit dient evolutionär dem Überleben unter widrigen Umständen. Sie ermöglicht es uns, auch in lebensfeindlichen Umfeldern zu bestehen und uns im Rahmen der Möglichkeiten weiterzuentwickeln. Wenn wir destruktive Umstände weiter am Leben erhalten und sie als »normal« akzeptieren, tappen wir jedoch in die Falle der eigenen Anpassungsleistung und berauben uns wahrer Entwicklungschancen. Dann beschränkt sich unsere Entwicklung lediglich darauf, uns meisterlich in diesen Umständen einzurichten und zu überleben, statt zu leben. Indem wir uns fragen, wie wir unter diesen Umständen klarkommen, machen wir uns zu ihren Komplizen. Diese Komplizenschaft macht uns blind für Auswege und Alternativen.

Ich verstehe es als eine Voraussetzung für gelingende Beziehungen und Lebensglück, dass wir uns der toxischen Anpassungen bewusst werden, ihre Ursachen hinterfragen und uns nach und nach aus ihnen befreien. Diese Befreiung ist ein großer, heilsamer und komplexer Prozess.

Prägungen, die durch Wiederholung unter Stress entstehen, sind hochfunktionale Konditionierungen

Zunächst geht es darum, zu begreifen, dass Prägungen aus Kindheit und Jugend gemeinsam mit unserer Sozialisierung in bestimmten Normen einer Konditionierung gleichkommen. Das bedeutet, dass durch wiederholte Erfahrungen automatische Reaktionen, Erwartungen und Handlungsmuster entstehen. Für vernachlässigte Kinder etwa fühlt es sich »normal« an, schlecht behandelt zu werden, auch wenn sie schwer darunter leiden. Das heißt, in ihnen wirkt eine selbstverständliche Erwartung, so behandelt zu werden. Wenn wir uns unserem alten Schmerz zuwenden, liegt darin also auch das Potenzial, aus konditionierter Ohnmacht, Hilflosigkeit und Erwartung zu erwachen und in das Empfinden von Selbstwirksamkeit hineinzuwachsen. Wir bekommen die Chance, eine neue, selbstgewählte und selbstbestimmte Wirklichkeit zu kreieren.

Wie kann das gelingen, wenn unsere frühen Prägungen und Schutzmechanismen so solide und automatisiert funktionieren? Wieso genügt es offenbar nicht, sie zu erkennen, um sich aus ihnen zu befreien? Um Antworten auf diese Fragen zu finden, ist es wichtig, ein paar grundlegende Funktionsweisen unserer menschlichen Biologie zu verstehen. Dafür nehmen wir uns zu Beginn dieses Buches nun einmal in Ruhe Zeit.

BASISWISSEN: UNSER AUTONOMES NERVENSYSTEM (ANS)

Unser Nervensystem besteht aus verschiedenen Teilen, die unterschiedliche Funktionen erfüllen. Im Hinblick auf Trauma und seine Folgen sowie auf Beziehungsdynamiken ist das autonome Nervensystem von besonderer Bedeutung. Es ist für die Steuerung der unbewussten Körperfunktionen wie Herzschlag, Verdauung und Atmung sowie für unsere Überlebensreaktionen verantwortlich. Eine weitere Differenzierung unterteilt das ANS in das sympathische und das parasympathische Nervensystem, wobei Letzteres mit dem Vagusnerv einen wesentlichen Aspekt unserer sozialen Natur umfasst.

Das sympathische Nervensystem ist für die Mobilisierung von Energie zuständig und unterstützt damit Aktivität und Reaktionen wie »Flucht oder Kampf«.

Das parasympathische Nervensystem ist für die Aktivierung von Erholung, Regeneration, »Ruhe und Verdauung« aber auch für den Totstellreflex unter Lebensbedrohung verantwortlich.

Eine zentrale Rolle in zwischenmenschlichen Interaktionen sowie in Beziehungsdynamiken und für unsere Fähigkeit zur Co- und Selbstregulation fällt dem Parasympathikus mit dem **Vagusnerv** zu. Die Polyvagaltheorie unterscheidet zwischen dem dorsalen Teil des Vagusnervs und dem ventralen Teil:

Der dorsale Vagusnerv ist der ältere Teil des parasympathischen Nervensystems. Wenn der Körper extreme Bedrohungen wahrnimmt, die er weder durch Flucht noch durch Kampf bewältigen kann, ruft der dorsale Vagus Erstarrung und Dissoziation hervor. Er ist auch für den sogenannten »Totstellreflex« verantwortlich, eine Art körperliche Unterwerfung bei extremer Gefahr.

Wenn wir uns in Sicherheit befinden, ist der dorsale Vagus verantwortlich für tiefe Regeneration, Entspannung und den Genuss von Ruhe und Passivität.

Der ventrale Vagusnerv ist verbunden mit sozialen Interaktionen und der Fähigkeit, sich sicher und entspannt zu fühlen. Die Aktivierung des ventralen Vagusnervs fördert soziale Bindung, Kommunikation und beruhigende Prozesse. Er ermöglicht es, in stressigen Situationen ruhig und handlungsfähig zu bleiben. Unter Hochstress unterstützt der ventrale Vagus unsere Fähigkeit, uns an bedrohliche Menschen und Systeme sozial anzupassen und uns ihnen gewissermaßen zu unterwerfen, so dass wir unsere Überlebenschancen steigern.

Je nachdem, wie aktiv Sympathikus, Parasympathikus, ventraler oder dorsaler Vagus sind, befinden wir uns in unterschiedlichen Zuständen. Sie reichen von entspannt verbunden bis hochgestresst oder abgeschnitten. Auch Mischzustände sind möglich und alltäglich. Je besser wir diese Zustände verstehen und erkennen können, desto größer ist der Einfluss, den wir auf sie nehmen können. Entsprechend selbstwirksamer und ausgewogener erleben wir uns selbst und unsere Beziehungen.

Stress und Trauma sind zwei verschiedene Dinge

Unser Nervensystem hat die lebenswichtige Aufgabe, uns zu schützen. Dafür analysiert es unsere gegenwärtige Situation pausenlos, und registriert dabei auch subtilste Informationen aus dem Umfeld und dem Körperinneren. Diese meisterliche Fähigkeit, die oft metaphorisch als 6. Sinn bezeichnet wird, nennt man Neurozeption. Um unser Überleben zu sichern, folgt unser Nervensystem hierzu einem Bewertungssystem, das drei klare Kategorien unterscheidet: Sicherheit, Gefahr oder Lebensgefahr. Je nachdem, welches Urteil – vollkommen automatisch, also an unserem Bewusstsein vorbei – gefällt wird, werden Prozesse im Körper aktiviert, die dem jeweiligen Umstand entsprechend und meist angemessen sind.

Demgemäß ist der Mensch rein biologisch sehr gut dafür ausgestattet, um mit akutem Stress umzugehen. Es gibt jedoch einen großen Unterschied zwischen verträglichem oder auch tolerablem Stress und traumatischem Stress. Dieser Unterschied besteht vor allem darin, ob wir der Situation aus eigener Kraft oder mit der Hilfe anderer entkommen und in die Sicherheit zurückfinden können oder ob wir der als lebensbedrohlich empfundenen Situation aus eigener Kraft nicht entrinnen können und uns niemand aus ihr heraushelfen kann. Traumatische Erfahrungen zwingen uns in Empfindungen von Lebensbedrohung, absoluter Überwältigung, Hilflosigkeit und Ohnmacht.

Der Begriff »Trauma« umfasst ein weites Spektrum, das eine unerschöpfliche Fülle an Ereignissen einschließt. Ein traumatisierendes Erlebnis kann Sekunden andauern oder sich über Jahre erstrecken oder auch aus einer im Laufe der Zeit überwältigenden Anhäufung scheinbar kleinerer Stressoren, sogenannter »Mikrotraumata«, entstehen. Eine gängige Definition von Trauma, die dieses Spektrum gut abbildet, lautet: Ein traumatisches Geschehen zeichnet sich dadurch aus, dass es die Bewältigungs- und Verarbeitungsfähigkeit des Betroffenen übersteigt.

Traumatische Erfahrungen sind also so bedrohlich und von solcher Intensität, dass unser Inneres auf sie weder im Moment des Geschehens noch in der Zeit danach eine adäquate Antwort hat. Es geht in einer solchen Situation dann nicht mehr darum, sie zu bewältigen oder zu meistern, sondern einzig und allein darum, sie zu überleben.

Ob wir nun in einer Stresssituation oder in einer traumatischen Situation landen – die Antworten unseres Körpers sind in beiden Fällen zunächst einmal sehr ähnlich. Es sind schnelle und reflexartig ablaufende komplexe Prozesse, die für akute Herausforderungen von nicht allzu langer Dauer gedacht sind. Sie sollen uns helfen, die Anforderungen der jeweiligen Situation zu meistern, indem unser Nervensystem blitzschnell ein ausreichendes Maß an Energie mobilisiert. Dafür werden Stresshormone und Botenstoffe in den Blutkreislauf ausgeschüttet und der gesamte Organismus arbeitet vollkommen effizient an der Bewältigung des Geschehens. Bei sehr hohem Stress, den unser Nervensystem nicht nur als herausfordernd, sondern als bedrohlich einstuft, werden vom Sympathikus die bekannten Stressreaktionen Flucht und Kampf aktiviert. Bei als lebensbedrohlich empfundenem Stress und wenn Flucht und Kampf nicht zum Erfolg führen können, wird durch den dorsalen Vagusast eine Immobilisierung des gesamten Organismus, der sogenannte »Totstellreflex« eingeleitet, um die Chancen zu erhöhen, die hochgefährliche Situation zu überleben. Wenn die Lage unklar ist, kann es geschehen, dass der Sympathikus Flucht- oder Kampfreaktionen einleiten möchte, der dorsale Vagus jedoch die Reaktion überlagert und eine Immobilisierung bewirkt, was die sogenannte »Freeze-Reaktion« oder auch die Erstarrungsreaktion zur Konsequenz hat – es geht weder vorwärts noch rückwärts.

An allem Anfang steht die Bindungssuche

Eine wesentliche Information habe ich dir bisher vorenthalten, um ihre große Bedeutung in ein besonders helles Licht zu rücken: die Bindungssuche. Noch bevor unser Körper entscheidet, ob wir uns durch Flucht, Kampf oder Totstellen zu retten versuchen, wird unser Bindungssystem aktiviert und wir prüfen instinktiv, ob jemand uns helfen, retten oder bewahren kann. Diese Information solltest du dir merken, denn sie wird dein Verständnis für die Auswirkungen traumatischer Erfahrungen auf unser Beziehungsverhalten maßgeblich erweitern.

Ist die stressvolle Situation mithilfe unserer primären, autonomen Reaktionen (Bindungssuche, Flucht, Kampf oder Totstellen) überstanden, werden die Botenstoffe und Hormone wieder abgebaut und das Körpersystem kehrt wieder zu einem Gefühl von Sicherheit zurück, so dass körperliche Regeneration und emotionale Verarbeitung beginnen können.

In der folgenden Abbildung möchte ich dir zeigen, welche Anteile unseres Nervensystems für diesen Ablauf einer gelingenden Stressreaktion aktiviert werden und wie sie zusammenwirken. Zur Veranschaulichung greife ich auf das dir vielleicht schon bekannte Bild des Stresstoleranzfensters von Daniel Siegel zurück. Dieses einfache Modell verdeutlicht, dass es ein Zustandsspektrum gibt, in dem wir uns in Balance fühlen, während wir etwa angeregt wach oder auch tief entspannt sind. Der Grad an Erregung in unserem Nervensystem ist ausgewogen. Oberhalb und unterhalb des Fensters fühlen wir uns entweder in einem hoch gestressten Zustand und erleben eine nervliche Übererregung oder in einem Zustand der Schwere und Antriebslosigkeit, der durch eine nervliche Untererregung gekennzeichnet ist. Der Grad der Erregung, den wir empfinden, wird maßgeblich von den zwei schon erwähnten Teilen unseres autonomen Nervensystems, dem Sympathikus und dem Parasympathikus gesteuert, was du in der Abbildung erkennen kannst.

Wenn unser ANS Gefahr wahrnimmt und wir einen Verlust an Sicherheit erleben, wird die Bindungssuche aktiviert. Wird diese erwidert und der Stress dadurch gemildert, endet die Energiemobili-

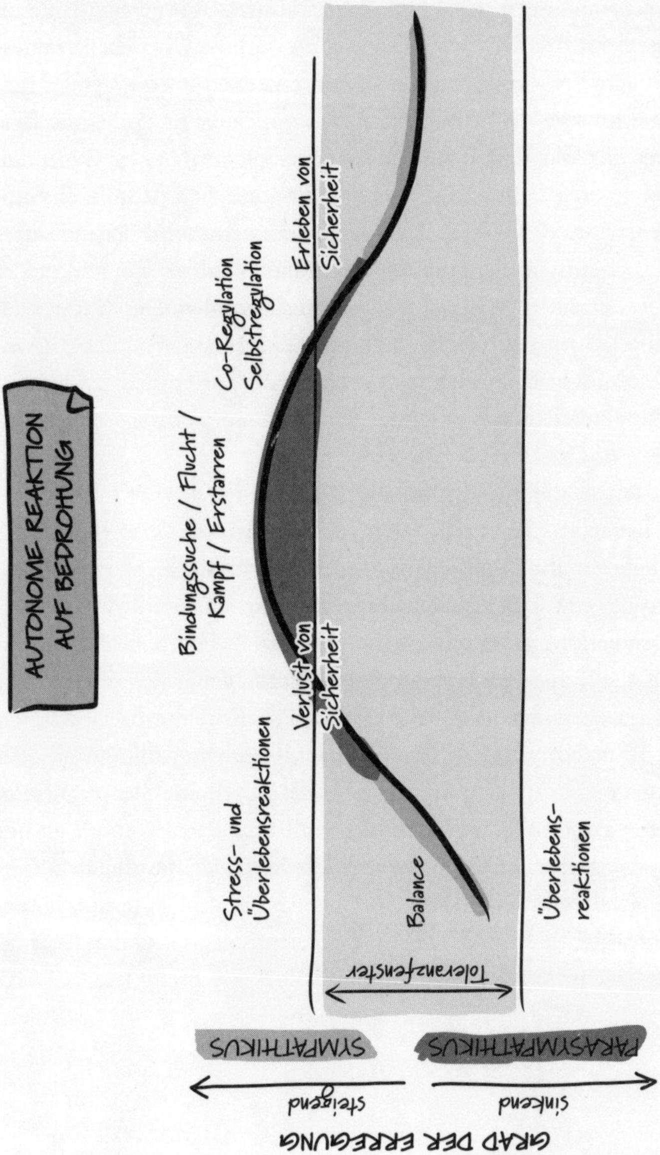
AUTONOME REAKTION AUF BEDROHUNG
Stress- und Überlebensreaktionen
Verlust von Sicherheit
Bindungssuche / Flucht / Kampf / Erstarren
Co-Regulation Selbstregulation
Erleben von Sicherheit
Balance
Überlebens-reaktionen
Toleranzfenster
SYMPATHIKUS
PARASYMPATHIKUS
steigend
sinkend
GRAD DER ERREGUNG

sierung. Steigt der Stress jedoch weiter an, wird eine Stresskaskade ausgelöst und noch mehr Energie mobilisiert. Wir geraten aus dem Stresstoleranzfenster hinaus. Es werden nun die Überlebensreaktionen Flucht und Kampf ausgelöst. Führen diese zur Lösung oder Rettung, wird hier die Stressreaktion gestoppt und das Erregungslevel nimmt ab. Wir finden zurück ins Stresstoleranzfenster. Wenn dies jedoch nicht gelingt und wir die Situation als lebensbedrohlich empfinden, wird der Totstellreflex und die totale Immobilisierung eingeläutet. Wenn wir die Situation überstanden haben, kann auch hier eine Rückkehr ins Stresstoleranzfenster stattfinden. Der Weg aus der Immobilisierung zurück in die Balance dauert länger als der Weg aus der Mobilisierung zurück ins Stresstoleranzfenster, da der Organismus in einen Zustand absoluter Energiekonservierung gesteuert ist.

Situationen, die uns aus unserem Stresstoleranzfenster herauszwingen, haben das Potenzial, traumatisch zu wirken, je länger und je häufiger wir ihnen ausgesetzt sind, denn sie sind so intensiv und überwältigend, dass wir sie, anders als üblichen Erfahrungen, deutlich schwerer verarbeiten können. Das Trauma liegt also nicht im Ereignis allein, sondern vor allem im Unvermögen, es zu verarbeiten.

In der Konsequenz entwickeln sich Probleme für die Überlebenden, die man treffend als Traumafolgen, Traumafolgesymptome oder Traumafolgestörungen bezeichnet. Diese Folgen und Symptome umfassen wiederum ein großes Spektrum und reichen von quälenden, sich unvermittelt aufdrängenden bildhaften oder emotionalen Erinnerungsfragmenten (Flashbacks) über Angst und Depression bis hin zu chronischen Krankheiten, Selbstwertproblemen und Schwierigkeiten in der Beziehungsgestaltung.

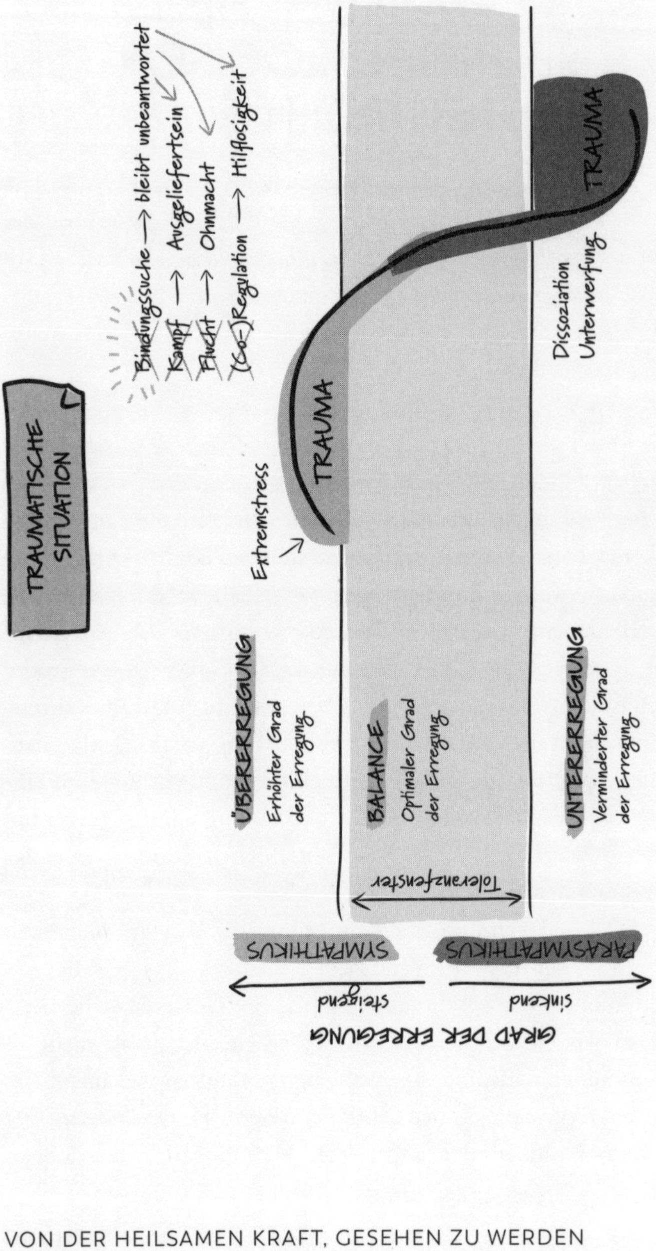
TRAUMATISCHE SITUATION
ÜBERERREGUNG
Erhöhter Grad der Erregung
BALANCE
Optimaler Grad der Erregung
UNTERERREGUNG
Verminderter Grad der Erregung
Extremstress
TRAUMA
Bindungssuche → bleibt unbeantwortet
Kampf → Ausgeliefertsein
Flucht → Ohnmacht
(Co-)Regulation → Hilflosigkeit
Dissoziation
Unterwerfung
TRAUMA
Toleranzfenster
SYMPATHIKUS
PARASYMPATHIKUS
steigend
sinkend
GRAD DER ERREGUNG

TRAUMA UND VERBUNDENHEIT NEUROBIOLOGISCH BETRACHTET

Trauma compromises our ability to engage with others by replacing patterns of connection by patterns of protection.
Stephen Porges

Alles eine Frage der Sicherheit

Dass die Bindungssuche unsere primäre, automatische Antwort auf den Verlust von Sicherheit ist, unterstreicht auf eindrückliche Weise die bereits erwähnte Tatsache, dass wir einander auf existenzielle Weise brauchen. Diese Grundeinstellung unseres Nervensystems macht die biologische Dimension unserer naturgegebenen, gegenseitigen Abhängigkeit auf nüchterne Weise deutlich. Die Ausrichtung auf Bindung ist tief in unsere Gene und in unser Gehirn geprägt. Soziale Unterstützung stellt nicht etwa eine Option dar, sondern eine biologische Notwendigkeit, wie es der niederländische Psychiater und Autor Bessel van der Kolk in seinem Buch *Verkörperter Schrecken* eindrücklich beschreibt.

Bindung und Verbundenheit sind somit die Basis für Sicherheit und zugleich ein Ausdruck derselben.

Wie können wir uns in einer Welt voller Gefahren sicher fühlen? Dass wir ein Empfinden von Sicherheit erleben, ist nicht allein von äußeren Bedingungen abhängig, sondern viel mehr von einem neurophysiologischen Zustand unseres Nervensystems, der sich durch Wohlbefinden und soziale Verbundenheit auszeichnet.

Er stellt sich dann ein, wenn unser Nervensystem in Balance ist und Sympathikus und Parasympathikus so zusammenwirken, dass wir entspannt sind. Sicherheit finden wir ausschließlich innerhalb des Stresstoleranzfensters. Maßgeblich verantwortlich für diesen erstrebenswerten Zustand ist der ventrale Vagus. Wenn er aktiv ist, fühlen wir uns sicher und verbunden.

Die Neurobiologie der Interaktion – das »social engagement system«

Stephen Porges, der Begründer der Polyvagaltheorie, prägte den Begriff des »social engagement systems« (SES). Das soziale Engagement-System, oder auch soziale Nervensystem, wird so genannt, weil es uns ermöglicht, mit unserer sozialen Umgebung zu interagieren und uns in ihr zu engagieren. Es hat wesentlichen Einfluss darauf, wie wir Sicherheit in sozialen Kontexten empfinden und aufbauen. Seine verschiedenen Funktionen ermöglichen es uns, soziale Signale zu entschlüsseln und zu senden, und es ist damit entscheidend an der Entwicklung und Aufrechterhaltung zwischenmenschlicher Beziehungen beteiligt. In all den Situationen, in denen wir verbunden sind oder die Bindungssuche aktiviert ist, ist das soziale Nervensystem am Werk. Wenn es aktiv ist, ist unser Inneres auf Bindung und Verbundenheit ausgerichtet, sowohl in Sicherheit wie auch – als Teil einer Überlebensreaktion – in Gefahr.

Das soziale Nervensystem setzt sich aus verschiedenen Hirnnerven zusammen und steuert, insbesondere durch die Aktivität des Vagusnervs, eine Reihe von Funktionen, die für zwischenmenschliche Kommunikation und soziale Interaktion essenziell sind. Sie helfen uns, einander instinkthaft zu verstehen und wahrzunehmen, auch ohne, dass wir bewusst darüber nachdenken. Das soziale Nervensystem umfasst folgende Funktionen (wenn du möchtest, beobachte deine Reaktionen und Assoziationen, während du der Auflistung folgst):

- **Mimik und Gesichtsausdruck:** Wir haben eine sehr feine und differenzierte Wahrnehmung für kleinste mimische Veränderungen und deren Botschaft im Gesicht unseres Gegenübers. Die Fähigkeit, Emotionen durch Mimik und Mikromimik zu zeigen und zu erkennen, ist entscheidend für die nonverbale Kommunikation, die in vielen Situationen einen großen Teil der Interaktion ausmacht. Insbesondere, wenn verbale und mimische Botschaften nicht übereinstimmen, jemand also etwas sagt, was nicht zu seiner Mimik passt, bewerten wir meist unbewusst die nonverbalen Informationen höher als die Worte. Das drückt sich häufig in unserem »Bauchgefühl« aus, wenn wir etwa jemandem nicht glauben, obwohl er so gute Argumente vorbringt oder wenn nach einem Gespräch ein Gefühl von Irritation zurückbleibt, das wir nicht in Worte fassen können. Der Trend, sich mit Botox oder anderen die Mimik verändernden Eingriffen attraktiver machen zu wollen, geht oft auf Kosten der fein abgestimmten nonverbalen Kommunikation. Insbesondere für Kinder im vorsprachlichen Alter, aber auch für Erwachsene kann dies zur Folge haben, dass sie sich mit dem unnatürlich veränderten Gegenüber irritiert und weniger sicher fühlen.

- **Augen (Blick):** Der Blickkontakt ist elementar, wenn es darum geht, eine Verbindung herzustellen und soziale Signale zu erkennen. Wenn wir uns schämen, senken wir den Blick, und wenn wir auf jemanden wütend sind, fixieren wir ihn mit den Augen. Menschen, die intensiv und verbunden miteinander sprechen, haben viel Blickkontakt. Der freundliche Blick eines zugewandten Menschen beruhigt uns in aufregenden Situationen »augenblicklich«, während uns die Angst in den Augen eines anderen als Signal drohender Gefahr sofort beunruhigt. Paare, die wenig Augenkontakt haben, sind sich oft innerlich fremd (geworden) und erleben wenig Nähe und Verbundenheit. Es kann einen hohen Preis haben, wenn wir gebannt aufs Handy schauen und den Blick nicht mehr heben, wenn ein geliebter Mensch den Raum betritt. Blickkontakt bewusst zu pflegen, ist eine wirkungsvolle Möglichkeit, um Nähe und Wärme zu schenken und dadurch unser soziales Engagement-System zu aktivieren und unser Nervensystem zu balancieren.
- **Ohr:** Das Hören der menschlichen Stimme nutzt unser Nervensystem, um Sicherheit oder Gefahr zu erkennen. Über spezifische

Funktionen filtert unser Gehör die Frequenzen der menschlichen Stimme aus Umgebungsgeräuschen heraus, was die verbale Kommunikation erleichtert.

- **Kiefer und Zungengrund:** Auch der Saugreflex in der frühen Kindheit steht im Zusammenhang mit dem sozialen Nervensystem. Kinder beruhigen sich, wenn sie an der Brust oder einem Schnuller saugen. Viele Menschen haben einen sehr angespannten Kiefer, wenn sie gestresst sind, oder suchen unwillkürlich Beruhigung durch Nägel- oder Kaugummikauen, Snacks knabbern oder Zähneknirschen.
- **Stimme und Prosodie:** In der Art und Weise, wie jemand spricht, steckt eine Fülle an Informationen. Ob die Stimme eines Menschen freundlich und warm, angestrengt oder aggressiv klingt, hängt unmittelbar mit dem Zustand seines Nervensystems zusammen. Das soziale Nervensystem beeinflusst die Prosodie der Stimme, also den Klang, den Tonfall und die Sprachmelodie. Je entspannter ein Mensch ist, desto melodischer und lebendiger klingt seine Stimme. Eine schrille, laute Stimme zeigt uns eine starke Aktivierung des Sympathikus an, während eine monotone, gedämpfte Stimme Folge einer parasympathikotonen Untererregung ist. All diese feinen Aspekte nehmen wir wahr und deuten sie als Signale der Sicherheit oder Bedrohung, auch wenn es uns nicht bewusst ist.
- **Kopf und Hals:** Das soziale Nervensystem hilft uns, uns über die Bewegungen des Kopfes und Halses ständig zu orientieren und dadurch Sicherheit zu generieren. Wir wenden unseren Kopf in Richtung anderer Menschen oder von ihnen ab oder wir neigen den Kopf zur Seite und nutzen so unwillkürliche soziale Gesten zur Kommunikation. Menschen, die sehr gestresst sind, blicken sich andauernd um, während Menschen in der Untererregung ihren Kopf oft starr auf dem Hals tragen und mit ihrer Umwelt nicht in Kontakt stehen.

Unter Stress wird das soziale Nervensystem gedämpft

Wenn unsere Neurozeption Gefahr wahrnimmt, aktiviert der Körper, wie du schon erfahren hast, als Allererstes die Bindungssuche, also das soziale Nervensystem. Wenn dadurch die Gefahr nicht gebannt werden kann, aktiviert er die anderen Überlebensreaktionen, was zugleich zur Folge hat, dass das soziale Nervensystem in den Hintergrund tritt. Es macht Platz für die basalen und reflexartigen Reaktionen, die das Überleben sichern sollen.

Viele Menschen, die unter Traumafolgen leiden und insbesondere diejenigen, die früh in ihrem Leben durch Bindungspersonen Traumata erlebt haben, leben später häufig mit einem latent hypoaktiven sozialen Nervensystem. Das bedeutet vor allem, dass sie Schwierigkeiten damit haben, in ihren zwischenmenschlichen Begegnungen Sicherheit und Leichtigkeit, Klarheit und Verbundenheit zu finden und zu geben. Die Dämpfung des sozialen Nervensystems, gleich ob durch akuten Stress oder durch frühe Prägungen bedingt, kann viele leidvolle Facetten haben, die ich im Folgenden beschreiben möchte.

Alle Menschen sind gleich (schlecht oder gut)

Wenn unser soziales Nervensystem gedrosselt ist, ist es unmöglich, einen Gesichtsausdruck adäquat zu deuten. Wenn wir in einem dysregulierten Zustand sind, sehen alle Gesichter böse, verächtlich oder desinteressiert aus. Signale der Sicherheit, wie freundliche Blicke, missdeuten wir und halten sie für bedrohlich. Genauso wenig können wir Stimmen, die Mimik und im Grunde jeden kommunikativen Ausdruck eines anderen stimmig übersetzen. Diese Fehlinterpretationen haben viel Gewicht. Sie fühlen sich wie die einzig mögliche Realität und Wahrheit an. Sie ersetzen gewissermaßen unser oben erwähntes »Bauchgefühl« mit einem rigiden, automatischen Bewertungssystem, das jedes Signal ausschließlich als bedrohlich deutet. Wenn das soziale Nervensystem nicht aktiv ist, können wir unserem Bauchgefühl also keineswegs trauen.

Das Nervensystem funkt »Gefahr« und die Antwort darauf ist »Schutz«. Statt Verhaltensmuster zu nutzen, die Verbundenheit stärken, aktivieren wir dann immer mehr Verhaltensmuster, die vor Gefahr, in diesem Falle anderen Menschen, schützen sollen. Wir fliehen, gehen aus dem Kontakt oder in eine abwehrende, kämpferische Haltung. Man braucht nicht viel Fantasie, um sich vorzustellen, wie sehr ein solcher innerer Zustand Beziehungen und damit ein ganzes Leben beeinträchtigen und bestimmen kann.

Verbundenheit ist mehr als ein Gefühl

Das Empfinden von Verbundenheit und Sicherheit ist also weit mehr als ein Gefühl. Es ist vielmehr ein neurophysiologischer Zustand, in dem wir uns dann befinden, wenn unser Nervensystem in Balance ist, unser soziales Nervensystem aktiv ist und wir innerhalb des Stresstoleranzfensters verankert sind.

Unsere feinen Sinne helfen uns, Beziehungen bewusst und achtsam zu führen. Im Laufe des Lebens entwickeln wir eine Menschenkenntnis, deren Basis ein grundlegendes Vertrauen in das Gute im Menschen und der Welt ist. Selbst wenn wir schlechte Erfahrungen machen und das Leben uns herausfordert, kehren wir immer wieder zurück in das Gefühl von Zugehörigkeit, Unterstützung und Gemeinschaft. Es sei denn, wir leiden unter den Folgen (früher) Traumatisierungen.

Trauma führt zu einem chronischen Verlust von Sicherheit in allen Dimensionen unseres Seins

Das Nervensystem ist aus der Balance und unser Körper ist kein Ruhepol, sondern ein Quell unangenehmer Empfindungen. Die Beziehung zu uns selbst, unseren Mitmenschen und der Welt ist tief erschüttert und an der Basis verunsichert, denn unser Nervensystem ist chronisch latent dysreguliert. Wo Verbundenheit sein sollte, finden sich Schutz, Wappnung und Kampf. Einsamkeit und Hoffnungslosigkeit oder schwelende Wut sind dann unsere täglichen Begleiter.

Wir kämpfen dagegen an, suchen Lösungen und Wege, doch der Wille ist niemals so stark wie unsere Überlebensreaktionen. Sich dessen bewusst zu sein, ist sehr hilfreich, um mit sich selbst und anderen milder und geduldiger umzugehen, wenn es darum geht, ungünstige Muster abzulegen. Wenn wir das Empfinden von Sicherheit dauerhaft verloren haben, lauern überall Gefahren. Der einzige Weg, um in einer so gefährlichen Welt bestehen zu können, scheint auch hier die Anpassung zu sein. Selbst die destruktivsten Kompensationsstrategien sind nichts anderes als der Versuch, in einer zerrütteten Welt Sicherheit zu finden.

Verbundenheit schafft Sicherheit

Dieser Einblick in unser Nervensystem und die Folgen traumatischer Erlebnisse führt uns klar vor Augen, dass negative Kreisläufe sich selbst erhalten. Unter traumatischem Stress schaltet das soziale Nervensystem ab, dadurch sieht die Welt grundlegend gefährlich aus und Muster der Verbundenheit werden durch Muster des Schutzes ersetzt. Dadurch machen wir erneut negative Erfahrungen und finden weiter keine Sicherheit, sodass wir uns weiter wappnen und schützen. Eine Abwärtsspirale festigt sich.

Der Weg hinaus aus dieser destruktiven Dynamik ist denkbar einfach und doch eine große Herausforderung: Wir müssen Verbundenheit schaffen, um Sicherheit zu spüren. Wir müssen in Kontakt mit anderen Menschen kommen und automatische Schutzstrategien überwinden. Um sich auf diesen Weg zu machen, ist es essenziell, die beschriebenen Zusammenhänge zu verstehen, um sich dann bewusst in einen heilsamen Prozess zu begeben.

Die heilsame Kraft der Bewusstwerdung

Sich der eigenen belastenden Muster und schmerzlichen Gefühle bewusst zu werden, birgt eine große Chance: Statt sich weiter in zermürbenden Kämpfen im Außen zu erschöpfen, kann ein heilsamer Prozess im Inneren seinen Anfang nehmen. Wenn ich in meiner Praxis einen solchen Moment wie mit Bella erlebe, weiß ich, dass nun die tiefe Arbeit beginnt und wir uns den Wurzeln der Probleme zuwenden können. Die Ziele dieser Arbeit sind vielfältig, da jeder Mensch und jede zwischenmenschliche Beziehung einzigartig sind. Doch im Kern geht es immer um eines: dass wir uns hier und jetzt im Herzen eines anderen Menschen sicher und zuhause fühlen und dieses Zuhause ebenso schenken können.

Wodurch zeichnen sich gelingende Beziehungen, gleich in welchem Kontext, aus?

Sich diese Frage aufrichtig zu stellen, bedeutet, über die vagen Formulierungen romantisch-verklärter Allgemeinplätze hinauszugehen. Nicht selten zeigt sich eine große Diskrepanz zwischen den Antworten, die wir finden, und unserer Lebensrealität. Diese Erkenntnis kann den Anfang einer Kurskorrektur und eines neuen Weges markieren.

Aus der Forschung weiß man heute, dass gute Beziehungen ein Schutzfaktor gegen Angst, Stress, Depression und sogar Demenz sind. »Gute Beziehungen« sind solche, in denen wir uns »sicher gebunden« fühlen. Wir machen die Erfahrung, uns von unserem Gegenüber wahrgenommen, gesehen und verstanden zu fühlen. Wir haben den Eindruck, zusammenzupassen und zusammenzugehören. Wir fühlen uns oft im Einklang mit unserem Partner und können diese Grundlage auch in schweren Zeiten immer wieder herstellen. Wir sind miteinander verbunden.

Für dieses Erleben gibt es den aus der Bindungsforschung stammenden Begriff der »Kontingenz«. Daniel Siegel, ein amerikanischer Professor der Psychiatrie, Neurowissenschaftler und Autor bezeichnet uns Menschen als »Detektoren der Kontingenz«, da wir mit unserem ganzen Wesen darauf ausgerichtet sind, diese Sicherheit gebende Erfahrung zu kreieren. Zugleich beschreibt er eine damit verbundene »innere Weisheit«, mit der wir klar unterscheiden können, ob uns jemand wirklich versteht und emotional wahrnimmt oder nur vorgibt, es zu tun.

Im therapeutischen Kontext ist es für Klienten von sehr hohem Wert, eine kontingente Erfahrung zu kreieren. Sich verstanden zu wissen und zu spüren, dass das Gegenüber sich einfühlt und aufrichtig interessiert ist, schafft einen sicheren Rahmen, in dem man einander ohne Angst davor, bewertet, nüchtern-analytisch begutachtet oder verurteilt zu werden, anvertrauen kann.

Menschen, denen das Erleben mangelnder Kontingenz und tiefer Einsamkeit vertraut ist, kennen es meist schon seit früher Kindheit. Und genau dorthin müssen wir zurückblicken, wenn wir verstehen wollen, wieso manche glückliche Beziehungen führen und andere scheinbar ein Leben lang von einer in die nächste Katastrophe schlittern, ewige Singles sind oder in der Falle einer destruktiven Beziehung feststecken.

Einladung zur Reflexion

Bevor wir zum Anfang des Lebens blicken, möchte ich dich einladen, einen Moment innezuhalten und dich zu fragen, was für dich eine gelingende Beziehung ausmacht. Kannst du konkrete Worte dafür finden? Woran erkennst du, dass jemand eine gute Beziehung mit seinem Partner, seinen Kindern, Freundinnen oder Arbeitskollegen führt? Wie zeigt sich das im Alltag, in guten Zeiten und in Krisen?

DAS BINDUNGSSYSTEM: UNSER INNERER KOMPASS

Bindung ist das gefühlsgetragene Band,
das eine Person zu einer anderen spezifischen Person knüpft und
das sie über Raum und Zeit miteinander verbindet.
John Bowlby

Unsere frühen Bindungserfahrungen bilden das Fundament aller weiteren Beziehungen in unserem Leben

Eine grundlegende Erkenntnis für die Behandlung und Integration von Trauma stammt aus der Bindungsforschung. Sie lautet: Das psychische und körperliche Gedeihen von Kindern ist von der Fürsorge ihrer Bindungspersonen abhängig. Diese einfache Gleichung bringt in aller Kürze auf den Punkt, wie wesentlich unsere frühen Prägungen sind. Sie bestimmen unsere Entwicklung und beeinflussen in großem Maße, ob wir zu glücklichen Menschen werden, die sich den Herausforderungen des Lebens gewachsen fühlen, oder ob wir zu Menschen werden, die sich von ihrem eigenen inneren Erleben und dem Alltag überfordert fühlen. Wenn wir uns im Folgenden unseren frühen Erfahrungen und ihren Konsequenzen zuwenden, geht es nicht darum, irgendwem Schuld zuzusprechen oder Menschen zu verurteilen. Es geht vielmehr darum, einen neuen Blickwinkel einzunehmen, der es möglich macht, hartnäckige und belastende Muster endlich zu verstehen und ihnen heilsam zu begegnen, statt uns ihnen weiter ohnmächtig ausgeliefert zu fühlen. Wenn wir uns unseren frühen Wunden zuwenden, nehmen wir zugleich Einfluss auf unsere heutigen Beziehungen und umgekehrt –

wenn wir bewusst und achtsam an unseren Beziehungen arbeiten, wirkt dies wohltuend auf unsere frühen Wunden.

Bindung bedeutet Leben

Der Mensch ist als hoch soziales Wesen mit einer Art innerem Kompass ausgestattet, der tief in seiner Biologie verankert ist. Das sogenannte »Bindungssystem« umschreibt eine Instanz, die von Geburt an darauf abzielt, Nähe und Sicherheit durch eine Bindungsperson zu gewährleisten. Dieses System ist gewissermaßen die genetisch angelegte Antwort auf die in den ersten Lebensjahren bestehende Abhängigkeit von unseren Fürsorgepersonen. Besonders in dieser Zeit wird eine weitere einfache und elementare Gleichung offenbar: Bindung heißt Überleben. Die Bindungspersonen bedeuten buchstäblich die Welt. Das gesamte kindliche Verhalten ist darauf ausgerichtet, in ebendieser Welt sicher verankert zu sein, da ein Überleben ohne die Fürsorge einer oder mehrerer Bindungspersonen unmöglich wäre. Von welcher Qualität diese Bindungen sind, kann sich ein Kind weder aussuchen, noch kann es Einfluss darauf nehmen. Es kann sich lediglich anpassen, was es automatisch und meisterlich tut. Sein Bindungssystem unterscheidet nicht zwischen »guten« und »schlechten« Eltern, sondern es erfüllt seine Funktion: Es steuert das Verhalten des Kindes ganz automatisch so, dass eine möglichst gut funktionierende Interaktion zwischen den Elternfiguren und dem Kind möglich wird, um sowohl physisch als auch emotional Nähe und Sicherheit zu erleben. Dieser Prozess ist wechselseitig und entfaltet sich in der vielschichtigen Interaktion zwischen Bindungsperson und Kind. Eine Bindung zwischen den beiden festigt sich und das von John Bowlby beschriebene Band wird aus den Qualitäten dieser Interaktion geknüpft.

Unsere frühen Erfahrungen prägen unser Bindungssystem

<u>Zuhause im sicheren Hafen</u>

Sofern ein Kind mit genügend Feinfühligkeit, Kontingenz und Sicherheit betreut wird, kann sich sein Bindungssystem entspannt entwickeln. Das Bindungsband zwischen Kind und Bindungsperson ist locker gespannt und etwas flexibel, es lässt sich dehnen und ist stabil. Sobald es auf Spannung gerät, springt das Bindungssystem an. Das ist immer dann der Fall, wenn das Kind ein körperliches oder emotionales Bedürfnis spürt, zu dessen Erfüllung es seine Bindungsperson braucht. Hierzu zählen etwa das Bedürfnis nach körperlicher und emotionaler Nähe und Beruhigung oder auch Hunger und Durst. Wenn das Nervensystem des Kindes durch ein solches Bedürfnis in Anspannung gerät, macht sich das Kleine durch die Kontaktaufnahme mit der Fürsorgeperson bemerkbar. Wenn diese das Bedürfnis stillt und das Nervensystem des Kindes durch zugewandte Interaktion reguliert, lockert sich die Spannung auf dem Bindungsband und das Bindungssystem wird wieder deaktiviert und findet zur Ruhe. Eine sichere Bindung entwickelt sich.

Ein anderer Begriff für diese wohltuende Wirkung einer Bindungsperson auf ein Kind nennt sich »Co-Regulation«. Das Wort beschreibt die neurophysiologische Tatsache, dass ein ausgeglichenes, balanciertes Nervensystem eine beruhigende und balancierende Wirkung auf ein Nervensystem in Dysbalance hat. Einfacher gesagt: Unsere Nervensysteme kommunizieren miteinander, auch ohne unsere Worte. Mithilfe der Neurozeption stimmen sie sich aufeinander ein. Je stabiler ein Mensch in einem Empfinden von Sicherheit verankert ist, desto stabiler fühlt er sich und desto stärker ist seine co-regulierende Präsenz. Je mehr er sich am Rande des Stresstoleranzfensters befindet, desto leichter stimmt sich sein Nervensystem unwillkürlich auf die Dysregulation eines anderen ein. Stress ist also ansteckend. Balance ebenso.

Nun zurück zum Kind und seinem Bedürfnis. Wenn das kindliche Bindungsbedürfnis befriedigt ist, kann ein anderes, wesentliches Grundbedürfnis erwachen: das Bedürfnis nach Exploration. Fühlt ein Kind sich sicher gebunden und sind ihm seine Bindungspersonen ein sicherer Hafen, kann es beginnen, die Welt zu entdecken und dabei Selbstbewusstsein, Selbstwirksamkeit und Lebensfreude entwickeln. In so einem Zustand leuchten Kinderaugen und Elternaugen gleichermaßen, das gemeinsame Leben ist ein spannendes und aufregendes Abenteuer, das sich zugleich sicher und ungefährlich anfühlt. Das Bindungsband ist so stabil und flexibel, dass das Kind sich aus dem sicheren Hafen Stück für Stück in die Welt vorwagen kann. Sobald das Band zu sehr gespannt wird, kehrt das Kind wieder zurück in die Nähe seines Ankerplatzes. Kurz gesagt: Eine sichere Bindung schenkt Freiheit und Halt zugleich.

Zuhause in einem Hafen ohne Ankerplatz

Wenn die Bindungsperson dem Kind gegenüber nicht ausreichend feinfühlig ist und ihm dadurch nicht genügend Sicherheit gibt, weil seine elementaren Bedürfnisse nicht erfüllt werden, sieht die Welt ganz anders aus. Es gibt keine Entspannung, kein Empfinden von körperlicher und emotionaler Sicherheit, keine Co-Regulation und das Nervensystem des Kindes gerät in Dauerstress. Um in einem so unsicheren Lebensumfeld zu überleben, passt sich das Bindungssystem des Kindes an und wird hypervigilant (Vigilanz = Wachsamkeit). Es bleibt latent aktiviert. Infolgedessen fokussiert sich das Kind übermäßig und alarmiert auf die Bindungsperson, von der es abhängig ist. Das Bindungsband ist dauerhaft auf Spannung und es mangelt ihm an Dehnbarkeit. Da das Bindungsbedürfnis dauerhaft unerfüllt bleibt, kann das Erkundungsbedürfnis nicht anspringen, denn diese beiden Bedürfnisse können in früher Kindheit nicht gleichzeitig bestehen. Der bekannte Bindungsforscher Karl Heinz Brisch hat das Bild der »Bindungs-Explorations-Wippe« geprägt (Abb. S. 45), in dem deutlich wird: Ist das Bindungsbedürfnis aktiviert, ist das Erkundungsbedürfnis deaktiviert und umgekehrt. Nur wenn die Wippe in der kritischen Phase der kindlichen Entwicklung lebendig in Bewegung ist, können sich später im Leben Autonomie und Bindung in einem gesunden Wechselspiel entfalten.

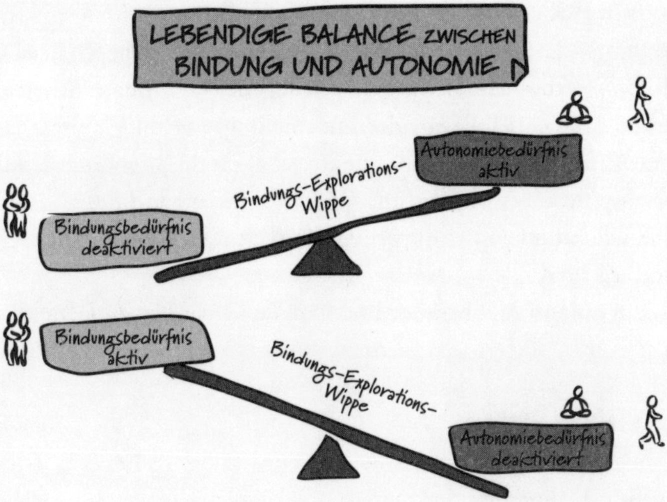

<u>Zuhause in einem gefährlichen Hafen</u>

Wenn ein Kind die schreckliche Erfahrung macht, dass von seinen Bindungspersonen Gefahr ausgeht, muss sein Bindungssystem auch hier einen Weg finden, sich anzupassen. Die rettende Lösung, die hier vollkommen automatisch gesucht wird, besteht darin, dass sich sein Bindungssystem »abschaltet«, sodass das brennende Bindungsbedürfnis das Verhalten des Kindes nicht mehr bestimmt. Es nimmt das Bindungsband nicht mehr wahr, es scheint, als würde es keines geben. Hier wird das tiefste menschliche Bedürfnis »stummgeschaltet«, um das physische und emotionale Überleben möglich zu machen. Diese Kinder sind bei ihren Bindungspersonen gewissermaßen verloren, denn sie müssen sich von ihrer fühlenden und bindungsorientierten Natur gleichsam abschneiden, um zu bestehen. Was für eine traurige und zugleich rettende Notlösung in einem traumatisierenden Zuhause! Wie sich all das im späteren Leben auswirkt, werden wir in diesem Buch Stück für Stück erkunden.

Innere Arbeitsmodelle

Im immer komplexer werdenden Austausch zwischen Kindern und Bindungspersonen entwickeln sich sogenannte »innere Arbeitsmodelle«. Dieser Begriff aus der Entwicklungspsychologie umschreibt eine Anpassungsleistung, für die ein Kind die erlebten Eindrücke unbewusst zu einer inneren Blaupause formt, anhand derer es fortan sich selbst, andere Personen und die Welt wahrnimmt, interpretiert und auf sie reagiert.

Ein inneres Arbeitsmodell schließt im Wesentlichen folgende Aspekte ein:

1. **Ein Selbstbild**
   Das Selbstbild umfasst, wie wir uns selbst in Bezug auf unser Selbstwertgefühl und unsere Fähigkeiten wahrnehmen.
2. **Ein Bild von anderen**
   Das Bild von anderen enthält Vorstellungen und Erwartungen darüber, wie sie sich verhalten und wie sie auf uns reagieren.
3. **Ein Bild von Beziehungen**
   Dieses beinhaltet Erwartungen an Beziehungen, Vertrauen in andere und die Art, wie Beziehungen gestaltet werden.
4. **Ein Weltbild**
   Das Weltbild vereint allgemeine Überzeugungen über die Welt, allem voran, als wie sicher oder bedrohlich wir sie wahrnehmen.

Innere Arbeitsmodelle sind wie Landkarten, auf denen vorgezeichnete Wege abgebildet sind. Wir haben unwillkürlich das Gefühl, dass es nur diese Wege gäbe, um durchs Leben zu navigieren und weiterzukommen. Doch wenn wir unseren Kompass, das Bindungssystem, neu kalibrieren und uns auf sichere Bindungserfahrungen ausrichten, können wir neue Wege entdecken und die Landkarten neu gestalten. Mit anderen Worten: Innere Arbeitsmodelle sind dynamisch und können sich im Laufe des Lebens durch neue Erfahrungen und Reflexionen verändern. Das ist eine sehr wichtige und gute Nachricht, und eine Essenz dieses Buches, denn sie bedeutet nichts anderes als das:

Auch wenn wir notgedrungen ein Bindungssystem und Arbeitsmodelle entwickeln mussten, die voller Stress und negativer Prägungen sind, stehen uns alle Möglichkeiten offen, um zu lernen, wie sich sichere Bindung anfühlt und wie wir lebendige Beziehungen gestalten können.

Bindungsstile

Die Art und Weise, wie wir unseren Landkarten folgen, also unsere Beziehungen gestalten, ist von einem bestimmten Stil geprägt. Die sogenannten »Bindungsstile« beschreiben verschiedene Muster, in denen wir in zwischenmenschlichen Beziehungen unsere Emotionen erleben, ausdrücken und regulieren. Auch Bindungsstile entwickeln sich aus den frühen Interaktionen mit unseren Bindungspersonen und spiegeln diese wider.

Es gibt viel Literatur zu den verschiedenen Bindungsstilen, auch in Beziehungsratgebern werden sie häufig thematisiert. Es kann einerseits sehr hilfreich sein, die verschiedenen Kategorien zu kennen. Andererseits besteht die Gefahr, dass man zu einer rigiden Pauschalisierung verführt wird, die einzigartigen Individuen einen Stempel aufdrückt und komplexe Wesen in eine Schublade sperrt. Deswegen ist eine Botschaft hier essenziell: Auch Bindungsstile, die früh und tief geprägt wurden, sind zeitlebens dynamisch und lassen sich durch Erfahrungen und bewusste innere Arbeit wandeln. Es ist nie zu spät für heilsame Veränderungen.

Im Folgenden möchte ich dir die Bindungsstile im Zusammenhang mit dem Bindungssystem und den Arbeitsmodellen vorstellen. Hierbei ist es hilfreich, im Hinterkopf zu haben, dass die verschiedenen Stile ein Spektrum darstellen, auf dem es Schattierungen und fließende Übergänge gibt. Das Ziel dabei ist, die Psychodynamik zu verstehen, die hinter diesen für Menschen typischen Musterbildungen stehen. Es geht also nicht darum, dass du dich selbst und deine Mitmenschen zukünftig kategorisieren kannst, sondern vielmehr darum, dass du ein Gespür dafür entwickelst, welche inneren Zustände und unbewussten Beweggründe unser Leben Tag für Tag beeinflussen. Dadurch erhöht sich das Bewusstsein für zuträgliches oder belastendes Verhalten und eine wohlwollende Achtsamkeit kann sich entwickeln. Mit all diesen Informationen legen wir den Grundstein für das Verständnis der komplexen zwischenmenschlichen Interaktionen, die wir im weiteren Verlauf dieses Buches betrachten werden.

Organisierte und desorganisierte Bindung

Man unterscheidet im Wesentlichen zwei verschiedene Bindungsqualitäten, die sich in Bindungsstilen ausdrücken: organisierte und desorganisierte Bindung. Die organisierte Bindung umfasst den Bereich, mit dem wir uns hier überwiegend beschäftigen. Sie wird wiederum unterteilt in zwei Qualitäten: sicher und unsicher gebunden. Und genau so fühlen sich die Welt, andere Menschen und das eigene Innere für die Betroffenen an – entweder sicher oder nicht sicher.

Die desorganisierte Bindung wird auch als die beginnende Psychopathologie bezeichnet. Hierbei handelt es sich also um sehr belastende Muster und Verhaltensweisen, die in das Spektrum der sogenannten »Bindungsstörungen« übergehen können.

Die sichere Bindung

»Bindung ist das Fundament der Persönlichkeit.« Diese Metapher bekam ich vor vielen Jahren in einem Seminar zur bindungsorientierten Psychotherapie von Karl Heinz Brisch an die Hand. Die sichere Bindung bildet hiernach ein breites, solides Fundament, auf dem sich eine Persönlichkeit stabil und strukturiert entwickeln kann. Sie stellt einen Schutzfaktor bei Belastungen jeder Art dar. Das Bindungssystem von Menschen mit einem sicheren Bindungsstil ist balanciert. Es beeinflusst das Verhalten auf eine Art und Weise, die einen harmonischen Wechsel zwischen Bindungsbedürfnis und Autonomiebedürfnis für alle Beteiligten ermöglicht.

Die unsichere Bindung

Die unsichere Bindung hingegen bildet ein schmales und weiches Fundament. Auf einer solchen Grundlage ist es schwer, etwas zu bauen, das Halt und Stabilität geben soll. Dementsprechend stellt eine unsichere Bindung als Basis einen Risikofaktor bei Belastungen dar. Das Bindungssystem von Menschen mit einem unsicheren Bindungsstil ist aus der Balance. Es ist entweder hypervigilant oder deaktiviert und beeinflusst das Verhalten derart, dass entweder ein fast unersättliches Bindungsbedürfnis oder ein übermäßiges Autonomiebedürfnis die Interaktion bestimmen.

Die desorganisierte Bindung

Jenseits der sicheren und unsicheren Bindung gibt es in der Bindungsforschung eine weitere Qualität, die Folge dauerhaften Hochstresserlebens und fehlender Sicherheit ist: die desorganisierte Bindung. Sie entspricht einem Fundament mit Löchern und fehlenden Fundamentteilen. Mit einer solchen Grundlage ins Leben zu starten und eine Persönlichkeit zu entwickeln, ist eine leidvolle Aufgabe. Menschen mit dieser Basis haben es sehr schwer, im Leben und in zwischenmenschlichen Verbindungen anzukommen, dort zu bleiben, etwas Tragfähiges aufzubauen oder Halt zu finden. In ihnen sind verschiedene Arbeitsmodelle im Widerstreit, was zu dauerhaftem Stress und großer Unruhe im Inneren und auch im Außen führt. Das Bindungsband der Betroffenen ist entweder brüchig, zu locker und dehnbar oder übermäßig starr. All das kann gleichzeitig, in schnellem Wechsel oder phasenweise empfunden werden. Das Bindungssystem von Menschen mit einem desorganisierten Bindungsstil ist unstrukturiert. Es spiegelt sich im Verhalten der Betroffenen so, dass sich Bindungsbedürfnis und Autonomiebedürfnis in Sekundenschnelle abwechseln können, widersprüchliche und in sich chaotische Arbeitsmodelle einander jagen und eine große Orientierungslosigkeit die Interaktion bestimmt.

In den folgenden Abbildungen siehst du die Korrelationen zwischen Bindungssystem, Autonomie- und Bindungsbedürfnis und den Bindungsstilen.

Bindungsstile sind nicht singulär

Bevor du dir die Abbildung ansiehst, möchte ich auf etwas Wichtiges hinweisen: Auch wenn wir verschiedene Bindungsstile unterscheiden, können unsere Prägungen dazu führen, dass wir nicht einen Bindungsstil allein entwickeln. Viele von uns vereinen einen Mix aus unterschiedlichen Bindungsstilen in sich. So kann es etwa sein, dass die sichere Bindung die Qualität privater Beziehungen prägt, aber in beruflichen Kontexten ein unsicherer Stil die Hauptrolle spielt.

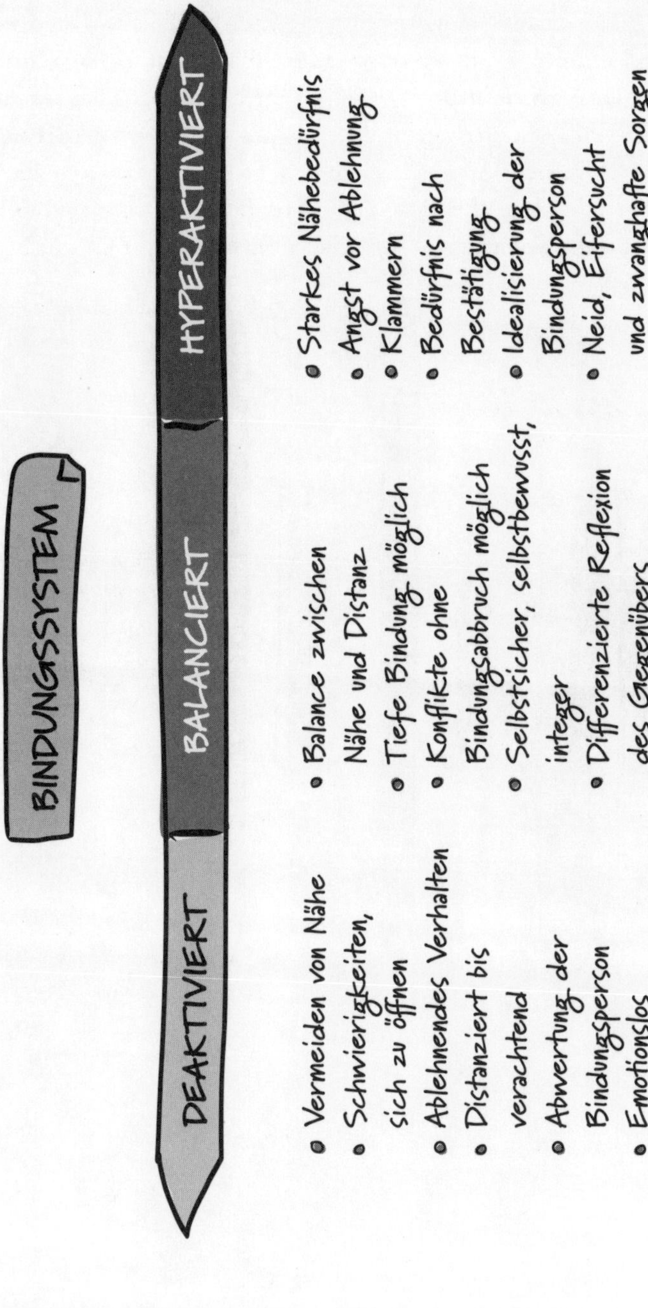
BINDUNGSSYSTEM
DEAKTIVIERT
BALANCIERT
HYPERAKTIVIERT
Vermeiden von Nähe
Schwierigkeiten, sich zu öffnen
Ablehnendes Verhalten
Distanziert bis verachtend
Abwertung der Bindungsperson
Emotionslos
Balance zwischen Nähe und Distanz
Tiefe Bindung möglich
Konflikte ohne Bindungsabbruch möglich
Selbstsicher, selbstbewusst, integer
Differenzierte Reflexion des Gegenübers
Starkes Nähebedürfnis
Angst vor Ablehnung
Klammern
Bedürfnis nach Bestätigung
Idealisierung der Bindungsperson
Neid, Eifersucht und zwanghafte Sorgen

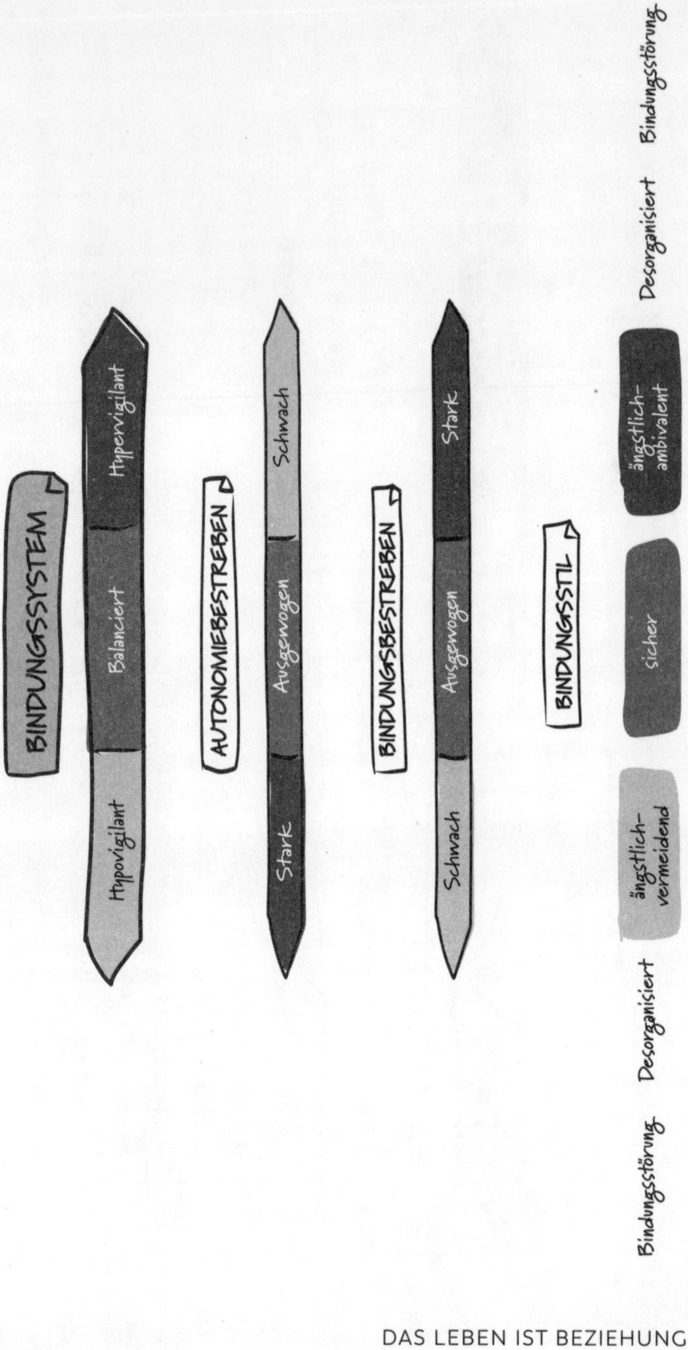
BINDUNGSSYSTEM
Hypovigilant
Balanciert
Hypervigilant
AUTONOMIEBESTREBEN
Stark
Ausgewogen
Schwach
BINDUNGSBESTREBEN
Schwach
Ausgewogen
Stark
BINDUNGSSTIL
Bindungsstörung
Desorganisiert
ängstlich-vermeidend
sicher
ängstlich-ambivalent
Desorganisiert
Bindungsstörung

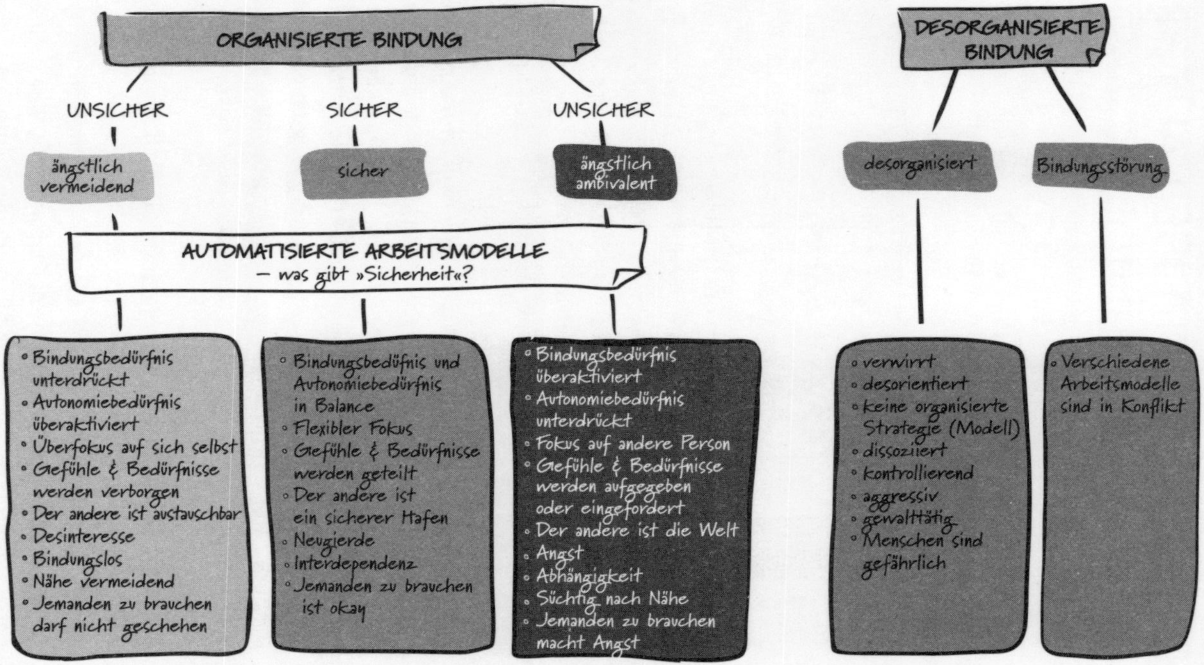
ORGANISIERTE BINDUNG
UNSICHER
SICHER
UNSICHER
ängstlich vermeidend
sicher
ängstlich ambivalent
AUTOMATISIERTE ARBEITSMODELLE
– was gibt »Sicherheit«?
• Bindungsbedürfnis unterdrückt
• Autonomiebedürfnis überaktiviert
• Überfokus auf sich selbst
• Gefühle & Bedürfnisse werden verborgen
• Der andere ist austauschbar
• Desinteresse
• Bindungslos
• Nähe vermeidend
• Jemanden zu brauchen darf nicht geschehen
• Bindungsbedüfnis und Autonomiebedürfnis in Balance
• Flexibler Fokus
• Gefühle & Bedürfnisse werden geteilt
• Der andere ist ein sicherer Hafen
• Neugierde
• Interdependenz
• Jemanden zu brauchen ist okay
• Bindungsbedürfnis überaktiviert
• Autonomiebedürfnis unterdrückt
• Fokus auf andere Person
• Gefühle & Bedürfnisse werden aufgegeben oder eingefordert
• Der andere ist die Welt
• Angst
• Abhängigkeit
• Süchtig nach Nähe
• Jemanden zu brauchen macht Angst
DESORGANISIERTE BINDUNG
desorganisiert
Bindungsstörung
• verwirrt
• desorientiert
• keine organisierte Strategie (Modell)
• dissoziiert
• kontrollierend
• aggressiv
• gewalttätig
• Menschen sind gefährlich
• Verschiedene Arbeitsmodelle sind in Konflikt

DAS ZIEL DER REISE LAUTET: »SICHERE BINDUNG«

Sich bei anderen Menschen sicher zu fühlen, ist wahrscheinlich der wichtigste Aspekt psychischer Gesundheit; sichere Verbindungen sind grundlegend für ein sinnvolles und zufriedenstellendes Leben.
Bessel van der Kolk

Bella lässt die Hände von ihrem Gesicht sinken und sucht meinen Blick. Ich sehe Schmerz und tiefe Traurigkeit in ihren Augen. Es ist einen Moment still. Sie nestelt an ihrem Pullover und wirkt verloren. Ich frage sie: »Ist es möglich, dass du das Gefühl, nicht gesehen zu werden, nicht zum ersten Mal erlebst?« Ein tiefer Atemzug und ein langes Ausatmen folgen. Sie senkt den Blick, lehnt sich zurück und sagt: »Ja, so war es immer schon.«
Bella ist mit einem jüngeren Bruder bei ihren Eltern aufgewachsen. Die Atmosphäre zuhause war fast immer angespannt oder kühl. Ihr Vater hatte einen hohen Posten in einem großen Unternehmen. Wenn er zuhause war, führte er ein despotisches Regime. Er strahlte Macht und Autorität aus, die er immer wieder durch gezielte Gewalt und kalte Abwertung demonstrierte. Zugleich schwoll seine Brust vor Stolz, wenn Bella oder ihr Bruder gute Leistungen brachten.
Bellas Mutter war eine zierliche und sehr hübsche Frau, die von ihrem Mann häufig als hässlich beschimpft wurde. Ein großer Teil ihrer Aufmerksamkeit floss in ihr äußeres Erscheinungsbild und Auftreten. Ihre Kinder sollten ihre Ebenbilder und ihr Schmuck sein. Sie hatte große Probleme mit dem Altern und projizierte ihren Selbsthass immer wieder auf ihre Kinder, indem sie ihnen die Schuld an

ihrem scheinbaren Makel gab: »Dass ich euch geboren habe, hat meine Figur ruiniert!«

Die Bindung zu ihren Eltern erlebte Bella als unsicher. Als kleines Kind fühlte sie sich in den starken Armen ihres Vaters manchmal geborgen. An anderen Tagen verkroch sie sich aus Angst vor ihm in ihrem Bett. Sie konnte sich den Eltern nicht anvertrauen und hatte vielmehr Angst, sich mit Sorgen oder Fragen an sie zu wenden, da sie Abwertung, Beschämung oder Zurückweisung fürchtete. Im Alter von zwölf Jahren verschwieg sie eine tiefe Wunde, die sie sich beim Spielen im Wald zugezogen hatte. Sie verbarg nicht nur die Wunde, sondern auch die großen Schmerzen, die sich in den weiteren Tagen entwickelten. Erst als sie Fieber bekam und nicht in die Schule konnte, offenbarte sie ihren Eltern die Verletzung, die sich inzwischen schwer infiziert hatte.

Sie fühlte sich in ihrer Familie jeden Tag einsam und oft verzweifelt.

Bella ist nicht sicher gebunden aufgewachsen. Da ihr Zuhause kein Zufluchtsort war, war sie weder in der Familie noch in der Welt sicher. Bella hat nicht gelernt, wie Sicherheit im Kontakt mit anderen und der Welt sich anfühlt. Der Mangel an Zugewandtheit, Zärtlichkeit und Geborgenheit formten in Bella nach und nach das Gefühl, nicht gut genug und deswegen nicht geliebt zu sein.

Diese Überzeugung tragen vermutlich alle Menschen in sich, die in ihrer Kindheit durch Bindungspersonen Traumatisches aus dem weiten Spektrum zwischen Vernachlässigung und Gewalt erfahren mussten. Kinder haben keine Chance, das, was man ihnen vermittelt, nicht auf sich zu beziehen. Sie formen ihr Selbstbild und ihr Selbstbewusstsein aus ihren frühen Erfahrungen insbesondere mit ihren Bindungspersonen. Dieses früh geprägte Selbstbild, das nichts mit dem eigentlichen, leuchtenden Kern der Kinder gemein hat, formt fortan auch ihre Beziehungen.

Ungelöste Traumata kontaminieren unsere weiteren Erfahrungen

Frühes Trauma mischt sich somit auf unterschiedliche Art und Weise in unsere späteren Erfahrungen, teilweise in einer bestimmenden Intensität. Sowohl unsere inneren Arbeitsmodelle als auch unser Bindungsstil und unser Selbstwert steuern, wie wir unsere Paarbeziehungen, Freundschaften, Arbeitsbeziehungen und auch die Beziehung zu unserem eigenen Inneren gestalten.

Der Weg aus diesen Wiederholungsschleifen heraus führt über das Kennenlernen, Erkunden und Verkörpern der sicheren Bindung. Doch wie kann das gelingen, wenn man unsicher gebunden aufgewachsen ist, jede Menge Prägungen mit sich trägt und diese Erfahrungen sogar die eigene Identität geformt haben? Es funktioniert zu diesem Zeitpunkt im Leben genau so, wie es auch zu Beginn funktioniert hätte: durch positive, Sicherheit gebende Erfahrungen. Wir lernen von Menschen, die sicher sind, also keine Bedrohung darstellen, wie es sich anfühlt, sicher zu sein. Unser Nervensystem ist mit dem Sinn der Neurozeption dafür sehr empfänglich. Und auch wenn all unsere Erfahrungen, Arbeitsmodelle und Überlebensstrategien uns sagen: »Menschen sind gefährlich!«, ist unser Instinkt immer noch dafür empfänglich, Gutes zu detektieren und es als anziehend und einladend zu empfinden.

Wir lernen von Menschen, die freundlich sind, wie es sich anfühlt, willkommen zu sein. Wir lernen von Menschen, die sich für uns interessieren, wie es sich anfühlt, wichtig genommen zu werden. Und wir lernen von jemandem, der uns in sein Herz schließt, wie es ist, einen Platz in der Welt zu haben – und zwar in einer guten Welt.

> *Bella war zu Beginn der Therapie sehr verschlossen und oft merkte ich ihr die innere Zerrissenheit an, ob sie etwas erzählen sollte oder nicht. Etwas in ihr wollte mir das Bild einer selbstständigen, starken jungen Frau mit ein paar Problemen vermitteln, die nur ein paar Tipps brauchte. Etwas anderes in ihr blitzte immer wieder in einem suchenden Blick auf, in dem sie kindlich und weich wirkte. Je besser sie mich kennenlernte und je sicherer unser gemeinsamer Raum*

für sie wurde, desto häufiger kam das Suchende und Weiche in ihr zum Vorschein. Und immer öfter begann dieser Teil von Bella, zu erzählen und Vertrauen zu schöpfen. Die erwachsene junge Frau hatte ihre Kompensationsstrategien auch in den Therapieraum getragen und sich dort distanziert und kühl verhalten. Doch das Kind, das niemanden hatte, fand hier ebenso Platz, sodass sowohl ich als auch Bella es kennenlernen konnten. Indem ich ihr aufmerksam zuhörte, achtsame Fragen stellte, einige Dinge erklärte und zuverlässig wohlwollend da war, lernte Bella, wie sich ein sicherer Mensch und ein geborgener Ort anfühlen können.

Unsere Begegnung gab ihr die Gelegenheit, etwas nachzulernen, das früher nicht für sie verfügbar gewesen war. Im Laufe der Zeit zeigte diese positive Erfahrung in Bellas Innerem und in ihrem Leben Wirkung.

Korrigierende Erfahrungen als Brücke in eine »bessere Welt«

Korrigierende Erfahrungen wirken wie Dünger und Wasser auf vertrockneter Erde. Tief vergrabene Samen, die nie aufgehen konnten, können beginnen zu keimen. Korrigierende Erfahrungen ziehen uns mit großer Kraft nach und nach aus der Vergangenheit ins Hier und Jetzt und damit in eine Realität, die gestaltet werden kann und sich nicht länger wie vorbestimmt anfühlt. In Teil 4 werden wir uns diesen besonderen Erfahrungen ausführlicher widmen und auch betrachten, wie wir diese Kraft und ihr großes Potenzial praktisch nutzen können. So viel sei jedoch bereits jetzt gesagt: Wir kommen immer wieder zurück zu der grundlegenden Essenz, dass wir einander brauchen.

Woran merkt man, dass ein Mensch sicher gebunden ist?

Um sich auf sichere Bindung auszurichten und Erfahrungen zu kreieren, die ihre Entwicklung unterstützen, ist es hilfreich, ein Bild davon zu haben, wie diese wunderbare Qualität sich im Alltag überhaupt zeigt. Je konkreter dieses Bild ist, desto leichter kann sich unser Inneres, das, wie beschrieben, im Grunde auf sichere Bindung »programmiert« ist, in ihre Richtung orientieren und Erfahrungen suchen und kreieren, die ihr dienen. Bevor ich eine Auflistung unterschiedlichster Merkmale der sicheren Bindung anbiete, möchte ich dich einladen, zunächst einmal zu reflektieren, was dein – vielleicht bisher unbewusstes – Bild von sicherer Bindung im Alltag ist.

Einladung zur Reflexion

Woran erkennst du, ob ein Mensch einen sicheren Bindungsstil in sich trägt? Wie lebt er sein Leben und insbesondere seine Beziehungen? Wodurch unterscheidet sich sein Lebensstil und sein persönlicher Ausdruck von dem eines Menschen, der nicht sicher gebunden ist?

Kennst du jemanden, von dem du mit Sicherheit sagen würdest, er oder sie lebt einen sicheren Bindungsstil?

Aspekte einer sicheren Bindung

Wenn die sichere Bindung das Fundament ihrer Persönlichkeit bildet, profitieren Menschen in allen Lebensbereichen. Sie verfügen über Eigenschaften und Fähigkeiten, die ihre Lebensqualität prägen und ihre Beziehungen bereichern.

- **Selbstregulation**
  Sicher gebundene Menschen haben anhand der frühen Co-Regulation durch ihre Bindungspersonen gelernt, ihre eigenen Emotionen effektiv zu regulieren. Sie lassen sich nicht leicht von Stress oder negativen Emotionen überwältigen, da ihre Stresstoleranz sich entspannt entwickeln konnte.
- **Resilienz**
  Sie besitzen die Fähigkeit, mit Rückschlägen und Herausforderungen umzugehen und aus ihnen zu lernen, anstatt von ihnen überwältigt zu werden. Dafür nutzen sie häufig soziale Kontakte und Ressourcen.

- **Stabile Selbstwahrnehmung**
  Sie haben ein starkes Selbstbewusstsein und ein ausgeglichenes Selbstbild, während sie in der Lage sind, sich weiterzuentwickeln. Sie sind emotional stabil und mit ihren Gefühlen in Kontakt. Gefühle machen ihnen keine Angst, weil sicher gebundene Menschen die Erfahrung kennen, mit angenehmen wie unangenehmen Gefühlen willkommen und in Sicherheit zu sein.
- **Positives Beziehungsmodell und Menschenbild**
  Sie haben ein grundsätzlich positives Bild von Beziehungen und sehen diese als bereichernd und unterstützend an. Beziehungen sind nicht bedrohlich und Menschen sind nicht grundlegend bedrohlich.
- **Menschenkenntnis**
  Das soziale Nervensystem sicher gebundener Menschen ist aktiv. Sie können andere gut »lesen« und einschätzen, ob sie vertrauenswürdig und »sicher«, also nicht bedrohlich sind. Sie hegen weder eine naive Vertrauensseligkeit noch grundlegendes Misstrauen. Sie können Manipulationen erkennen und sind in der Lage, ihre Mitmenschen differenziert statt schwarzweiß zu sehen. Daher verfügen sie auch über viele Kontakte und können Netzwerke pflegen, die ihnen Halt und Freude schenken.
- **Fähigkeit, um Unterstützung zu bitten**
  Sicher gebundene Menschen können andere um Unterstützung und Hilfe bitten, ohne Angst, sich dadurch abhängig zu machen, als schwach angesehen oder abgewiesen zu werden. Sie können Hilfe annehmen und auch mit einem Nein umgehen. Gleichfalls können sie Unterstützung geben, ohne sich vereinnahmen zu lassen oder sich aufzuopfern.
- **Konsistente Reaktionen**
  Sie reagieren verlässlich und einfühlsam auf die Bedürfnisse ihrer Partner, statt unzuverlässig oder unvorhersehbar zu handeln.
- **Emotionale Verfügbarkeit und Sicherheit**
  Menschen, deren Persönlichkeitsfundament die sichere Bindung ist, sind offen für emotionale Nähe und können ihre Gefühle authentisch und angemessen ausdrücken. Sie bieten und suchen

nach Sicherheit und Geborgenheit in Beziehungen. Sie sind gute »Co-Regulatoren«.

- **Empathie und Verständnis**
  Sie zeigen ein tiefes Verständnis und Empathie für die Gefühle und Bedürfnisse anderer.
- **Fähigkeit zur Intimität**
  Sie sind in der Lage, tiefe und bedeutungsvolle Beziehungen aufzubauen und aufrechtzuerhalten, in denen gegenseitiges Vertrauen und Respekt herrschen.
- **Gesunde Grenzen**
  Sie erkennen und respektieren Grenzen sowohl bei sich selbst als auch bei anderen.
- **Konstruktive Konfliktlösung**
  Sie sind in der Lage, Konflikte auf eine reife und konstruktive Weise zu bewältigen, wobei sie auf Verständigung und Kompromisse abzielen. Da ihr Bindungssystem flexibel ist, geraten sie in Konflikten weniger schnell in Stressreaktionen und sind in der Lage, zuzuhören und sich einzufühlen.
- **Flexibilität in Beziehungen**
  Sie können sich an Veränderungen und Herausforderungen in Beziehungen anpassen, ohne dabei ihre eigene Identität zu verlieren.
- **Gleichgewicht zwischen Autonomie und Verbundenheit**
  Sie sind in der Lage, sowohl Unabhängigkeit als auch Nähe in einer Beziehung zu wahren, ohne das eine für das andere aufzugeben.
- **Interdependenz statt Abhängigkeit**
  Wenn Menschen einen sicheren Bindungsstil haben, können sie sagen: »Ich brauche dich. Und das ist in Ordnung.« Sie können anerkennen und zulassen, von anderen abzuhängen, was wir alle phasenweise und grundlegend immer wieder tun, ohne dadurch ihre Autonomie in Gefahr zu sehen. Sie können ebenso anerkennen und zulassen, dass ein anderer von ihnen abhängig ist. Unsere naturgegebene »Interdependenz« wird als selbstverständlich und nicht bedrohlich wahrgenommen.

- **Innere und äußere Autonomie**
  Sicher Gebundene genießen ihre äußere Autonomie. Sie sind selbstständig, fällen Entscheidungen und leben selbstbestimmt, ohne dabei rücksichtslos oder egoistisch zu sein. Zugleich sind sie auch innerlich autonom. Sie fühlen sich nicht vom Urteil anderer abhängig, da sie wissen, dass es nicht ihren Wert betrifft. Zugleich sind sie empfänglich für Kritik, während sie gegebenenfalls selbstbewusst zu sich stehen können.
- **Sich auch allein wohl und sicher fühlen können**
  Alleinsein empfinden solche Menschen als angenehm und ungefährlich, da sie es eingebettet in ein Gefühl von Verbundenheit mit dem Leben und den sozialen Ressourcen erleben. Der Wechsel zwischen Alleinsein und Gemeinschaft fällt ihnen leicht und verläuft natürlich.
- **Tragfähige Freundschaften**
  Im Leben sicher gebundener Menschen finden sich langjährige und tragfähige Freundschaften, während auch neue Menschen in den Kreis der Freunde aufgenommen werden oder Menschen aus ihm entlassen werden können.
- **Teamfähigkeit**
  Sicher gebundene Menschen sind Teamplayer. Sie können sowohl im Zweierbündnis als auch in Gruppen leicht mit Menschen zusammenwirken und Schwierigkeiten sozialverträglich kommunizieren und reflektieren.
- **Verbindlichkeit**
  Es fällt ihnen leicht, verbindlich und loyal zu sein, da sie keine Angst vor Vereinbarungen und gegenseitigen Zugeständnissen haben. Sie fühlen sich, auch wenn sie verbindlich sind, in ihrer empfundenen Freiheit nicht eingeschränkt.

Menschen, die die Chance hatten, einen sicheren Bindungsstil zu entwickeln, sind keine Heiligen oder führen ein Leben in immerwährender Leichtigkeit und Freude. Auch sie haben Ecken und Kanten und Mühe mit bestimmen Herausforderungen. Nicht alle Aspekte der Auflistung dominieren immerzu den Alltag dieser Menschen.

Doch ein großer Teil dieser Ressourcen ist ihnen einfach und selbstverständlich zugänglich.

Die sichere Bindung ist die innere Einstellung, die für gelingende zwischenmenschliche Beziehungen eine Grundlage bildet.

Statt dass wir also an unseren Beziehungen arbeiten und versuchen, unsere Partner und Partnerinnen zu verändern, haben wir mehr davon, wenn wir uns darum bemühen, einen sicheren Bindungsstil zu kultivieren. Konkrete Inspirationen dazu, wie dies gelingen kann, gebe ich in Teil 4 dieses Buches.

Zum Abschluss dieses ersten Teils möchte ich dich gerne zu einem Gedankenexperiment einladen.

Einladung zu Reflexion

Was glaubst du, wie die Welt aussehen würde, wenn mehr Menschen einen sicheren Bindungsstil lebten? Wenn mehr Menschen jemanden als sicheren Hafen spüren könnten, auch wenn es stürmt und die Wogen des Lebens hoch schlagen. Wenn mehr Menschen Gewissheit hätten, wo sie ankern können, um emotional, körperlich und gedanklich zu regenerieren und neue Kraft zu schöpfen. Wenn mehr von uns spüren könnten, dass man gemeinsam wachsen kann, neue Ufer erkunden und einander helfen kann zu heilen? Wie würde unsere Welt aussehen, wenn mehr Menschen diese wundervollen Qualitäten an ihre Kinder und Mitmenschen weitergeben könnten?

ESSENZ: VERBUNDENHEIT ZU KULTIVIEREN, IST TRAUMAHEILUNG UND TRAUMAPRÄVENTION ZUGLEICH

Die menschliche Natur ist auf Verbindung gepolt. Die erste Überlebensreaktion, die unter Stress autonom aktiviert wird, ist die Bindungssuche, noch bevor Flucht oder Kampfreaktionen greifen. Wir brauchen einander, um zu überleben, uns zu entwickeln, die beste Version unserer selbst zu werden und um im Erleben von Verbundenheit und Gemeinschaft die Welt als sicheren und friedvollen Ort erleben und gestalten zu können.

Der chronische Verlust von Verbundenheit, der ein Ausdruck individueller und kollektiver Traumafolgen ist, stellt die Wurzel allen Leids dar. Wo Verbundenheit zerrissen ist, sind Menschen füreinander bedrohlich, statt sich gegenseitig zu schützen. Würde, Achtung und Wohlwollen gehen verloren. Destruktive Kreisläufe wiederholen sich bis zur völligen Eskalation.

Wenn das soziale Nervensystem eines Einzelnen, einer Gruppe oder eines Kollektivs dauerhaft inaktiv ist, stehen wir am Rande des Abgrundes.

Der Lichtblick im Angesicht dieser düsteren Tatsachen lautet: Die sichere Bindung ist unsere »Werkseinstellung«. Es gibt immer einen Weg zurück in die Verbundenheit. Doch wir müssen ihn gehen. Indem wir beginnen, uns einander zuzuwenden, zuzuhören und uns in Wohlwollen zu üben, können wir heilsame, korrigierende Erfahrungen kreieren. Daraus erwachsen Frieden, Heilung und Lebendigkeit.

Es ist nie zu spät.

2

Frühe Wunden – wie unsere Erfahrungen unsere Beziehungen formen

Nichts prägt uns mehr als frühe Bindungserfahrungen. Was wir von unseren Bezugspersonen über uns und die Welt lernen, tragen wir unbedarft in unser Leben. Unbemerkt suchen wir so das Vertraute und finden einen Widerhall der Vergangenheit in allem Neuen. Sich dessen bewusst zu werden und darüber hinauszuwachsen, öffnet uns die Tür in eine Welt, in der wir neue Wahrheiten über uns selbst und andere finden können.

DIE WUNDEN, DIE ANDERE UNS ZUFÜGEN, HEILEN AM SCHWERSTEN

Menschen haben die Macht, einander gutzutun,
oder einander zu verletzen. Und sie haben die Wahl.

Aus dem Schatten ins Licht

In diesem Teil des Buches möchte ich einen Überblick über offensichtliche und verborgenere interpersonelle Traumatisierungen und deren Folgen geben, da diese unsere Beziehungen existenziell beeinflussen. Je besser wir sie bei uns selbst und anderen erkennen können, desto weniger werden wir urteilen und bagatellisieren. Wir werden anerkennen, dass es sich hierbei um ernste Probleme für Individuen, Familien und große Gemeinschaften handelt, denen wir uns zuwenden müssen, wenn sie sich verändern sollen. Ich wünsche mir, dass all die Menschen, die im Stillen leiden, meisterlich kompensieren oder mit letzter Kraft funktionieren, aus dem Schatten ins Licht treten können, wo sie gesehen werden, und wo heilsame Veränderung stattfinden kann.

Im Folgenden geht es also darum, die unerkannten Ursachen für so viele der zwischenmenschlichen Probleme ins Bewusstsein zu holen. Bitte achte beim Lesen gut auf dich und überspringe gegebenenfalls Teile, die dich belasten oder überfordern könnten. Auch wenn dieser Blick auf die dunklen Seiten der Menschheit nicht erquickend ist, soll er doch durchwoben sein von einem hellen, Zuversicht spendenden Prinzip: In dem Augenblick, in dem wir beginnen, uns dem Verletzten zuzuwenden, erwacht eine heilsame, integrative Kraft. Denn was einen Platz im Licht des Bewusstseins bekommt, beginnt, sich zu wandeln.

»Man made«-Traumata – die schwerste Form der Traumatisierung

Wir kennen verschiedene Arten von Traumatisierungen. Zum einen unterscheidet man, ob ein Trauma einmalig und von kurzer Dauer ist (Typ 1) oder ob es zum anderen mehrfach und von langer Dauer ist (Typ 2). Eine weitere und sehr elementare Unterscheidung besteht darin, ob ein überwältigendes Ereignis akzidentiell, also »schicksalhaft« verursacht ist oder ob es »interpersonell«, durch die absichtliche Tat eines anderen Menschen begründet ist.

Unter all diesen Einteilungen wirken jene Traumatisierungen, die menschengemacht sind (»Man made«-Traumata), besonders schwer auf die Opfer. Die Folgen und die Verarbeitung solcher Erlebnisse stellen sich als komplex dar. Diese Tatsache ist keine Überraschung. Es liegt auf der Hand, dass es kaum etwas Schrecklicheres gibt, als von einem anderen Menschen bewusst geschädigt zu werden oder zu erleben, wie er unsere Schädigung billigend in Kauf nimmt. Zu den interpersonellen Traumatisierungen zählt weit mehr, als die Allgemeinheit der Menschen denkt. Nicht Folter, Kriege und sexuelle Gewalt allein fallen in diese Kategorie. Auch in einem lieblosen Elternhaus aufzuwachsen, sich immer wieder in beschämenden Mobbingsituationen wiederzufinden oder zu erleben, wie die eigene Wahrnehmung wiederkehrend infrage gestellt wird, kann traumatisierend wirken. Das bedeutet, dass auch Menschen, deren Biografie nichts augenscheinlich Grauenvolles wie einen Überfall oder ein Kriegsgeschehen aufweist, schwer tragen können.

Diese Menschen fallen durch viele Raster. Selbst wenn sie zahlreiche Traumafolgesymptome zeigen, werden diese oft nicht als solche erkannt. So leiden Betroffene unter ihren vielfältigen Symptomen und darunter, nicht gesehen und verstanden zu werden, keine Hilfsangebote zu finden und sich immer isolierter, leerer und unpassender zu fühlen.

Art der Gewalteinwirkung	Typ 1 Traumata (einmalig, kurz andauernd)	Typ 2 Trauma (mehrfach, lang andauernd)
Akzidentielle Traumata	• Kurz andauernde Naturkatastrophen, • Arbeitsunfälle, • Verkehrsunfälle	• Technische Katastrophen (Atomunfall, Giftunfall), • lang andauernde Naturkatastrophen (Dürre, Erdbeben), • Epidemien, • Pandemien
Man-made Traumata, interpersonelle Traumata	• Überfall, • sexuelle Übergriffe, • Vergewaltigung, Gewalterleben, • Terroranschlag, • medizinisches Trauma	• Wiederholte sexualisierte, körperliche oder emotionale Gewalt, • Geiselhaft, Folter, • Krieg, • politische Verfolgung, • Völkermord

Die Selbstwertwunde

Frühe Bindungstraumatisierungen sind die Form der interpersonellen Traumatisierung, die wohl die schwerwiegendsten Folgen haben. Als Kinder internalisieren wir die Botschaften unserer Bezugspersonen und entwickeln daraus, wie in Teil 1 beschrieben, die Architektur unserer Persönlichkeit, bestehend aus Arbeitsmodellen, Bindungsstilen und weiteren intelligenten Anpassungsleistungen.

Auch das eigene Selbstbild ist ein Spiegel der Umwelt, an die wir uns anpassen mussten. Frühe Traumatisierungen auf der Bindungsebene führen zu einer Verwundung des sich entwickelnden Selbstwertgefühls. Die traumabedingte Überzeugung, nicht gut genug zu sein, ist vermutlich eine der häufigsten und weitreichendsten Folgen dieser Erfahrungen. Sie beeinträchtigt unser Leben und unsere Beziehungen auf einer elementaren Ebene und findet sich wohl in fast allen Fallbeschreibungen dieses Buches mehr oder weniger offensichtlich wieder. Sich als nicht liebenswert, gut genug oder erwünscht zu fühlen, ist eine oft unbewusste, aber zwangsläufige Schlussfolgerung aus unsicheren Bindungserfahrungen. Zwangsläufig deshalb, weil Kinder nicht anders können, als das, was ihnen widerfährt, auf sich zu beziehen. Sie können nicht wissen, dass die Art, wie mit ihnen umgegangen wird, nichts mit ihrem Wert zu tun hat, sondern sie identifizieren sich damit. Sich dieses Vorgangs bewusst zu werden, ist selbst für hochreflektierte Erwachsene eine große Aufgabe.

So lange, bis wir uns bewusst damit auseinandersetzen, entspricht unser Selbstwertgefühl dem primären Bindungsstil, den wir als Kinder entwickelt haben. Sind wir sicher gebunden aufgewachsen, fühlen wir uns selbstsicher. Sind wir hingegen unsicher gebunden aufgewachsen, ist auch unser Selbstwertgefühl von Unsicherheit geprägt.

Wenn das Selbstwertgefühl geschwächt ist, suchen wir unseren Wert bei anderen

In unseren Beziehungen spiegelt sich eine Verunsicherung auf der Selbstwertebene oft in angstvoller Vermeidung wider. So gehen wir erst gar nicht in Beziehung mit anderen Menschen und entwickeln die Fassade eines guten Selbstwertes, hinter der wir uns emotional unerreichbar verschanzen. Ebenso kann sich die Selbstwertwunde in einer fortwährenden Suche nach Bestätigung und Anerkennung zeigen. Diese Suche bleibt jedoch ergebnislos, weil beides nicht wirklich angenommen werden kann. Weder Komplimente oder Wertschätzung von Dritten noch Erfolgserlebnisse scheinen zu fruchten – so als würden Blumensamen auf einem ausgetrockneten Stück Erde liegenbleiben, statt in ihm aufzukeimen. Das ist eine Konsequenz dessen, dass die innere Autonomie sich nicht entwickeln konnte.

Einladung zur Reflexion

Welche Reaktionen kannst du in deinem Inneren beobachten, wenn du dir bewusst machst, dass die Art und Weise, wie deine Bezugspersonen mit dir umgegangen sind, nichts über deinen Wert aussagt? Ist es dir emotional genau so klar wie kognitiv? Berührt es in dir ein Gefühl von Schmerz oder auch ein Gefühl der Entspannung?

TRAUMABEDINGTE GLAUBENSSYSTEME

In diesem Zusammenhang ist der Begriff »traumabedingte Glaubenssysteme« sehr wichtig. Sogenannte »Glaubenssätze« haben in der Persönlichkeitsentwicklung, im Coaching und auch in der Psychologie einen festen Platz. Es werden schier unzählige Programme, Meditationen und sonstige Methoden angepriesen, mit denen wir Glaubenssätze »löschen«, »überschreiben«, oder »umprogrammieren« sollen, um endlich frei von ihrer beherrschenden Wirkung zu sein. Auch die Überzeugung, wir müssten nur positiv denken, um unsere lästigen Überzeugungen loszuwerden, ist weit verbreitet. Sehr viele Menschen probieren all das Genannte und noch viel mehr aus, um wieder und wieder festzustellen: Früher oder später kommen diese Muster wieder zum Vorschein. Was läuft hier falsch?

Glaubenssysteme sind neuronale Netzwerke

Ein Blick in die Neurobiologie hilft, um zu verstehen, wieso es oft nicht genügt, anders zu denken oder mit Gewohnheiten zu brechen, damit wirkliche Veränderung gelingt. Unsere Überzeugungen sind nämlich mehr als ein Gedanke oder ein Glaube. Sie sind (meist unbewusste) Schlussfolgerungen aus Erfahrungen, die durch wiederkehrende Bestätigung gefestigt wurden. Somit sind sie erlernte, durch Erinnerung gestützte Referenzpunkte, anhand derer wir versuchen, uns zurechtzufinden oder gar zu schützen. Und sie haben eine materielle Basis, denn tiefe Überzeugungen sind neuronale Netzwerke. Unser

Gehirn besteht aus Milliarden von Neuronen, die durch Synapsen miteinander verbunden sind. Diese Verbindungen bilden Netzwerke, die eine Grundlage für unsere Gedanken, Gefühle und Verhaltensweisen bilden. Sogenannte »Glaubenssätze« sind in den komplexen Netzwerken kodiert. Da diese neuronalen Vernetzungen aus weitaus mehr bestehen als aus einer einfachen Überzeugung, ist der Begriff »Glaubenssysteme« treffender. Insbesondere früh geprägte Glaubenssysteme sind ein Komplex aus Überzeugungen, Gefühlen, Gedanken, Empfindungen und Bewertungen. Sie sind stabile Repräsentanzen der Welt, in der wir aufgewachsen sind und uns entwickelt haben.

Die Besonderheit traumabedingter Glaubenssysteme

Glaubenssysteme, die sich unter Hochstress bilden, haben eine grundlegend andere Wirkung auf unser inneres Erleben und unseren Kontakt mit der Welt als Glaubenssysteme, die wir unter normalen Bedingungen entwickeln. Sie zeichnen sich dadurch aus, dass die Überlebensreaktionen, die in den ursächlichen Situationen mobilisiert wurden, in die komplexen neuronalen Netzwerke eingewoben sind. Eine traumabedingte Überzeugung ist folglich an einen inneren Zustand großer Dysbalance gebunden. Die Überzeugung: »Ich bin nicht gut genug!« ist dann beispielsweise an große Übererregung, körperliche Anspannung, emotionalen Aufruhr und quälende Verzweiflung gekoppelt. Wenn dieses neuronale Netzwerk aktiviert wird, ist unser Blick auf die Welt und die Menschen, die uns umgeben, entsprechend gefärbt. Das Glaubenssystem dominiert unsere Gegenwart, obwohl es vielleicht schon sehr alt ist.

Da traumabedingte Glaubenssysteme an Überlebensreaktionen gekoppelt sind, sind sie besonders solide. Das liegt daran, dass für unser autonomes Nervensystem bedingungslos das Überleben an erster Stelle steht und sowohl die Überlebensreaktionen als auch die Überzeugungen zu unserem Schutz entstanden sind.

Wenn wir versuchen, traumabedingten Glaubenssystemen etwa mit Hypnosetechniken oder positivem Denken beizukommen, suggerieren wir unserem Unterbewusstsein, dass wir eine Schutzfunktion wegnehmen wollen, ohne dass wir dafür ein Pfand der Sicherheit liefern könnten. Um diese tief geprägten und soliden neuronalen Netzwerke zu verändern, geht es also wieder einmal darum, Sicherheit zu finden. Und je mehr uns das gelingt, desto mehr werden sich alte, traumabedingte Glaubenssysteme langsam für Veränderung öffnen.

Traumabedingte Selbst- und Weltbilder

Das Gleiche gilt für traumabedingte Selbstbilder und im Grunde alle Prägungen, die unter traumatischem Stress entstanden sind. So ist auch das Weltbild »Die Welt ist ein gefährlicher Ort« und das Menschenbild »Menschen sind gefährlich« sehr solide, wenn sie früh geprägt wurden. Kein Mantra, keine Selbstliebemeditation und kein Versprechen, dass es doch in jedem Menschen einen guten Kern gibt, kann eine solche Prägung entkräften. Es ist, als würde man einer Person, die aus einem brennenden Haus entkommen ist, sagen, dass man Feuer mit Wasser löschen kann. Das stimmt zwar, doch was hilft es, falls sie erlebt hat, dass jemand Feuer legt, statt zu löschen? Diese Person muss lernen, mit der Tatsache zu leben, dass manche Menschen Feuer legen, aber nicht alle, so, wie die meisten Menschen Feuer löschen, aber nicht alle. Und sie ist herausgefordert zu lernen, dass Feuer ebenso eine Naturgewalt sein kann wie auch der gemütliche Schein einer Kerze in einem sicheren Zuhause.

Wenn die Existenzberechtigung infrage steht

Traumabedingte Selbstbilder können auch den Kern der Persönlichkeit betreffen. In der praktischen Arbeit mit früh bindungstraumatisierten Menschen berührt es mich immer wieder, wenn existenzielle Fragen ans Licht kommen, wie etwa: »Habe ich einen Platz in der Welt?«, »Bin ich überhaupt erwünscht?«. Frühe Wunden können uns so tief verletzen, dass wir an der eigenen Existenzberechtigung zweifeln. Wie kann es so weit kommen?

Wenn eine Bindungsperson einem Kind stetig vermittelt, dass seine Gefühle und Bedürfnisse und damit das ganze Kind als fühlendes Wesen nicht willkommen ist, hinterlässt das Spuren. Hier wird nicht ein Verhalten zurückgewiesen, abgelehnt, abgewertet oder bestraft, sondern ein Mensch als Ganzes. Infolgedessen entwickelt das Kind zum einen kein Gespür dafür, ob seine Reaktionen angemessen und richtig sind. Zum anderen entsteht eine große Unsicherheit in Bezug auf seine Gefühle und Bedürfnisse. Das kann so weit gehen, dass die Berechtigung, überhaupt Gefühle und Bedürfnisse zu haben, angezweifelt wird, was wiederum die eigene Daseinsberechtigung berührt: »Wenn meine Gefühle nicht sein dürfen, darf ich dann sein?«

Im späteren Leben kommen diese tiefen Erschütterungen besonders dann zum Vorschein, wenn das Bindungssystem aktiviert wird, wir also in zwischenmenschlichen Beziehungen gefordert werden, was zu großen Schwierigkeiten führt. So ist es Menschen mit dieser tiefen Prägung oft fast unmöglich, Konflikte durchzustehen, ohne in größte emotionale Not zu geraten. Darauf werde ich später im Detail eingehen.

Zum Glück haben wir jedoch die Möglichkeit, auch auf diese fest verdrahteten neuronalen Netzwerke Einfluss zu nehmen. Hierbei gilt es zu erkennen, dass sie existieren und viele alte Botschaften repräsentieren, die wir jedoch heute entkräften können. Als Nächstes sind wir herausgefordert, uns selbst immer öfter so zu behandeln, wie wir es einstmals von anderen gebraucht hätten. So bahnen wir neue neuronale Netzwerke und damit eine neue Wirklichkeit, in der Raum für Geborgenheit, Lebendigkeit und sichere Beziehungen ist. Der nüchterne Fachbegriff für diese faszinierende und machtvolle natürliche Fähigkeit lautet »Neuroplastizität«.

BASISWISSEN: NEUROPLASTIZITÄT

Neuronale Netzwerke sind nicht in Stein gemeißelt, im Gegenteil.

Unser Gehirn ist über die Dauer unserer gesamten Lebensspanne dazu in der Lage, zu lernen und sich dadurch zu verändern. Nervenzellen können sich jeden Tag und mit jeder neuen

Erfahrung neu vernetzen. Wir sind also zeitlebens fähig, neue neuronale Netzwerke zu bilden oder alte neuronale Netzwerke zu verändern.

Die Neuroplastizität ist vielleicht eine der wichtigsten Entdeckungen der Hirnforschung. Ihre wesentlichen Merkmale lauten:

- Das Gehirn entwickelt sich »nutzungsabhängig«.
- Das Gehirn hört zu keinem Zeitpunkt im Leben damit auf.

Unser Gehirn und unser Nervensystem werden durch unsere Erfahrungen von Beginn an geformt. Denn neuronale Netzwerke entstehen durch Erfahrungen. Je häufiger, länger und emotional intensiver die Erfahrungen sind, desto stabiler, solider und kraftvoller sind die neuronalen Netzwerke, die aus ihnen resultieren.

Die Erkenntnis, dass sich zeitlebens neue starke Netzwerke bilden können und dass wir alte auch komplexe und stabile Netzwerke verändern können, ist von großer Bedeutung für Menschen mit Traumafolgesymptomen. Denn der Satz »Es ist nie zu spät« wird dadurch greifbar, über Hoffnung und Glaube hinaus. Traumaintegration gelingt, indem die alten Prägungen in Form starker Netzwerke, in erweiterte Netzwerke integriert werden. Diese »Erweiterungen« bestehen aus guten Erfahrungen, Erkenntnissen oder körperlichen Komponenten. Begriffe wie »löschen« oder »überschreiben« sind irreführend. So lernen wir, mit den Prägungen der Vergangenheit umzugehen, statt weiter autonomen Reaktionen ausgeliefert zu sein.

Wir können die Fähigkeit des Gehirns zur Neuroplastizität nutzen, indem wir unseren Lebenswandel sanft verändern, Erfahrungen schaffen, die uns guttun, und Heilsames kultivieren. So werden wir nach und nach glücklicher, resilienter und bindungsfähiger.

Hier liegt der Schlüssel für heilsame Veränderungen.

DER GESTÖRTE INNERE KOMPASS – DAS ÜBERAKTIVIERTE BINDUNGSSYSTEM

Als Kind auf der Bindungsebene nicht satt geworden zu sein, hinterlässt ein latentes Hungergefühl. Stets auf der Suche nach »Nahrung« und stets in Sorge zu sein, dass sie nicht reicht, verbietet jede Pause, jedes Genießen und auch das Sattwerden.

Wenn das Bindungssystem unter Stress geprägt wurde, ist es infolgedessen häufig latent über- oder unteraktiviert, also nicht in Balance. Mit einem unsicheren Bindungsstil und einem reaktiven Bindungssystem ist das Leben oft sehr anstrengend. Das Nervensystem ist häufig oder sogar chronisch dysreguliert. Betroffenen ist es kaum möglich, sich in der Verbindung mit einem anderen Menschen wirklich zu entspannen oder in einer Beziehung endlich einmal anzukommen. Auf den kommenden Seiten möchte ich die vielschichtigen und weitreichenden Folgen betrachten, die durch ein chronisch dysbalanciertes Bindungssystem entstehen können, und auch auf mögliche Ursachen eingehen. Auch wenn ich die Zustände der Unteraktivierung später betrachte, können Über- und Unteraktivierung des Bindungssystems Hand in Hand gehen und sich schnell oder langsam abwechseln. Es geht auch hier nicht um eine rigide Kategorisierung, sondern um ein Spektrum.

> *Rebekka ist in Aufruhr. Sie hat die Nacht kaum ein Auge zugetan und ihr Körper fühlt sich zittrig an. Eigentlich müsste sie sich*

auf einen wichtigen Kundentermin vorbereiten, aber es gelingt ihr nicht, konzentriert am Schreibtisch zu sitzen. Stattdessen werden ihre Gedanken wie von einem starken Sog immer wieder in die eine Richtung gezogen. »Wieso antwortet sie mir nicht? Vielleicht habe ich mich falsch ausgedrückt. Bestimmt habe ich sie mit meinen Worten verletzt und sie ist sauer auf mich. Vieleicht sollte ich einen Blumenstrauß besorgen und zu ihr schicken lassen, bevor es noch schlimmer wird. Vielleicht ist das aber auch völlig übertrieben und ich sollte einfach etwas warten. Aber was, wenn ich zu lange warte? Ob sie jetzt wohl unseren gemeinsamen Urlaub absagen wird?«

Am Vorabend war es zwischen Rebekka und ihrer besten Freundin zu einem Missverständnis gekommen. Sie hatten sich zum Abendessen verabredet, Rebekka kam, im Glauben, pünktlich zu sein, am Treffpunkt an, doch sie hatte sich in der Zeit geirrt. Sie fand ihre Freundin missmutig und verärgert vor, da diese bereits eine halbe Stunde gewartet hatte. Auch nach Rebekkas aufrichtigen und herzlichen Entschuldigungen, meinte sie den ganzen weiteren Abend über eine Kühle bei ihrer Freundin zu spüren. Als diese nach dem Essen direkt nachhause wollte, statt wie gewohnt noch einen Spaziergang durch den Park zu machen, war Rebekka endgültig aus dem Lot. Ihr Bindungssystem war hoch alarmiert. Noch in der Nacht schickte sie ihrer Freundin mehrere liebevolle Nachrichten mit Erinnerungsfotos aus einem gemeinsamen Urlaub und entschuldigte sich abermals für ihr Zuspätkommen.

Jetzt ist es fast Mittag und Rebekka hat immer noch keine Antwort, obwohl die Nachrichten gelesen wurden.

Der kleine Einblick in Rebekkas innere Welt kann viele Fragen aufwerfen. Etwa, wie man sich wegen einer Lappalie so verrückt machen kann oder weshalb man unter Freundinnen nicht einfach offen spricht. Manche Lesenden werden sich jedoch sehr gut in Rebekka hineinversetzen können. Rebekkas Erleben lässt sich anhand ihrer Lebensgeschichte erklären und ergibt vor deren Hintergrund, wie wir gleich sehen werden, durchaus einen Sinn.

Ein überaktiviertes Bindungssystem bringt einen Zustand der nervlichen Dysbalance mit sich. Unser autonomes Nervensystem aktiviert den Überlebensmodus. Instinkte, gesteuert vom Stammhirn, übernehmen die Regie. Infolgedessen fällt das rationale Denken schwer und das gegenwärtige Erleben und Handeln wird von Gefühlen gesteuert. Alles im Inneren ist unter Hochdruck damit beschäftigt, die verloren gegangene Bindungssicherheit wiederherzustellen. Zugleich ist jedoch das soziale Nervensystem in seiner Funktionsfähigkeit eingeschränkt, sodass die Hinwendung zur anderen Person sehr fordernd, impulsiv oder auch unbeholfen sein kann. Die Bindungssuche wird dann oft nicht erwidert, sondern zurückgewiesen, was die Angst vor einem endgültigen Bindungsabbruch weiter verstärkt. So kommt es zu einer äußerst ungünstigen Gemengelage.

Ein Mensch mit einem chronisch überaktivierten Bindungssystem und einem unsicheren Bindungsstil findet seine Bindungssicherheit nur wieder, wenn alles in Frieden und Harmonie oder zumindest unter Kontrolle zu sein scheint. Dadurch ist er sehr vom Verhalten des Gegenübers abhängig und stark auf es fixiert. Konflikte, Disharmonie oder auch nur Meinungsverschiedenheiten erzeugen für ihn Stress.

DIE ANGST VOR DEM BINDUNGSABBRUCH HAT GUTE GRÜNDE

Rebekkas Eltern waren sehr jung, als ihre Tochter zur Welt kam. Der Vater war von Berufs wegen oft lange unterwegs und auch wenn er zuhause war, nicht wirklich ein Teil der Familie. Er trank viel und konnte sich im Alltag selten auf seine Tochter einlassen. Die wenigen ausgelassenen Momente mit ihm, die Ausflüge in die Natur, die kreativen Momente, wenn sie gemeinsam an seiner Werkbank etwas bastelten, und seine immer wieder aufscheinende Lustigkeit ließen Rebekkas Herz höherschlagen. Seine häufigen Wutanfälle machten ihr Angst. Es war kaum abzusehen, wann er gut ge-

launt und wann er aggressiv sein würde. Oft lauschte Rebekka in ihrem Kinderzimmer, wenn er nachhause kam, wie er seine Tasche abstellte. Immer, wenn er sie in die Ecke warf, wusste sie, dass nun ein Sturm über sie hereinbrechen würde.

Rebekka war ein sehr braves Kind. Sie machte keine Probleme und fiel, wenn überhaupt, durch ihre Höflichkeit und ihr zuvorkommendes Verhalten auf. Manchmal gelang es ihr, ihren Vater mit Fröhlichkeit und Freundlichkeit in eine gute Stimmung zu versetzen, sodass die eigentlich angespannte Atmosphäre für eine Weile entspannt schien. Bald mischte sich in die Angst vor ihrem Vater auch die Angst, ihn zu verlieren, denn er blieb immer länger weg.

Rebekkas Mutter war eine unsichere junge Frau, die ihre Tochter einerseits heiß liebte und andererseits immer wieder allein ließ. Sie fand nicht die Kraft, sich Rebekka konstant und fürsorglich zuzuwenden, und war oft viele Stunden oder auch ganze Tage und Nächte nicht da. Wenn sie nach langen Stunden der Abwesenheit heimkehrte, fand Rebekka es schwer zu glauben, dass sie bleiben würde. Und wenn sie ging, war es, als löse sie sich in Luft auf, ohne die Gewissheit einer Rückkehr. Momente der Nähe mit ihrer Mutter waren sehr flüchtig. Sie war da, und dann wieder weg. Selbst dann, wenn sie körperlich anwesend war, war sie oft emotional nicht erreichbar, in sich versunken oder innerlich abwesend. Rebekkas Kindheit war geprägt vom Warten auf Fürsorge, Zuwendung und Verbundenheit. Sie lernte, die Welt und die Menschen um sie herum als unbeständig und unzuverlässig zu betrachten.

Ihre Beziehungen zu Gleichaltrigen zeichneten sich durch ängstliche Anklammerung aus und den Versuch, es allen recht zu machen, gefolgt von Phasen, in denen sie sich völlig zurückzog, überzeugt davon, dass jede Bindung nur eine Vorstufe des Verlustes war.

Die Angst vor Bindungsabbrüchen und davor, verlassen zu werden oder allein zu sein, bestimmt bis heute Rebekkas inneres Erleben und ihre Beziehungen und Freundschaften. Die Fähigkeit, an andere als konstante Präsenzen in ihrem Leben zu glauben, entgleitet ihr immer wieder und weicht einer großen Verlustangst. Partner, die Zuneigung und Beständigkeit bieten, verwirren sie und lösen

in ihr die Angst aus, dass diese Sicherheit nur eine Illusion ist und bald wieder verschwinden wird.
Rebekkas Bindungssystem ist dauerhaft übererregt und reagiert extrem auf jede Art der Verunsicherung.

In Rebekkas Verhalten und Empfinden spiegelt sich die frühe Erfahrung, nicht fortdauernd behütet und versorgt worden zu sein. Die Bindungssuche blieb zu häufig unbeantwortet, Co-Regulation blieb allzu oft aus und beständige Sicherheit fehlte. Immer wieder allein- und zurückgelassen zu werden, ist eine sehr ängstigende Erfahrung, die sich im Nervensystem eines Kindes tief einbrennt. Zudem wirkt sie hemmend auf die Entwicklung zweier elementar wichtiger Fähigkeiten namens Objektpermanenz und Objektkonstanz.

Objektpermanenz – Was man nicht sieht, existiert nicht

Die Objektpermanenz stellt eine Entwicklungsleistung dar, die im Säuglingsalter erworben wird. Sie beschreibt die Erkenntnis, dass Objekte auch dann weiterexistieren, wenn sie nicht wahrgenommen werden können. Wenn eine Bindungsperson den Raum verlässt, ist für den Säugling allein die Abwesenheit real. Es herrscht noch kein Bewusstsein darüber, dass die Person in einem anderen Raum weiterexistiert.

Objektkonstanz – Das Vertrauen in die Beständigkeit

Die sogenannte »Objektkonstanz« bezieht sich auf die elementare Fähigkeit, im eigenen Inneren eine beständige Wahrnehmung von anderen aufrechtzuerhalten, auch wenn sie sich verändern oder in unterschiedlichen Situationen unterschiedlich verhalten. Sie ermöglicht es uns etwa, positive Gefühle und Erinnerungen an nahestehende Personen zu bewahren, selbst wenn diese gerade frustrierend oder verletzend handeln. Das ist besonders in Zeiten emotionaler Konflikte wichtig für die Stabilität einer Beziehung.

Das Fehlen von Objektkonstanz und -permanenz in erwachsenen Beziehungen manifestiert sich oft in extremer Angst vor Trennung, übermäßigem Misstrauen oder der Unfähigkeit, den anderen als generell liebevoll und unterstützend zu sehen, auch wenn er gerade nicht physisch anwesend ist oder Konflikte auftreten. Der Drang, sich ständig rückzuversichern, ob das Gegenüber »noch da« und einem noch zugeneigt ist, wirkt oft aufdringlich und grenzüberschreitend und ist Ausdruck großer innerer Not.

Rebekka kann in der aktuellen Situation nicht spüren, ob ihre Freundin weiter zu ihr steht. Sie hat kein kohärentes Bild von ihrer Persönlichkeit und fühlt keine Bindungssicherheit, sie ist emotional im freien Fall. Keine Nachricht von ihrer Freundin zu erhalten, löst uralte, panikartige Ängste aus. In ihr gilt nun »Alles oder nichts« – »Entweder sie verzeiht mir oder es ist aus«.

Wer nicht allein sein kann, hat zu viel Alleinsein erlebt

Menschen mit geringer Objektkonstanz können häufig nicht nur die Verbundenheit zu anderen nicht in sich spüren, sondern auch die zu sich selbst nicht. Allein mit sich zu sein, bedeutet für sie, in Not zu sein. Es gibt keine Sicherheit und keinen Ruhepol im eigenen Inneren, weil sich das Gefühl, in Sicherheit zu sein, auch wenn man allein ist, nicht entwickeln konnte. So meiden Betroffene oft nicht nur das Alleinsein, sondern auch den Kontakt zu sich selbst. Sie finden Ruhe oder Entspannung nur im Zusammensein mit anderen, weil nur dann ihr soziales Nervensystem und der Parasympathikus aktiv sind.

Die frühe Erfahrung, dass Bindungen abbrechen und man zurückgelassen wird, fühlt sich vernichtend an. Immer, wenn der andere geht, wird es existenziell. So fühlen Menschen mit diesem Bindungsmuster häufig eine Angst vor Selbstverlust, wenn sie sich von jemandem trennen müssen. Dies hat noch einen weiteren Grund: Um den drohenden Bindungsverlust zu kompensieren, entwickeln Kinder eine übermäßige Fokussierung auf ihre Bindungsperson. All ihre Aufmerksamkeit gilt der flüchtigen Zuwendung und ihre Wahrnehmung ist überwiegend nach außen verlagert. Der Preis dieser Überlebensstrategie ist, dass diese Kinder nicht lernen, sich selbst zu fühlen und mit ihrer Aufmerksamkeit bei sich zu sein.

Die eigene Existenz ist auf einer unterbewussten Ebene an die Ausrichtung auf einen anderen gekoppelt. Geht der andere, fühlt sich das für Betroffene so an, als würden sie selbst sich auflösen. Alleinsein ist ein bisschen wie sterben. Es verwundert daher nicht, dass Menschen, die unter diesen frühen Prägungen leiden, anklammernde und emotional abhängige Muster in ihre Beziehungen tragen.

Deaktivierende Strategien

Da diese emotionale Lage unglaublich kräftezehrend und die enorme Übererregung oft nicht aushaltbar ist, finden manche Betroffenen einen intelligenten Ausweg. Sie bewahren sich vor akuter Not oder retten sich aus ihr, indem sie unbewusste Verhaltensmuster entwickeln, die ihr Bindungssystem deaktivieren. Hierfür nutzen sie Strategien, die Distanz erzeugen, indem sie etwa die Bezugsperson abwerten oder ihren Fokus auf eine andere Person verlagern.

Genauso kann jedoch auch das autonome Nervensystem entscheiden, dem großen Stress ein Ende zu setzen, indem es den dorsalen Vagusast aktiviert, sodass eine Bewegung aus der völligen Übererregung in Richtung Untererregung vollzogen wird. Der Körper wechselt aus der Energie-Mobilisierung in die Energie-Konservierung. Der Sympathikus und das soziale Nervensystem werden gedrosselt. All das mit dem Ziel, die Panik der Verlustangst zu betäuben und sowohl die körperliche als auch die emotionale Beteiligung am Geschehen zu minimieren. Das Bindungssystem wird deaktiviert und die verzweifelte Bindungssuche versiegt.

Infolgedessen verkehrt sich das Verhalten ins Gegenteil. Der Betroffene zieht sich etwa zurück oder wirkt unbeteiligt. Dieser Vorgang kann für ein Gegenüber äußerst irritierend und verletzend sein. Es ist für beide Seiten hilfreich, sich klarzumachen, dass er unbewusst stattfindet und aus einer frühen, sehr schmerzhaften Prägung resultiert.

Einladung zur Reflexion

Wie beeinflusst die physische Abwesenheit von Freunden oder Familienmitgliedern deinen Zustand und deine emotionale Verbindung zu ihnen?

Verändert sich dein Bild von einer nahestehende Person, wenn ihr in einem Streit auseinandergeht oder unterschiedlicher Meinung seid? Wie fühlt sich das an?

Kennst du deaktivierende Strategien von dir?

Gibt es Beziehungen, in denen du dich grundlegend und fraglos wertgeschätzt und erwünscht fühlst? Wie fühlt sich das an?

NICHT ERFÜLLTE BEDÜRFNISSE ERZEUGEN BEDÜRFTIGKEIT

Ein überaktiviertes Bindungssystem ist ein Nährboden für eine Vielzahl von Verhaltensmustern, Überzeugungen und ganzen Arbeitsmodellen, die sich in emotionaler Abhängigkeit von nahestehenden Personen zeigen können. Sowohl Bedürftigkeit als auch emotionale Abhängigkeit sind natürliche menschliche Zustände, die unsere ersten Lebensjahre bestimmen. Sofern wir ausreichend sicher und umsorgt aufwachsen, ist dieser Umstand völlig unproblematisch. Sicher gebundene Kinder leiden nicht unter ihrer Abhängigkeit. Sie bemerken sie nicht einmal. Das naturgegebene zwischenmenschliche Angewiesensein wird erst dann zur Bedrohung, wenn es spürbar wird. Das geschieht immer dann, wenn wichtige zwischenmenschliche Bedürfnisse wiederholt nicht rechtzeitig oder gar nicht erfüllt werden. Dann entsteht, sowohl im Kindesalter als auch später, Bedürftigkeit, in der ein gewisses Maß an Hilflosigkeit und Not mitschwingt. Das Angewiesensein auf einen anderen tritt auf quälende Weise in den Vordergrund. Ausgeliefertsein und unerfüllte Bedürfnisse dominieren die Beziehung.

Auch wenn die kindliche Abhängigkeit sich nach und nach wandelt, wir autonomer werden und immer mehr Bedürfnisse selbstbestimmt erfüllen können, sind manche elementaren Bedürfnisse zwangsläufig an einen anderen Menschen geknüpft. Auch das ist nicht schlimm, sondern bringt Wärme und Verbundenheit in unser Leben, sofern wir uns in sicheren Bindungen bewegen, in denen die natürliche Interdependenz mit Achtung und Würde ihren Platz hat.

Bedürftigkeit ist der erste Schritt in die emotionale Abhängigkeit

Wenn latente Bedürftigkeit auf der Bindungsebene das Resultat unserer frühen Bindungserfahrungen ist, entwickeln wir gezwungenermaßen Muster emotionaler Abhängigkeit. Diese sind besonders stark, wenn sogar ein Empfinden von Selbst und Identität nur im Zusammenhang mit einem anderen Menschen existiert. Für Betroffene bedeutet das zumeist, dass ihr ganzer Lebensstil von Mustern emotionaler Abhängigkeit geprägt ist. Und diese haben viele Gesichter. Sie zeigen sich in Anklammerungstendenzen, irrationalen und dominanten Verlustängsten – etwa wenn der Beziehungspartner einem eigenen Interesse nachgeht –, der lauernden Erwartung, verlassen zu werden, dem Verlust eigener Interessen, aber auch in intensiver Eifersucht oder dem zwanghaften Drang, den anderen zu kontrollieren. Alledem liegt die verzweifelte Suche nach einer Sicherheit zugrunde, die es leider nie gab.

Die Bedürftigkeit scheint unersättlich

Da sie im Inneren keine Referenz für das Ersehnte haben und der ungestillte Bindungshunger ihr Erleben beherrscht, erscheinen Menschen mit Abhängigkeitsmustern oft unersättlich. Es ist, als hätten sich, bildlich gesprochen, in der Kindheit keine Rezeptoren für beruhigende Bindungserfahrungen entwickelt. Es mangelt ihnen an Urvertrauen. Wohlwollende und haltgebende Handlungen anderer können sie daher häufig nicht einmal erkennen, geschweige denn in der Tiefe aufnehmen. Die kurzzeitige Sicherheit, die von außen gegeben wird, ist flüchtig. Sie erleben weder Entspannung noch Genährtsein und ihr emotionaler Hunger nach Nahrung von außen wird nie gestillt.

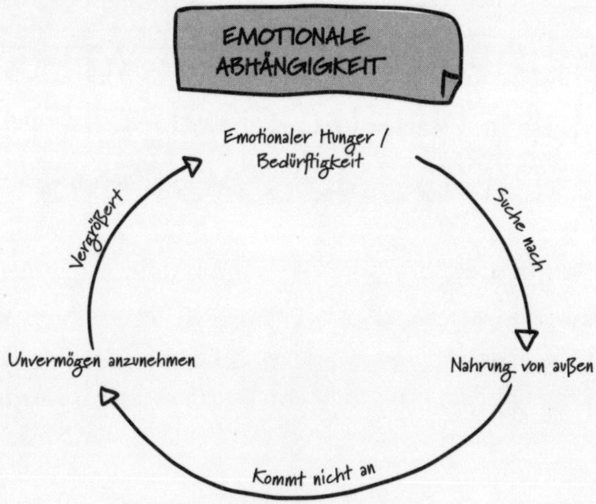

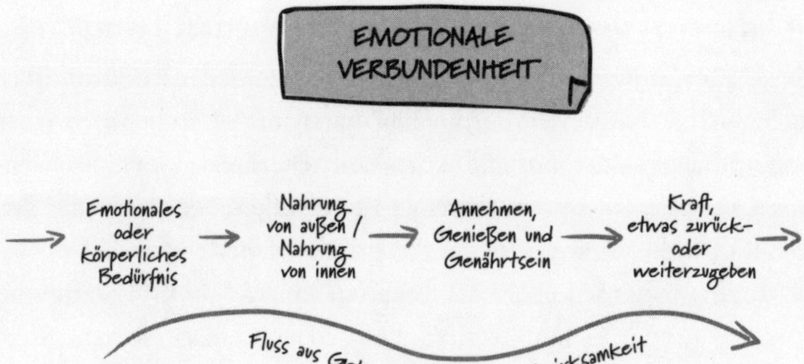

Welche Auswege es aus dem Gefängnis der emotionalen Abhängigkeit gibt und wie Partner einander unterstützen können, werde ich in Teil 4 erläutern. An dieser Stelle sei so viel gesagt: Ohne ein Bewusstsein für diese destruktiven Muster kann sich nichts verändern. Es bedarf der Selbstreflexion und der Hinwendung zu den alten Wunden, die den Prägungen zugrunde liegen. Dann, endlich, können Betroffene echte, spürbare Bindungssicherheit und Selbstsicherheit erkunden.

DIE ÜBERLEBENSSTRATEGIEN DES ÜBERAKTIVIERTEN BINDUNGSSYSTEMS

Wenn ein Mangel an Bindung oder drohende und tatsächliche Bindungsabbrüche die Kindheit geprägt haben, ist Bindung fortwährend mit Stress verbunden. Der Bindungserhalt hat dann oberste Priorität, vor allem anderen, selbst vor dem eigenen Wohlergehen und der eigenen Würde.

Überlebensstrategien können zum Lebensstil werden

Unser autonomes Nervensystem hat für verschiedene Bedrohungslagen instinkthafte Schutzstrategien parat. So ist es heute weithin bekannt, das Kämpfen und Fliehen Überlebensreaktionen des Menschen sind. Auch der Totstellreflex ist geläufig, ebenso wie die Tatsache, dass die Bindungssuche die primäre Überlebensreaktion ist. All diese autonomen und instinkthaften Abläufe sind für akute und kurz andauernde Gefahrensituationen gedacht. Unser Nervensystem hat jedoch auch Strategien zur Verfügung, die in lang andauernden Bedrohungslagen retten sollen. Diese Strategien entsprechen komplexen Anpassungsleistungen, die ganz ohne unser bewusstes Zutun stattfinden. Wenn wir also Opfer von lang anhaltenden Hochstresssituationen (Typ 2-Traumata) werden, findet unser Nervensystem hochintelligente Wege, sich in diese Umwelt so einzufügen oder anzupassen, dass wir in ihr möglichst unbeschadet überleben können. Diese rettenden Strategien brennen sich tief in unser Inneres ein, sodass viele unserer Verhaltensmuster, Gedanken, Empfindungen und Impulse auf ihnen basieren. Mit anderen Worten: Unsere alten Überlebensstrategien prägen unseren Lebensstil, und zwar umso mehr, je früher wir sie entwickeln mussten. Sie sind Platzhalter für wahrhaftig empfundene Sicherheit. Im weiteren Leben identifizieren wir uns oft völlig unbewusst mit diesen Strategien. Sie sind Teil unserer Persönlichkeit. Aus diesem Grund bedeutet die Integration von Trauma und die Veränderungen, die wir dadurch erzielen, immer einen »Umbau« unserer Persönlichkeit und manchmal auch unserer Identität. Diese Tatsache im Hinterkopf zu haben, ist wichtig, um sich auf der eigenen Entwicklungsreise nicht zu überfordern oder unrealistische Erwartungen an sich selbst zu stellen. Wenn wir unsere frühen Muster verändern, verändern wir also unsere Persönlichkeit, unseren Lebensstil und all unsere Beziehungen. Darin liegt ein Schlüssel zu mehr Balance und Lebensfreude, aber auch die Herausforderung, sich in einem neuen Leben nach und nach zurechtzufinden. Sich dieser Herausforderung zu stellen, ist höchst lohnend. Sie bringt uns zurück zu uns selbst, jenseits unserer traumabedingten Anpassungsleistungen und Überlebensstrategien. Sie führt uns zu unserem wahren, authentischen Sein.

Zu den Überlebensstrategien, die sich aus lang andauernden Hochstresserfahrungen auf der Bindungsebene entwickeln, gehören verschiedene, hochkomplexe soziale Verhaltensmuster. Da sie im Beziehungskontext besonders relevant sind, sollen sie hier ausführlich betrachtet werden. Meiner Erfahrung nach werden diese Überlebensreaktionen sehr häufig nicht als solche erkannt. Allzu oft werden sie als ein steuerbares Verhaltensmuster fehlgedeutet und nicht als eine an Traumaenergie gekoppelte autonome Reaktion verstanden.

KONFLIKTVERMEIDUNG ALS ÜBERLEBENSSTRATEGIE

Bella steht mit ihrer siebenjährigen Tochter Zoe am Bahnhof und der Zug fährt ein. Wer fehlt, ist ihr Freund David. Er hat sie erneut versetzt. Trotz seiner vielen Beteuerungen, »nächstes Mal« pünktlich zu sein, ist er es wieder nicht. Bella ist sehr wütend, enttäuscht und aufgeregt. Um ihre Tochter nicht zu beunruhigen, schluckt sie ihre Gefühle hinunter und steigt mit ihr allein in den

Zug. Sie erklärt, dass David es leider doch nicht geschafft hat und sie den Ausflug ohne ihn machen und ihn abends zuhause wiedersehen.
Den ganzen Tag schwelt die Wut in ihr und ihr Körper ist angespannt. Bella hat sich vorgenommen, David souverän und klar zu sagen, dass es so nicht weitergehen kann. Sie weiß, dass er sich augenblicklich verschließt wie eine Auster, wenn man ihm einen Vorwurf macht. Oft flieht er dann aus der Verbindung und meldet sich mehrere Tage nicht, was Bella schlaflose Nächte bereitet. In anderen Situationen wird David kalt und bezeichnet Bella als pingelig und spießig, wenn sie ihm fehlende Zuverlässigkeit vorwirft. »Du bist doch nicht meine Mutter!« ist ein Satz, den Bella schon häufig von ihm gehört hat. Aus diesem Grund hat sie allzu oft nicht gesagt, wie sehr es sie verletzt, wenn David sich nicht an Absprachen hält. Je näher der Zeitpunkt des Zusammentreffens rückt, desto mehr wandelt sich Bellas Wut in Unruhe und Ängstlichkeit. Ihr Körper verliert die Spannung, ihre Schultern sacken nach vorne und sie fühlt sich verzagt und traurig.
Als David am Abend den Raum betritt, hat sie keinen Zugang mehr zu ihrer Wut und den Worten, die ihr am Nachmittag noch auf der Zunge lagen. Der Abend verläuft so, als wäre nichts geschehen. Bella verhält sich wie immer, während ihr David gleichzeitig fern ist. Etwas in ihr fühlt sich sehr einsam und sie denkt: »Er sieht mich einfach nicht.«

Konflikte gehören zum Leben und zu guten Beziehungen

Wir brauchen einander, um zu lernen und zu wachsen. Häufig lernen wir besonders viel über uns und andere, wenn wir herausgefordert sind, einen Konflikt mit einem nahestehenden Menschen zu lösen. Konflikte zu meiden, bedeutet auch, zwischenmenschlicher Begegnung aus dem Weg zu gehen. Wenn wir uns vor Auseinandersetzungen scheuen, können Probleme nicht gelöst werden und wichtige Dinge bekommen keinen Platz. Vieles bleibt ungesagt und ungehört. Das führt über kurz oder lang jede Beziehung in die Stagnation. Um gesunde, sichere und verbundene Beziehungen zu führen, müssen wir uns Konflikten stellen.

Dafür brauchen wir all unsere soziale Kompetenz, die Bereitschaft, Kompromisse einzugehen, und die Fähigkeit, sowohl unseren Standpunkt zu vertreten als auch uns in den anderen einzufühlen. Ausgestattet mit diesen Fähigkeiten, können wir Reibung aushalten und die temporär aufkommende Distanz durchstehen. Sich auseinanderzusetzen, um dann wieder zusammenzukommen, bringt häufig noch mehr Tiefe und Vertrauen in unsere Verbindungen, da wir die Erfahrung machen, trotz Uneinigkeiten zueinanderzustehen und über sie hinauswachsen zu können.

Für viele Menschen mit frühen Traumatisierungen klingt diese Beschreibung wie ein Drehbuchauszug aus einem unrealistischen Film. Denn mit einem chronisch überaktivierten Bindungssystem und einem unsicheren Bindungsstil sind diese Fähigkeiten eingeschränkt. Die Betroffenen kennen Konflikte nur als höchst bedrohliche Szenarien.

Frühes Bindungstrauma hemmt die Konfliktfähigkeit

Unsichere Bindungserfahrungen in der Kindheit bieten keinen Bezugsrahmen für gesunde Beziehungen mit einem normalen Maß an Reibung. Statt eine gesunde Konfliktfähigkeit zu entwickeln, sind Betroffene mit der ständig lauernden Angst vor Bindungsabbruch, Liebesentzug oder anderen Konsequenzen beschäftigt. Es fehlt die Referenz dafür, dass Auseinandersetzungen stattfinden können, ohne die Beziehung zu bedrohen. Es fehlt die Erfahrung, dass man sich in Opposition zueinander befinden kann, während es eine stabile Basis der Verbundenheit gibt.

Generell werden Konflikte immer dann als bedrohlich wahrgenommen, wenn sie zu einer Unterbrechung der Verbundenheit führen und dadurch die Beziehung einer Belastungsprobe ausgesetzt ist. Für sicher gebundene Menschen braucht es dazu weit mehr als für unsicher gebundene. Das Bindungsband gerät auf Spannung, was unsere kindlichen Prägungen aktivieren kann. Das latent angespannte Bindungsband von Menschen mit einem überaktivierten Bindungssystem gerät viel schneller unter Spannung als das eines sicher gebundenen Menschen, dessen Band elastisch ist.

BASISWISSEN: DIE NEUROBIOLOGIE HINTER ESKALIERENDEN KONFLIKTEN

Wie kommt es dazu, dass Konflikte eskalieren?

Auseinandersetzungen geraten dann außer Kontrolle, wenn mindestens einer der Beteiligten sich bedroht fühlt. Wenn das Bedrohungsgefühl so groß wird, dass unsere Stresstoleranz überschritten wird, aktiviert der Körper autonome Verteidigungsmechanismen, unsere Überlebensreaktionen. Das Nervensystem wechselt von der Ausrichtung auf Verbindung in die Ausrichtung auf Schutz. »From connection to protection«, wie Stephen Porges es treffend ausdrückt. Das Stammhirn mit seinen autonomen Reflexen übernimmt dann die Regie. Infolgedessen wird komplexes Denken unmöglich, da der Neokortex, den Reflexen untergeordnet, in den Hintergrund tritt. Das ist der Grund dafür, dass erhitzte Gemüter selten gute Ideen haben, sondern impulsiv, unüberlegt und manchmal animalisch agieren. Weil zudem die Aktivität des sozialen Nervensystems gedrosselt wird, schwindet die Fähigkeit, den anderen anhand von Worten oder seiner Körpersprache richtig zu verstehen, sich einzufühlen oder etwas Verbindendes zu initiieren. Das Sprachzentrum ist in seiner Funktion eingeschränkt, was dazu führt, dass Worte fehlen, wir uns nicht mehr treffend ausdrücken können, die Sprache roh und grob wird oder wir gänzlich verstummen. Es geht nun nur noch ums Rechthaben und Gewinnen (Kampf) oder darum, möglichst unbeschadet davonzukommen (Flucht, Unterwerfung). Manchmal geht es auch darum, die Situation so schnell wie möglich zu überstehen (Totstellen, Dissoziation).

Auf allen Ebenen spiegelt sich wider, dass das gesamte Nervensystem nichts anderes tut, als auf äußerste Bedrohung schützend zu reagieren. Es versucht nicht, diplomatisch und besonnen eine konstruktive Lösung zu finden. Denn es geht plötzlich ums Überleben. Und das selbst dann, wenn es in Wirklichkeit nur um eine harmlose Lappalie geht.

Streiten hilft nicht

Durch meine Erfahrung als Paartherapeutin und die Arbeit im Einzelsetting glaube ich nicht an das »reinigende Gewitter«. Dass Streiten gesund sei und ohne Streit eine Beziehung keine Tiefe hätte, halte ich für eine irrige Annahme. Natürlich ist es eine Frage, wie man Streit definiert. Die Paare in meiner Praxis verwenden dieses Wort überwiegend dann, wenn sie über eskalierende Gespräche und nicht gelöste Probleme sprechen. Streit, wie er hier verstanden werden soll, ist laut, hitzig und emotional. Danach riecht es eher nach verbrannter Erde durch einen Blitzeinschlag als nach frischer Luft nach einem reinigenden Gewitter.

Konflikte und ihre Lösung gehören zum Repertoire einer gelingenden (Paar-)Beziehung. Streit hingegen umschreibt eher das, was ich zuvor als eskalierende Konflikte beschrieben habe. Miteinander wachsen zu können, statt sich gegenseitig zu zermürben, erfordert, dass wir lernen, autonome Reaktionen bei uns und unserem Gegenüber zu erkennen und sie zu steuern. Darauf werde ich in Teil 4 genauer eingehen.

Die Erfahrungen mit unseren Bindungspersonen prägen die Kompetenz, Probleme und Konflikte zu lösen

Zwischenmenschliche Probleme und Konflikte zu lösen, ist eine komplexe soziale Leistung. Und es ist eine wechselseitige Angelegenheit, bei der alle Beteiligten eine Rolle spielen. Um gemeinsam Probleme zu lösen, muss man einander wörtlich und im übertragenen Sinne hören und sehen. Wenn das gelingt, ist man ein Stückchen mehr zusammengewachsen. Nicht umsonst wird im Teambuilding mit Methoden gearbeitet, in denen die Gruppe gemeinsam ein Problem lösen soll. Es fördert Stärken zutage und schafft Erfahrungen, die zu verbindenden Erinnerungen werden.

Viele Menschen, die von ihren Bezugspersonen nicht zuverlässig und liebevoll genug versorgt wurden und unsicher gebunden aufgewachsen sind, haben nicht gelernt, wie das gelingen kann. Dafür haben sie jede Menge anderes über Probleme und den Umgang mit ihnen gelernt. Viele haben erlebt, dass Probleme »gelöst« wurden, indem die Bindungspersonen sich entweder ihrer Macht bedient oder abgewendet haben. So wurden sie beispielsweise durch emotionale Gewalt, wie Übergangenwerden, oder körperliche Gewalt für Probleme bestraft oder mit ihnen alleingelassen. Dies kann später zu Schwierigkeiten mit verschiedensten Autoritätsfiguren führen.

Die Botschaft, ein Problem zu sein, hemmt wichtige Entwicklungsschritte

Häufig gehört zu den Prägungen dieser Betroffenen, dass es sich nicht lohnt oder sogar gefährlich ist, für etwas einzustehen oder zu kämpfen. Das gilt insbesondere dann, wenn ihnen Schuld zugesprochen wurde, sodass sie sich selbst fortan als »das Problem« wahrnehmen mussten. Als ein Problem angesehen zu werden, zählt zu ihren schmerzlichsten Erfahrungen und trifft in die schon beschriebene Selbstwertwunde. Alle Äußerungen von Bezugspersonen, die die Botschaft beinhalten »Wegen dir …« erklären ein Kind zu einem Problem. Etwa »Wegen dir geht es Mama schlecht«, »Weil dein Nachhilfeunterricht so viel kostet, haben wir kein Geld für den Urlaub«, »Wenn du besser aufgepasst hättest, müssten wir jetzt nicht in diesem vollen Wartezimmer sitzen!«. Es wirkt immer destruktiv auf den Selbstwert, wenn zwischen Verhalten und Person nicht differenziert wird. Wenn Kindern nicht vermittelt wird, dass es diesen Unterschied gibt, werden sie sich oder andere zukünftig schnell als problemhaft entwerten. Dann fällt es ihnen als Erwachsene schwer, sich für ihr Verhalten zu entschuldigen und menschlich Verantwortung zu übernehmen, um den Schaden auszugleichen.

Manch ein Mensch mit dieser Prägung wird sie auch umkehren und die Strategie der Bezugspersonen auf andere übertragen. Dann ist der andere das Problem und generell schuld an der Misere. Wenn man nur einen Hammer als Werkzeug hat, wird alles wie ein Nagel behandelt. Darunter leidet jede Beziehung, da kein konstruktiver Austausch zur Problemlösung stattfinden kann.

Es geht also auf dem Weg zu gesünderen Beziehungen darum, das eigene Repertoire für den Umgang mit Konflikten und Problemen zu erweitern. Die Grundlage dafür ist auch hier, sich eigener Prägungen bewusst zu werden und unterscheiden zu lernen, was hier und heute als bedrohlich einzustufen ist und was nicht.

Destruktive Lösungsstrategien führen zu destruktiven Arbeitsmodellen

Kinder erwerben Problemlösungskompetenz auch dadurch, dass sie sehen, wie ihre Bezugspersonen Probleme lösen. Wenn ihnen Schweigen, Schreien oder Gewalt im Umgang mit Problemen vorgelebt werden, fehlt ihnen eine Referenz dafür, dass es auch ganz anders gehen kann. Ein Problem ist dann ein Synonym für Eskalation und Dysregulation.

Zudem übernehmen Kinder unbewusst die vorgelebten Strategien ihrer Bezugspersonen in ihre Arbeitsmodelle. Sie internalisieren das Verhalten ihrer Bezugspersonen und es wird zu einer Blaupause für das eigene Handeln. Dieser Vorgang wird einem oft erst bewusst, wenn man an einen Punkt im Leben kommt, an dem man das eigene Verhalten als destruktiv erkennt, es aber nicht einfach so ändern kann. Dann beginnt der transformierende Prozess, um den es in diesem Buch geht – der Prozess, über die eigene Vergangenheit und ihre Folgen hinauszuwachsen.

Das Unvermögen, mit Konflikten und Problemen umzugehen, führt zu noch mehr Stress

Ein Leben zu führen, das darauf ausgerichtet ist, Konflikte zu vermeiden, ist wie ein Lauf über ein Minenfeld. Man kann nicht unbefangen und frei seinen Weg gehen, sondern man ist stets auf der Hut und in der Erwartung des Schlimmsten, während man immer wieder erstarrt stehen bleibt. Es ist wesentlich, dass wir erkennen, dass diese Minen vor allem in unserem Kopf existieren, der im zwischenmenschlichen Kontakt dauerhaft Gefahr wittert. Indem wir üben, immer klarer Schritt für Schritt vorwärtszugehen und uns unserer alten Angst zuzuwenden, werden wir trittsicherer und können den Weg mehr und mehr genießen.

Einladung zur Reflexion

Kennst du es von dir, recht haben zu wollen, statt in Verbindung zu bleiben?

Was machen Konflikte mit dir? Welche Muster kannst du erkennen: Bewahrst du die Ruhe und hältst die Verbindung? Oder bist du eher schnell »oben raus« oder verstummst? Was hast du in deiner Kindheit darüber gelernt, wie man Konflikte löst? Wie würdest du dich stattdessen gerne fühlen und verhalten?

SOZIALE UNTERWERFUNG – BESCHWICHTIGUNG ALS ÜBERLEBENSSTRATEGIE

Die sogenannte »Fawn Response« hat schon eine gewisse Popularität erlangt. Auch »please and appease« oder »people pleasing« gehören hierzu. Ich werde im Folgenden die Begriffe synonym verwenden, auch wenn sie sich leicht unterscheiden, da sie alle denselben Zweck haben: Bindung zu gestalten und aufrechtzuerhalten, selbst wenn sie bedrohlich ist.

All diese Strategien sind intelligente Formen der Unterwerfungsreaktion, die sich in komplexen sozialen Vorgängen wie Anpassung,

Beschwichtigung oder Gefälligsein zeigen können. Bei alledem spielt unser soziales Nervensystem eine große Rolle. Sämtliche Formen der Unterwerfungsreaktion sind, wie alle Überlebensreaktionen, ausschließlich dazu da, das Überleben zu sichern, und sie werden dann gebraucht, wenn Bezugspersonen oder andere Menschen in einer Machtposition hochgradig bedrohlich sind. Sie treten bei zwischenmenschlichem Hochstresserleben auf, wie etwa bei einer Geiselnahme oder anderen Bedrohungssituationen, in denen Kooperationsbereitschaft lebensrettend sein kann. Sie spielen auch unter despotischen Regimen oder für marginalisierte Gruppen eine traurige und große Rolle im Alltag. Am häufigsten jedoch entstehen die Unterwerfungsreaktionen, wie Beschwichtigung, wohl in dysfunktionalen Familien, wo Kinder emotionale und körperliche Gewalt erleben oder vernachlässigt werden und sich von ihren Fürsorgepersonen bedroht fühlen. All diesen Beispielen ist gemein, dass das Opfer in einem absoluten Abhängigkeitsverhältnis zum Aggressor steht oder zwischen ihnen zumindest ein großes Machtgefälle besteht. Fliehen oder Kämpfen sind nicht möglich oder würden die Gefahr eines schlechten Ausgangs erhöhen und auch der Totstellreflex würde die Situation nicht verbessern. Eine gewaltbereite, emotional instabile, cholerische, unberechenbare oder anderweitig bedrohliche (Bezugs-)Person muss beschwichtigt werden. Man muss ihr gefällig sein und sie lesen können, um die beängstigende Dynamik zu beeinflussen. Die Beschwichtigung verfolgt das Ziel, deeskalierend zu wirken und das Gegenüber herunterzuregulieren. Betroffene setzen sie sowohl vorbeugend ein, um Eskalationen zu vermeiden, wie auch als Reaktion auf eine Bedrohung.

In Bezug auf frühe Erfahrungen wirkt hier, kurz gesagt, folgende Dynamik: Das Kind ist mit seinem Leben von einer Bezugsperson abhängig, die bedrohlich und unvorhersehbar handelt. Indem es sein Verhalten in der Interaktion entsprechend anpasst, versucht es, eine Art Sicherheit und Ruhe herzustellen, Vorhersehbarkeit zu erhöhen, Verbundenheit zu stärken und die Situation zu lenken. All das zum Zweck, seine Überlebenschancen in einer lebensfeindlichen Verbindung zu erhöhen oder das zu bekommen, was es zum Überleben braucht.

Das bedeutet, dass ein heranwachsender Mensch, der emotional vernachlässigt oder körperlich misshandelt wird, sich in seinem sozialen Verhalten auf höchst intelligente Weise anpasst.

So konnte etwa Rebekka an der Körpersprache und dem Klang der Stimme ihres Vaters erkennen, in welcher Verfassung er sich befand. Sie konnte wie ein Seismograf detektieren, wann er kurz vor dem Ausbruch stand und was sie zu tun hatte, um diesen zu verhindern.

Was uns im Angesicht dieses großen Leides entgeht, ist die Tatsache, dass eine derart vielschichtige Überlebensreaktion nur einem grundlegend resilienten Menschen gelingen kann. Diese Information ist für viele Betroffene, die sehr unter ihrer frühen Prägung leiden, eine wichtige Botschaft, denn sie stellt klar: Menschen, die reflexhaft beschwichtigen, sich anpassen und unterwerfen, sind nicht etwa schwach oder unfähig, sondern im Gegenteil, ihr Überlebenswille und ihre soziale Intelligenz sind enorm ausgeprägt. Hinter der tief verankerten Überlebensstrategie und ihren zugehörigen Verhaltensmustern stehen ein großes Einfühlungsvermögen, hohe soziale Kompetenz und beeindruckende Wahrnehmungsfähigkeiten.

Beschwichtigungsreaktionen sind neurobiologische Meisterleistungen

In der Beschwichtigungsreaktion gelingt es dem Betroffenen, die Funktionen aller drei Bereiche des autonomen Nervensystems gleichzeitig zu nutzen, um zu überleben: Der Sympathikus ist hoch aktiv und mobilisiert Energie, weil Bedrohung wahrgenommen wird. Der Parasympathikus überlagert mit der Immobilisierung durch den dorsalen Vagus die Flucht- oder Kampfimpulse und das soziale Nervensystem mit dem ventralen Vagus ermöglicht die gezielte soziale Interaktion.

Beschwichtigung dient der Co- und Selbstregulation

Ebenso faszinierend ist die Tatsache, dass diese Reaktion selbst- und co-regulierende Aspekte bedient. So erfüllt sie das Ziel, sowohl den autonomen Zustand und das Verhalten des Beschwichtigers als auch des Beschwichtigten zu modulieren. Man könnte von einer selbst-co-regulierenden Strategie sprechen, nach dem Motto: Indem ich mein Gegenüber beruhige, beruhige ich mich selbst. Das Opfer sendet also dem Aggressor Signale, dass alles okay ist, um sich sicherer, wohler oder hoffnungsvoller fühlen zu können. Das erweckt beim Aggressor in der Folge das Gefühl, dem Opfer vertrauen zu können und mit dem eigenen Verhalten akzeptiert zu werden. Auch wenn diese Art der Co-Regulation im akuten Fall dienlich ist, entsteht eine verstrickte Beziehungsdynamik, weit jenseits von sicher und gesund.

Ein unterwürfiger Lebensstil hat einen hohen Preis

Wenn die »Fawn Response« und das Beschwichtigen von der Überlebensstrategie zum tief geprägten Lebensstil eines Menschen werden, spielen sie in fast allen Beziehungen eine dominante Rolle. Sie bilden die Grundlage für sein Verhalten in Freundschaften, Arbeitsbeziehungen und Paarbeziehungen. Die frühen Erfahrungen werden in die Gegenwart übertragen, so dass auch im Hier und Heute das Ziel gilt, über die alte Strategie eine gewisse Sicherheit in einem als unsicher gedeuteten Rahmen zu kreieren. Alles ist unbewusst und mit großem Druck darauf ausgelegt, die Beziehung so zu beeinflussen, dass möglichst selten Angst machende Situationen entstehen. Je nachdem, was die Betroffenen erlebt haben, wird vieles als Gefahr betrachtet, was für Menschen, die sicher gebunden aufgewachsen sind, keinen oder bewältigbaren Stress bedeuten würde. Das Spektrum reicht von kleinen Meinungsverschiedenheiten (wie bei Rebekka und ihrer Freundin) über Enttäuschungen bis hin zu bedrohlichen Stimmungen, Emotionen oder Handlungen des Gegenübers.

Ein unterwürfiger und beschwichtigender Lebensstil zeigt sich mal offensichtlicher, mal subtiler etwa in folgenden Verhaltensweisen:

<u>Überanpassung und zwanghafte Zustimmung:</u>
Anpassung bedeutet Sicherheit. Für sie stellen wir eigene Überzeugungen, Bedürfnisse und Werte zurück oder blenden sie gänzlich aus. Dies kann so weit führen, dass Betroffene ihren persönlichen Aus-

druck und ihr gesamtes Auftreten in der gewünschten, angepassten Form maskieren. Dieses Verhalten führt in die sogenannte »Co-Abhängigkeit«, in der die betroffene Person das destruktive Verhalten des anderen akzeptiert, rechtfertigt oder sogar fördert.

Vorauseilender Gehorsam und zwanghafte Wunscherfüllung:
Um möglichen negativen Reaktionen zuvorzukommen, stimmt sich die betroffene Person so intensiv auf ihr Gegenüber ein, dass sie mögliche vorhersehbare Anforderungen oder Wünsche vorausschauend erfüllt. Diese sehr unterwürfige Strategie ermöglicht zwar etwas Einfluss, verstärkt jedoch zugleich die destruktive Dynamik. Zudem verschleiert sie die Wahrheit, dass der Betroffene aus Not etwas tut, was dem eigenen Wohlergehen schadet. Das kann bis in die intimsten Ebenen einer Partnerschaft wirken. So haben mir sehr viele Menschen in der Praxis erzählt, dass sie sexuelle Dinge »mitgemacht« haben, die für sie kaum aushaltbar waren. Sie haben damit sogar ihre körperlich intimsten Grenzen aufgegeben, um Stress auf der Bindungsebene zu vereiteln. Sehr oft drängen die Gefühle, die sie in diesen belastenden Situationen unterdrücken mussten, in die Wahrnehmung, sobald sie das Muster der zwanghaften Wunscherfüllung erkennen. Diese Situationen sind sehr schmerzhaft und bedürfen oft fachlicher Unterstützung, denn dann gilt es, Scham, Schmerz und auch Ekelgefühlen achtsam zu begegnen.

»People Pleasing«:
Mit dem Ziel, gemocht, akzeptiert und nicht ausgeschlossen oder anderweitig bestraft zu werden, verhalten sich Betroffene gefällig, versuchen, es anderen stets recht zu machen, und verfallen in eine fast zwanghafte Hilfsbereitschaft. Menschen mit diesem Verhaltensmuster werden auch People Pleaser genannt. Sie sind oft sehr beliebt und wirken stark und sozial sehr engagiert. Diese Strategie hat etwas hoch Funktionales und oft übersieht man völlig, dass sie von Not getrieben und eine frühe Traumafolge ist. In diesem Aspekt der Beschwichtigungsreaktion wird besonders deutlich, dass für sie sowohl eine hohe soziale Intelligenz als auch eine Menge Lebensenergie nötig ist. Oft

sind Betroffene in der Außenwelt strahlende Energiebündel und sobald sich die Türe schließt, das Wochenende naht oder sie länger allein sind, umgibt sie eine schwere Decke aus Depression und Sorge.

Es ist mir wichtig, einen weiteren, etwas delikaten Aspekt zu beleuchten: Im Muster des »People Pleasing« steckt nicht selten eine narzisstische Komponente. So machen die Betroffenen in einem gewissen Maß ihren Selbstwert und ihre Identität von den anderen abhängig. Strahlen, beliebt sein und auch dafür bewundert zu werden, sind dann Ersatz für die Selbstsicherheit, die sich in frühen Jahren nicht entwickeln konnte. Hier besteht also eine Überschneidung zu narzisstischen Persönlichkeitsmerkmalen.

Mangelnde Abgrenzung bis zur Selbstaufgabe:
Viele Betroffene leiden unter einer regelrechten Unfähigkeit, Wünsche auszuschlagen und Anfragen oder Forderungen abzulehnen, selbst wenn diese unangemessen oder belastend sind. Oft ist ihnen das bewusst und der Ärger über sich selbst wird zu einer weiteren zermürbenden Belastung. Man fühlt sich furchtbar unzulänglich und schämt sich dafür, immer und immer wieder über die eigenen Grenzen zu gehen und damit die eigene Würde zu untergraben. Es ist ein schlimmes Gefühl, sich selbst nicht in die Augen sehen zu können.

Abgrenzung ist für Betroffene von Bindungstrauma eine Lebensaufgabe. Sie wurde nicht gelernt. Je stärker das Bindungssystem aktiviert ist, desto weniger Grenzen gibt es. Alles, was ich bisher zum überaktivierten Bindungssystem beschrieben habe, schlägt sich auf die Abgrenzungsfähigkeit nieder. Eigene Bedürfnisse und Wünsche werden, sofern sie überhaupt bewusst sind, bereitwillig der vermeintlichen Bindungssicherheit geopfert.

Konfliktvermeidung um jeden Preis:
Für ein überaktiviertes Bindungssystem ist die größte Katastrophe der Bindungsabbruch. Konflikte werden häufig als Bedrohung für die Bindung angesehen. Sie lösen Verlustangst aus. Aufgrund der frühen Prägungen wird diese als existenziell empfunden. Insofern ist es logisch nachvollziehbar, dass es am sichersten scheint, Konflikte strikt

zu vermeiden. Und das selbst dann, wenn es die eigenen Bedürfnisse und Werte kompromittiert und großes Leid erzeugt.

Vermeiden von Trennungen um jeden Preis:
Die Trennung von einem wichtigen Menschen bedeutet Verlust. Für unsicher gebundene Menschen mit einem überaktivierten Bindungssystem fühlt sich das an, als würde das Bindungsband zerreißen. Die existenzielle Katastrophe tritt ein und es kommt zur Dekompensation, wie in Teil 1 beschrieben. Um dieses höchst bedrohliche Szenario zu verhindern, vermeiden Betroffene eine Trennung um jeden Preis. Selbst dann, wenn die Beziehung schadet. Ich habe Klienten und Klientinnen getroffen, die mir unter großem Schmerz berichtet haben, welche Demütigungen und emotionalen Qualen sie über sich haben ergehen lassen, weil alles immer noch besser war als die Trennung. Das mag nach »Extremfällen« klingen, doch wo beginnt »extrem«? Immer dann, wenn Menschen Gewalt erfahren, trifft dieser Begriff zu. Und zwar auch dann, wenn sie – scheinbar freiwillig – bleiben, statt die Beziehung schnellstmöglich zu verlassen, um sich in Sicherheit zu bringen! Sich nicht trennen zu können, kann eine Folge früher, schwerer Bindungstraumatisierungen sein, die in Leid und Schmerz gefangen halten. Menschen, die ihre eigene Würde auf diese Weise verraten, haben früh in ihrem Leben erlebt, dass sie ihnen geraubt wurde. Ihr Bindungssystem und die von ihm getriebenen Überlebensmechanismen sind dann stärker als ihr Verstand.

Gute Miene zum bösen Spiel:
Menschen mit einem überaktivierten Bindungssystem sind oft kreativ und kompetent, wenn es darum geht, Konflikte zu vermeiden. Manche verhalten sich beispielsweise in einer Gruppe, in der sie schlecht behandelt werden, gesellig und scheinbar unbekümmert, um weniger Angriffen ausgesetzt zu sein. Andere übernehmen bei einem Familientreffen die Rolle, gute Stimmung zu versprühen, um unterschwelligen Konflikten keinen Raum zu geben. So lenken sie mitunter ganze Gruppen geschickt um Konfliktthemen herum. Was für eine Leistung!

Einladung zur Reflexion

Erkennst du dich im Spektrum der beschriebenen Verhaltensweisen wieder? Gehörst du zu den Menschen, die mit einem überaktivierten Bindungssystem Sicherheit beim anderen suchen?

Wenn ja, auf welche Weise berührt dich diese Erkenntnis? Wenn nein, wie berührt dich die Erkenntnis, dass Menschen in deinem Umfeld vielleicht betroffen sind?

In jedem Falle lade ich dich ein, die Intelligenz und die Not in diesen Verhaltensmustern zu erkennen und dein Herz für die Betroffenen zu erwärmen.

SELBSTVERLEUGNUNG ALS ÜBERLEBENSSTRATEGIE UND LEBENSSTIL

All die intelligenten und komplexen Verhaltensmuster und Strategien, die der Unterwerfungsreaktion entspringen, haben die traurige Nebenwirkung, dass sie für die Betroffenen bedeuten, sich selbst zu verleugnen.

Das macht authentische Beziehungen kaum möglich. Jemand, der sich aus Angst anpasst, ist kein Gegenüber, mit dem wahre Nähe möglich ist. Wenn das soziale Nervensystem ausgeschaltet ist oder nur zur Stressvereitelung aktiv ist, sind Gleichklang und Verbundenheit auch neurobiologisch kaum möglich. Entweder entsteht eine »gespielte« Nähe, die sich tief im Inneren leer anfühlt, oder es kommt zu einer Art Verschmelzung. Der Partner, der sich anpasst, fühlt sich so sehr in die Präsenz des anderen ein, dass kaum ein Unterschied zwischen beiden besteht. Er verliert sich im anderen und wird zu seinem Schatten, was in eine sehr unlebendige Beziehung führt.

Keine echte Nähe leben zu können, ist vermutlich der größte Schmerz für Betroffene mit einem überaktivierten Bindungssystem und für die Menschen, die sie lieben. »Ich wünschte, ich könnte spüren, dass er mich liebt, wo er es mir doch so oft zeigt.«, »Ich glaube, ich liebe sie wirklich, aber ich kann es nicht fühlen.« Solche Sätze habe ich in der Praxis oft gehört. In ihnen offenbart sich ein Mensch, der zwar Beziehung lebt, jedoch ohne in ihr wirklich anwesend zu sein. Oder aber ein Mensch, der so sehr in seinen deaktivierenden Mustern gefangen ist, dass er von seinen Emotionen abgeschnitten ist.

Auch die berührenden und schweren Stunden mit Klientinnen und Klienten, die erfahren hatten, dass sie seit Jahren Teil eines Doppellebens waren, kommen mir in Erinnerung. Die Arbeit mit Frauen und Männern, die – wie im Film – am großen Tag allein vorm Altar standen, hat mir geholfen zu begreifen, wie gut Menschen einander täuschen können, wenn sie früh in ihrem Leben lernen mussten, eine Rolle zu spielen, statt sie selbst zu sein.

STARKSEIN ALS ÜBERLEBENSSTRATEGIE

Parentifizierung – die verlorene Kindheit

Eine folgenreiche und sehr schmerzhafte Dynamik entfaltet sich in Familien, in denen Kinder nicht Kinder sein dürfen. Das Phänomen der Parentifizierung wird selten thematisiert, obwohl es die Lebenswirklichkeit vieler Menschen prägt, die von Kindheitstrauma in der Familie betroffen sind. Da ihre Auswirkungen auf spätere Beziehungen so reichhaltig sind, soll sie ausführlich betrachtet werden.

Der Begriff »Parentifizierung« umschreibt, dass ein Kind in die Rolle eines Elternteils gezwungen wird. Wo das geschieht, ist eine Familie hoch belastet. Parentifizierung ist immer ein Anzeichen von Not, auch bei den Eltern. Nichtsdestotrotz stellt sie eine schwere Form emotionalen Missbrauchs dar. Die Umkehr der sozialen Rollen geschieht dann, wenn Eltern keine Geborgenheit und Sicherheit geben können und Kinder das Familiensystem stabilisieren, indem sie Aufgaben und Funktionen der Eltern übernehmen. Betroffene Kinder erleben Elternteile oft als hilflos oder bedürftig, was bedeutet, dass ihnen selbst jedes Gefühl von Sicherheit abhandenkommt. Die einzige Möglichkeit, etwas Sicherheit zu erschaffen ist, den Eltern zu helfen, auch wenn es in eine komplexe, dauerhafte Überforderung führt. Leidtragende Kinder wirken oft reif und brav, sodass sie nicht als belastet erkannt werden.

In Familien mit körperlich, psychisch oder suchtkranken Eltern gehört Parentifizierung zur Tagesordnung. Aber auch in jeder anderen Konstellation, in der Eltern emotional und körperlich nicht in ihrer Kraft sind, werden Kinder dem Druck ausgesetzt, für ihre Eltern zu sorgen und ihre Last mitzutragen. Die natürliche Grenze zwischen Elternebene und Kindebene verschwimmt.

Die zwei Arten der Parentifizierung

Man unterscheidet zwei verschiedene Formen der Rollenumkehr, die oft Hand in Hand gehen.

Bei der instrumentellen Parentifizierung delegieren Eltern Aufgaben an ihre Kinder, weil sie selbst nicht in der Lage sind, sie zu erfüllen. Oft wird mit einer gewissen Selbstverständlichkeit erwartet, dass Kinder sich um Geschwister sorgen, kochen oder Verantwortung für den Haushalt tragen. Diese Aufgaben sind keinesfalls kindgerecht. So machen beispielsweise viele Kinder weltweit, deren Eltern durch eine Sprachbarriere in ihrer Selbstständigkeit gehemmt sind, die Erfahrung, etwa bei Behördengängen als Dolmetscher zu dienen. Sie werden notgedrungen in eine verantwortungsvolle Rolle gedrängt und müssen oft Vorgänge bezeugen, die sehr belastend sein können.

Bei der emotionalen Parentifizierung werden Kinder in die Rolle gezwungen, für die emotionale Stabilität ihrer Bezugspersonen oder deren Beziehung verantwortlich zu sein. Sie werden in die Gefühlswelt ihrer Eltern hineingezogen. Dabei werden sie zum Ersatz für erwachsene Vertraute wie Freunde, Therapeuten oder andere Helfer, die fehlen. Kinder, die mit derart instabilen Eltern aufwachsen, versuchen aus eigener Kraft und nach ihren Möglichkeiten, die Eltern zu stabilisieren, damit ihre Welt nicht auseinanderbricht. Sie versuchen, die Bezugspersonen vor weiteren Belastungen zu schützen, um das fragile System nicht zu gefährden. Sie selbst sind emotional schutzlos und fühlen sich für hilflose Elternteile verantwortlich.

Ich erinnere mich lebhaft an den Bericht eines Klienten, der in seiner Kindheit sehr darunter gelitten hatte, dass seine Mutter sich immer wieder mit ihm und seinem Bruder im Bad verschanzte, um dem tobenden Vater zu entgehen. Er wurde nach einer Weile hinausgeschickt, um den Vater zu besänftigen.

Eine Klientin berichtete mir, dass ihre Mutter nachts regelmäßig aus dem Elternschlafzimmer ins Kinderzimmer floh. Dann kuschelte sie sich, oft weinend, zu ihrer Tochter ins Bett, um Trost und Wärme zu suchen. Meine Klientin empfand diese Situationen als beklemmend und überwältigend.

In Familien, in denen viel gestritten wird oder ein Elternteil gewalttätig ist, werden Kinder oft in diplomatische Vermittlerrollen gezwungen.

Leider sind solche Szenen keine Seltenheit, sondern ein Tabu. Weder Betroffene noch Zeugen wie Nachbarn sprechen darüber, was das Leiden enorm vergrößert.

Triangulation – zerrissen zwischen zwei Polen

Viele Kinder getrennter Eltern werden von ihnen instrumentalisiert und zu Verbündeten gegenüber dem anderen Elternteil gemacht. Der Begriff »Triangulation« beschreibt die Dynamik, bei der ein Kind in die Auseinandersetzungen oder emotionalen Spannungen der Eltern einbezogen wird. Das Kind wird beispielsweise als Vermittler, Botschafter oder sogar als Sündenbock in die Konflikte der Erwachsenen verstrickt. Kinder geraten zwischen die Stühle und in Loyalitätskonflikte. Ihr Bindungssystem ist unter großem Stress.

Die Folgen – parentifizierte Kinder werden zu verstrickten Erwachsenen

Menschen, die viel zu früh in ihrem Leben große Verantwortung für andere aufgebürdet bekamen, tragen vielschichtige Folgen in ihre späteren Beziehungen:

- **Verpflichtungsgefühl und Helfer-Attitüde**
  Parentifizierte Menschen suchen Sicherheit, indem sie sich um andere kümmern. Sich verpflichtet zu fühlen, ist oft integraler Bestandteil ihrer weiteren Beziehungen und der Berufswahl. Wenn sie helfen können, fühlen sie sich verbunden. Viele Betroffene entwickeln eine ausgeprägte Helfer-Attitüde, die manchmal etwas despektierlich auch als Helfer-Syndrom bezeichnet wird. Nicht selten suchen sie sich Beziehungspartner, die bedürftig oder instabil sind. So führen sie das vertraute Konzept ihrer Kindheit fort. Häufig ist die Partnerschaft über die jeweiligen Rollen fest definiert, sodass wenig Wachstum und Entwicklung geschehen.
- **Kontrolle und Einmischung: »Es wird etwas Schlimmes passieren!«**
  Parentifizierte Erwachsene sind häufig getrieben von der Angst, dass etwas Schlimmes passiert, wenn sie nicht die Kontrolle haben. Eine Klientin beschrieb mir einmal, dass sie in Todesangst verfällt, wenn sie sich um niemanden kümmern kann. »Wenn ich nicht helfe, wird etwas Schreckliches passieren!« ist die Prägung, die hinter dieser Angst steht.

  Aus dem Druck, die Kontrolle haben zu müssen, entwickelt sich häufig eine starke Einmischungstendenz. Betroffene übernehmen auf ruhelose und dominante Art die Führung in Beziehungen oder Gruppen. Sie fühlen sich dann sicher, wenn sie die Dynamik steuern und beeinflussen können, um Spannungen und Konflikte zu vereiteln.
- **Schuldgefühle**
  Tragischerweise kann es nicht gelingen, einen Menschen, eine Ehe oder eine Familie zu retten. Ausnahmslos alle parentifizierten Kinder erleben, dass sie scheitern. Die Eltern trennen sich doch, ein Mensch stirbt, es gibt am Ende keine gute Lösung. So fühlt es sich jedenfalls für die Kinder an, die Probleme lösen sollen, die nicht ihre eigenen sind. Aus diesem empfundenen Versagen entsteht ein großes Schuldgefühl. So oft haben mir Klientinnen und Klienten ausführlich beschrieben, was sie glauben, versäumt zu haben. »Ich hätte mich mehr anstrengen müssen«, »Hätte ich es damals an-

ders gemacht, wäre es gut ausgegangen«, »Ich bin schuld, dass …«. Diese »Generalschuld« zeigt, wie sehr die zugemutete Überverantwortung und die übertragene Macht in eine Selbstüberschätzung münden mussten. Es erweckt manchmal den Anschein, als entwickelten parentifizierte Menschen Allmachtsfantasien. In ihren tiefen Schuldgefühlen liegt oft die Überzeugung, dass sie die Welt hätten verändern können, in der sie so überfordert waren. Das ist eine sehr kindliche Überzeugung.

- **Zwanghafter Perfektionismus und Identität**
Weil parentifizierte Kinder keine Chance hatten, einen Selbstwert zu entwickeln, der nicht an eine Leistung, Aufgabe oder Rolle gekoppelt ist, können sie nur darüber ihren Wert beziehen. Niemand hat ihnen das Gefühl vermittelt: »Du bist okay, so wie du bist«. Diesen Mangel kompensieren sie mit dem Streben nach Perfektion.

  Dementsprechend brauchen Menschen, die Opfer von Parentifizierung wurden, andere, um sich zu spüren. Sie definieren sich selbst über ihre Wirkung auf andere. Ähnlich wie beim »People Pleasing« besteht auch hier das Risiko, eine narzisstische Persönlichkeitsakzentuierung zu entwickeln. Immer dann, wenn die eigene Identität sich nicht entwickeln konnte, werden andere zum Ersatz dafür.

- **Parentifizierten Kindern wird die Kindheit gestohlen**
Betroffene mussten erwachsen sein, bevor sie es werden konnten. So konnte die Entwicklung zu einem gereiften Erwachsenen nicht stattfinden. Ihr Kindsein wurde ihnen verwehrt. In der hohen Funktionalität der Betroffenen steckt der gesamte Stress der Kindheit. Es gibt keine Ruhe, keine Pause und kein Gefühl von Teamwork. Parentifizierte Erwachsene sind oft nicht in der Lage, Hilfe anzunehmen, da es ihnen ihre Macht, selbst Sicherheit zu erschaffen, nehmen würde. Das schwächt Nähe und Ebenbürtigkeit.

- **Eigene Bedürfnisse und Grenzen spielten nie eine Rolle**
Die intelligente Anpassungsstrategie für diese Situation ist, bedürfnislos zu werden. Die Folge daraus ist das Unvermögen, mit eigenen Bedürfnissen und Grenzen umzugehen.

- **Groll und Angst vor Schwäche**
  Hinter der vermeintlichen Stärke verbirgt sich häufig die alte Wut darüber, auf so missbräuchliche Weise übergangen und benutzt worden zu sein. Damals gab es keinen Platz für solche Gefühle, sodass sie noch heute im Inneren brodeln. Manche Betroffenen verbittern mit der Zeit über die Menschheit, ihre Undankbarkeit und den Mangel an Wertschätzung.

  Hinter dem tief geprägten Starksein steht die Überzeugung, sich nur selbst Halt geben zu können. Schwäche ist bedrohlich. Die latente Angst, dass alles zusammenbricht, wenn die eigene Kraft nachlässt, nimmt mit dem Lebensalter zu. Für viele Opfer von Parentifizierung sind Krankheit, körperliche Schwäche oder der natürliche Alterungsprozess Auslöser für Ängste und Panik. In der Konsequenz übergehen sie sich selbst, erlauben sich nicht, krank zu sein, wenn sie es sind, und funktionieren immer weiter, bis es irgendwann nicht mehr geht.
- **Die Schwierigkeit, Freude und Spaß zu empfinden**
  Viele Leidtragende zeigen sich als ernste Mitmenschen. Struktur und Rigidität geben Sicherheit. Lockerzulassen ist bedrohlich. Das Bindungssystem ist überaktiviert und der Sympathikus ist in der Führung. In Ausgelassenheit und Spaß zu entspannen, also den Parasympathikus mit ins Boot zu holen, fühlt sich bedrohlich an, da es das Gefühl von Kontrolle schmälert.
- **Gehemmte Autonomie**
  Man könnte meinen, dass parentifizierte Menschen, die schon als Kinder erwachsen und autonom handeln mussten, später ein autonomes Leben führen. Das Gegenteil ist der Fall. Sie können sich häufig schwer von ihren Eltern und Familiensystemen lösen oder finden Ersatzsysteme, in denen sie sich unentbehrlich machen. Eine wahre Autonomie wurde verhindert, eine künstliche Autonomie wurde erzwungen.

Wenn Starksein als Überlebensstrategie dienen muss, sind Nähe und Ebenbürtigkeit fast ausgeschlossen. Stärke und Funktionieren dienen als Rüstung für das verletzte Innere, das niemand zu Gesicht bekommt, weil es oft auch dem eigenen Bewusstsein verborgen bleibt. Betroffene brauchen Bindungserfahrungen, in denen sie sich zugehörig fühlen können, ohne für alles und jeden verantwortlich zu sein. Sie müssen nachlernen, wie es sich anfühlt, Co- und Selbstregulation zu erfahren, statt sich und andere durch ihren Aktionismus scheinbar zu stabilisieren. Das Bindungssystem braucht die Information, dass auch andere Menschen Sicherheit geben können und dass eine gesunde Bindung ebenbürtig ist.

Einladung zur Reflexion

Für viele Menschen ist es sehr schmerzhaft zu erkennen, dass sie Opfer von Parentifizierung wurden. Wenn es dir so gehen sollte, lade ich dich ein, dir bewusst zu machen, dass die Stärke, die du schon so früh entwickeln musstest, nicht von irgendwo herkam, sondern aus deinem Inneren.

Diese Kraft nach und nach so einzusetzen, dass sie deiner Heilung dient statt der Aufrechterhaltung alter Muster, kann eine wunderbare Ausrichtung auf die Zukunft darstellen.

Und vergiss nicht: Es ist nie zu spät.

ESSENZ: HINTER DEINEN ÜBERLEBENSSTRATEGIEN VERBIRGT SICH WEIT MEHR ALS DEIN SCHMERZ

Kompensations- und Überlebensstrategien dienen dazu, Schmerz auszuweichen, ihn zu betäuben oder ihn aus dem Bewusstsein zu drängen. Dafür sind sie da. Wenn wir beginnen, sie sanft zu lösen, wird uns oft der alte, ungespürte Schmerz bewusst.

Doch hinter den Überlebensstrategien wartet weit mehr als das. Auch dein unversehrtes Wesen, bisher verborgene Potenziale, Talente, positive Gefühle und vor allem Verbundenheit kommen zum Vorschein.

Sich dem eigenen Schmerz zu stellen, kostet Kraft. Doch diese Anstrengung wird so sehr belohnt.

Ich lade dich ein: Verzage nicht, wenn der alte Schmerz sich zeigt. Er ist lediglich das Erste, das dir begegnet, wenn du dich dir zuwendest. Wenn du nur ein paar Schritte weitergehst, siehst du auch das andere, was jenseits des Schmerzes auf dich wartet.

GEFANGEN IM ÜBERAKTIVIERTEN BINDUNGSSYSTEM – TOXISCHE BEZIEHUNGEN

Ein chronisch überaktiviertes Bindungssystem kann uns so sehr von uns selbst entfremden, dass wir bereit sind, für etwas »Liebe« fast alles zu opfern.

Mit dem Thema toxische Beziehung allein ließe sich ein ganzes Buch füllen. Hier soll es vor allem darum gehen, zu verstehen, wie frühe Prägungen uns in Verbindungen treiben und halten, in denen wir zerstört werden. Ebenso soll es darum gehen, die typischen Dynamiken klar zu benennen, damit Betroffene sie erkennen können, statt an sich selbst zu zweifeln und nach und nach zu zerbrechen. Auch Außenstehende sollten die Merkmale toxischer Beziehungen kennen, denn der größte Teil aller Betroffenen erhält erst nach vielen schweren Jahren Unterstützung, weil niemand die emotionale Gewalt zu erkennen scheint, der sie ausgesetzt sind.

Gewaltvolle und missbräuchliche Beziehungen sind leider keine Seltenheit. Betroffene sind meist innerlich zerrissen und voller Scham darüber, dass sie ihre Würde Tag für Tag opfern. Viele Beziehungen können toxische Aspekte haben, wenn etwa eine Partnerin suchtkrank ist oder körperlich gewalttätig. Ich möchte hier auf eine Form der Beziehung eingehen, die in allen Belangen toxisch wirkt, wo also auch die Momente, die als schön empfunden werden, zur Toxizität gehören. Die Täter und Täterinnen in diesen destruktiven Bindungen erfüllen oft psychiatrische Kriterien aus dem narzisstischen Spektrum, doch es soll hier weniger um die Täter und Täterinnen gehen als vielmehr um die Dynamiken, die es zu erkennen und zu durchbrechen gilt, damit Opfer sich befreien können. Um sich aus destruktiven Beziehungen zu lösen oder erst gar nicht in sie hineinzugeraten, ist es unerlässlich, sich den frühen, traumatischen Wunden auf der Bindungsebene zuzuwenden. Denn destruktive Beziehungen im Erwachsenenalter sind häufig grausame Fortsetzungen oder Reinszenierungen der eigenen Kindheit.

Der Begriff »toxische Beziehung« lehnt sich an den Fachterminus »toxischer Stress« aus der Stressforschung an. Er bezieht sich auf die Tatsache, dass solche Beziehungen zu toxischem Stress führen. Dieser wiederum führt bei den Betroffenen zu Stressreaktionen, die den Kriterien einer Traumatisierung entsprechen, nämlich zu Überlebensreaktionen. Einer solchen Belastung dauerhaft ausgesetzt zu sein, bringt meist Symptome einer (komplexen) Posttraumatischen Belastungsstörung hervor, mit anderen Worten: Toxische Beziehungen machen krank. Sie haben eine oft verborgene, schleichende Wirkung auf ihre Opfer, bis irgendwann jede Lebenskraft vergiftet scheint.

»Wieso lasse ich das zu?«

Arno schaut mich mit großen, ungläubigen Augen an. »Ich kann es nicht fassen, dass mir das passiert! Wieso bin ich nicht schon längst über alle Berge?« Sein Körper ist starr, wie eingefroren, und seine Haltung wirkt geduckt. Er umfasst seinen Oberkörper, als würde er frieren. Die letzte halbe Stunde hat er mir erzählt, wie er im vergangenen Jahr in einer Beziehung gestrandet ist, die sich nach einer fulminanten Startphase in einen Ort des Schreckens verwandelt hat. Er erkannte sich und sein Leben nicht wieder.

Arno ist ein kompetenter und intelligenter Akademiker Mitte vierzig, der in einem internationalen Unternehmen eine Führungsposition bekleidet. Er gilt in der Firma als freundliche, souveräne Person und genießt sowohl Beliebtheit als auch Anerkennung.

Sein Privatleben ist wenig ausgeprägt. Er lebt bereits viele Jahre als Single und hat keinen Freundeskreis vor Ort, aber zwei alte

Schulfreunde, die weit entfernt leben. Für Hobbys lässt ihm die Arbeit keine Zeit.

In seiner Ursprungsfamilie hat Arno einigen Schmerz erfahren. Die Persönlichkeit seiner Mutter war von Selbstsucht und Kälte geprägt, seine Schwester wurde stets bevorzugt und sein Stiefvater war ein Mann ohne Kontur, der kaum je eine Rolle spielte. Wer sein leiblicher Vater war, hat seine Mutter ihm nie verraten, sie sträubte sich, auch nur ein Wort mehr über ihn zu verlieren als: »Er war unbedeutend und soll dir egal sein!« Arno fühlt sich bis heute seiner Familie nicht wirklich zugehörig und oft abgewertet oder benutzt. Trotz allem pflegt er einen recht engen Kontakt mit ihr, immer in der Hoffnung, dass es eines Tages schöner werden könnte.

In der Beziehung mit Melanie fand Arno nach langer Zeit die Chance, mehr Farbe und Abwechslung in sein Leben zu bringen und etwas von der Familie abzurücken. Was mit ein paar wunderschönen, romantischen Wochenenden und Urlaubsreisen begann, entwickelte sich schleichend, aber schnell zu einem dunklen Gefängnis. Innerhalb nur eines Jahres hat Arno sein Selbstbewusstsein und den Glauben an seinen Verstand verloren. Er traut sich selbst und seiner eigenen Wahrnehmung nicht mehr und ist verzweifelt. Weil die Dynamiken in ihrer Beziehung so unglaublich und verwirrend sind, hat er bisher noch niemanden davon erzählt. Er fand einfach keine Worte dafür.

Nun sitzt Arno in meiner Praxis und berichtet bruchstückhaft und beschämt von Situationen und Ereignissen, die ihn tief verstören. Etwa, als er auf einer gemeinsamen Urlaubsreise mit hohem Fieber und Schmerzen im Bett lag und Melanie ihm eine Szene machte. Sie warf ihm vor, dass er den Urlaub verderbe.

Leider überrascht mich nichts von dem, was Arno beschreibt, da es einem klaren Muster folgt, das ich von vielen anderen Klientinnen und Klienten beschrieben bekam. Arno steckt mitten in einer toxischen Beziehung, in der er zu zerbrechen droht.

In einer toxischen Beziehung zu sein, bedeutet, andauerndem Stress auf der Bindungsebene ausgesetzt zu sein. Partner und Partnerinnen, die sich toxisch verhalten, wirken gezielt auf das Bindungssystem ihres Gegenübers ein. Sie wissen genau, welche Knöpfe zu drücken sind, um Verunsicherung, Angst und andere gewünschte Reaktionen hervorzurufen. Ziel ist stets, durch geschickte, mal subtilere, mal offensichtlichere Manipulation das Gegenüber in eine Abhängigkeit zu treiben und für sich zu instrumentalisieren. Toxisch agierende Menschen beherrschen ihre Beziehungspartner und rauben ihnen nach und nach jede Selbstsicherheit. Der Hauptfokus der Manipulation liegt auf zwei Aspekten: dem Bindungssystem und dem Selbstwert. Und damit auf den Kernelementen der Identität.

Toxisch wirkende Partner und Partnerinnen »spielen« mit dem Bindungsband und arbeiten an der Demontage des Selbstwertgefühls ihres Opfers. Je mehr sie ihren Selbstwert schmälern, desto mehr Einfluss haben sie auf der Bindungsebene und umgekehrt.

Bevor ich nun einige der Kernaspekte toxischer Beziehungsdynamiken aufzähle, sei noch etwas Wichtiges gesagt: In die Falle einer solchen Beziehungsdynamik zu gehen, kann fast jedem Menschen passieren. Vor allem jenen, die durch frühe Prägungen eine Verwundung ihres Selbstwertgefühls erfahren haben und in einem unsicheren Bindungsstil verankert sind, was etwa für 40 Prozent der Bevölkerung zutrifft. Ein weiterer Risikofaktor ist das Fehlen eines stabilen sozialen Netzwerks. Alle Frauen und Männer, die ich in intensiven Ausstiegsprozessen begleiten durfte, waren intelligente, reflektierte und selbstständige Personen. Es hat weder etwas mit Stärke noch mit Intelligenz zu tun. Unsere frühen, traumatischen Bindungserfahrungen haben lange Zeit mehr Macht als unser Verstand.

Ich möchte dich einladen, beim Lesen der Merkmale toxischer Beziehungen verschiedene Dimensionen im Blick zu haben. Im Folgenden beschreibe ich Dynamiken der Paarbeziehung. Es ist durchaus möglich, einzelne Elemente auch in anderen Beziehungen zu finden; das gilt auch für Eltern-Kind-Beziehungen. Die Bindungstraumatisierung, die bei Kindern durch diese schweren Formen emotionaler Gewalt entsteht, ist vielschichtig und schwer. Sie führt oft in einen desorganisierten Bindungsstil, da sowohl Bindungssystem als auch

Nervensystem in ihrer Entwicklung stark belastet werden. Behalte nun also gerne verschiedene Beziehungskontexte im Hinterkopf.

- **Lovebombing**
  Zu Beginn der Beziehung wird um das Opfer geworben. Die umwerbende Person holt die Sterne vom Himmel und kreiert eine Atmosphäre des Glücks und der vermeintlichen Bindungssicherheit. Dabei ist sie enorm einfühlsam und gewandt in ihren Avancen und umgarnt ihr Gegenüber gekonnt, indem sie dessen Urbedürfnisse erfüllt und auf der Bindungsebene Balsam verteilt.

  An diese Phase schließen sich nach und nach vereinzelte Eskalationen und verunsichernde Vorfälle an. Das Opfer ist zwar irritiert, doch die Liebesbekundungen des Täters kompensieren die ersten Vorfälle. Bereits hier beginnt die Manipulation und Opfer geben sich oft völlig unbewusst die Schuld für die Vorfälle oder sind der Ansicht, dass sie sie verhindern oder provozieren könnten.
- **Isolation erzeugen**
  Ist die Bindung einigermaßen gefestigt, beginnt der manipulative Partner sein Opfer zunehmend von dessen sozialen Umfeld zu isolieren, um seinen Einfluss zu erhöhen. So macht er etwa alte Freunde schlecht, oder unterbindet den Kontakt zu ihnen. Das kann so weit gehen, dass der Manipulator oder die Manipulatorin bei alten Freunden Lügen verbreitet, um die Beziehung zu zerstören.
- **Gaslighting**
  Diese Form der psychischen Manipulation führt dazu, dass Opfer an ihrer Wahrnehmung, ihrem Gedächtnis oder ihrer Vernunft zweifeln. Der manipulierende Partner stellt die Realität so dar, dass ein Opfer sich unsicher fühlt und zunehmend auf die Bestätigung durch den Partner angewiesen ist. Typische Sätze sind: »Das habe ich so nie gesagt, das bildest du dir ein«, »Du bist wirklich zu sensibel, das habe ich doch nicht so gemeint!«, »Bist du sicher, dass du das kannst?«, oder auch »Ich sage das nur zu deinem Besten, weil ich mir Sorgen mache. Du hast eine starke Tendenz, Dinge

falsch zu verstehen«. Selbstzweifel beginnen, an der Wurzel des Selbstwertgefühls zu nagen.

In weiterer Konsequenz internalisiert das Opfer nach und nach das Selbstbild, das der Täter zeichnet. Es beginnt, sich selbst so zu beurteilen, wie er es tut.

- **Schweigebehandlung und ghosting**
  Bei dieser schweren Form der emotionalen Gewalt behandelt die manipulierende Person die andere auch in ihrer Anwesenheit wie Luft. Diese Art Bindungsabbruch ist perfide, da sie das Opfer in eine große Ohnmacht drängt. Jedes Gespräch zu verwehren oder plötzlich räumlich zu verschwinden ohne jegliche Kommunikation, wirkt auf ein aktiviertes Bindungssystem sehr bedrohlich und führt zu großen emotionalen Qualen. Hier wird ein enormes Machtgefälle forciert.
- **Hinter verschlossenen Türen und in der Öffentlichkeit**
  Oft schmücken sich die toxisch handelnden Partner und Partnerinnen in der Öffentlichkeit mit ihrer Beziehung und lassen sie in einem leuchtenden Licht erscheinen. Sobald sie aber den Blicken der Öffentlichkeit verborgen sind, herrscht wieder die andere, dunkle Realität. Genauso kann es jedoch geschehen, dass die Toxizität in die Öffentlichkeit getragen wird.
- **Bloßstellen**
  In Kontrast zum Sich-Schmücken steht das öffentliche Bloßstellen und Beschämen des Opfers. Gezielte beiläufige Kommentare oder Witze auf Kosten des Partners gehören zum Repertoire der Zermürbung. So wird etwa »scherzhaft« kundgetan: »Ist das nicht ein schicker Anzug? Auch wenn er vorhin den Knopf kaum zubekommen hat, nachdem die hundertste Diät auch wieder gescheitert ist …«
- **Extreme Kontrolle, Eifersucht und Besitzansprüche**
  Auch das Bindungssystem einer Täterin oder eines Täters kann unter Stress stehen, was sich etwa in eruptiver Eifersucht und daraus folgenden Kontrolleskapaden äußern kann. So verbietet man etwa den Kontakt zu gegengeschlechtlichen Arbeitskollegen und überprüft ständig das Handy, um sicherzugehen, dass den An-

weisungen gefolgt wird. In diesen Handlungen liegt ein großes Aggressionspotenzial, das sich hochbedrohlich für das Opfer darstellt.

- **Emotionale Erpressung**
  Die schädigende Person manipuliert durch Schuldgefühle, Drohungen oder indem sie die Zuneigung des Opfers ausnutzt, um Kontrolle zu erlangen und seine Bedürfnisse zu ersticken. So behauptet sie etwa: »Wenn du mich wirklich lieben würdest, würdest du das für mich tun.« Oder aber sie droht mit »Liebesentzug«, um den anderen unter Kontrolle zu halten: »Wenn du das machst, kann ich nicht mehr zu dir stehen.« Eine der schwersten, aber keinesfalls seltensten Formen der emotionalen Erpressung ist die Drohung, sich selbst oder dem anderen oder gar den gemeinsamen Kindern etwas anzutun, wenn das Opfer die Beziehung verlässt.
- **Grenzüberschreitungen und Missachtung der Privatsphäre**
  Häufig durchbrechen Täter und Täterinnen auf ganz selbstverständliche Art die Privatsphäre des Opfers, was eine übergriffige Machtdemonstration darstellt. So dringen sie etwa, ohne anzuklopfen, ins Badezimmer ein, benutzen, ohne zu fragen, den Laptop des anderen oder lesen sein Tagebuch, mit dem Argument, dass sie das Recht hätten, alles über ihn zu wissen.
- **Konstantes Kritisieren**
  Ständige Abwertungen und Kritik an der eigenen Person, den eigenen Handlungen oder Entscheidungen, untergraben das Selbstwertgefühl. Diese Kritik wird häufig mit Vergleichen zu anderen untermauert, was eine weitere Demütigung darstellt. Da die dauerhafte Botschaft »Du bist nicht gut genug« an der Basis des Selbstwertgefühls ansetzt, wird das Bindungssystem des Geschädigten dauerhaft überaktiviert.
- **Beschämen und Beschuldigen**
  Schamgefühle auszulösen, ist eine sehr scharfe Waffe. Hierfür zielt der Täter auf den Wert des Opfers ab. Demütigende Aussagen und Gesten, die Abwertung des Körpers und der Gedanken des Gegenübers wirken gemeinsam mit dem bereits erwähnten Bloßstellen sehr toxisch. Den Opfern Schuld zuzusprechen, ist ein verstär-

kender Faktor. Manipulative Beziehungspartner und Partnerinnen sind Meister der Schuldumkehr. Ein besonders schrecklicher Satz, der diese Fähigkeit unterstreicht, lautet etwa nach einem gewaltvollen Wutausbruch: »Du zwingst mich dazu, dich so zu behandeln.«

- **Unvorhersehbares Verhalten**
  Toxisch agierende Menschen verhalten sich unberechenbar, was eine Taktik zum Machterhalt darstellt. Sie zwingen das Opfer damit, immerzu auf der Hut zu sein, sich »richtig« zu verhalten. Eine Klientin sagte einmal zu mir: »Es ist, als müsste ich mit verbundenen Augen über ein Minenfeld laufen.« Die kleinste Bewegung in die falsche Richtung kann an einem Tag zu einer Explosion führen und am nächsten Tag ruft sie keinerlei Reaktion hervor. Unvorhersehbarkeit ist für das Nervensystem ein großer Stressfaktor, da es so keine Möglichkeit gibt, Sicherheit zu finden.

  Phasen der Gewalt und Kälte wechseln sich mit Phasen der Ruhe und Zuneigung ab, nach dem Prinzip Zuckerbrot und Peitsche. In guten Phasen schüttet das Belohnungssystem des Opfers, das hungrig nach Liebe stets versucht, gut genug zu sein, Dopamin aus, was immer wieder Gefühle von Glück und Hoffnung schürt und die Bindung verstärkt.
- **Abwertung von Emotionen, Wünschen und Bedürfnissen**
  Ein weiteres schleichendes Gift ist die grundlegende und latente Degradierung der Gefühlswelt des geschwächten Partners. Indem Bedürfnisse trivialisiert werden, wird der Mensch als fühlendes Wesen zurückgewiesen und herabgesetzt. Tragischerweise führt das in der toxischen Beziehungsdynamik dazu, dass der abgewertete Mensch seine Gefühle und Bedürfnisse infrage stellt und selbst mehr und mehr als falsch wahrnimmt.
- **Future Faking**
  Hierbei handelt es sich um eine Taktik, bei der der toxisch agierende Partner falsche Versprechungen in Bezug auf die Zukunft macht, um im gegenwärtigen Moment Kontrolle und Hoffnung zu erzeugen. Diese Versprechen werden niemals eingelöst, dienen aber dazu, das Opfer in der Beziehung zu halten. Täter und Täterinnen ge-

hen hier geschickt vor und sprechen gezielt Sehnsüchte an, die, mit einem Hoffnungsschimmer versehen, die Toleranz der Opfer wieder für eine Weile mobilisieren, sodass, trotz einer vielleicht wachsender Trennungsabsicht des Opfers, noch eine Runde gedreht wird.

- **Von Bedeutungslosigkeit und Ersetztwerden bis zum Rosenkrieg**
  Wenn ein gepeinigter Mensch in die Lage kommt, glaubwürdig eine Trennung anzudrohen und dazu anzusetzen, begegnen Täter oder Täterinnen dem oft mit großer Gleichgültigkeit. So erwecken sie den Anschein, als habe der Partner ohnehin keine Rolle gespielt (auch wenn es sich um viele Jahre des Zusammenlebens handelt). Nicht selten wird er innerhalb kürzester Zeit ausgetauscht. Sein Platz wird einfach mit einer Nachfolgeperson neu besetzt. Die andere Variante ist der bittere Rosenkrieg, bei der das Opfer zum Fokus des Hasses wird und scheinbar vernichtet werden soll. Diese Dynamiken haben hohes Gewaltpotenzial und die Opfer können in große Gefahr geraten.

Oft reagieren Menschen, denen derart missbräuchliche Beziehungen fremd sind, mit großem Unverständnis. »Wieso geht sie nicht einfach?«, »Wie kann er das so lange mit sich machen lassen?«, »Also ich würde mir so etwas niemals auch nur einen Tag lang gefallen lassen!« Auch wenn es schwer verständlich scheint, so ist das Unvermögen zu gehen, das viele Betroffene lange gefangen hält, logisch und nachvollziehbar. Ein durch frühe Verletzungen dysbalanciertes Bindungssystem bildet die Grundlage, auf der eine solche Dynamik Fuß fassen kann. Die Kombination aus gefühlter Abhängigkeit und verletztem Selbstwert macht auf der Bindungsebene sehr manipulierbar.

Wieso kann ich nicht gehen?

> *Arno hat in den vergangenen Monaten dreimal versucht, sich von Melanie zu trennen. Jedes Mal ist er zurückgekommen. Trotz großer Klarheit in seinem Kopf, dass er sich der Gewalt und dem Stress*

nicht mehr aussetzen wollte, zogen seine Emotionen ihn in eine andere Richtung – zurück in die Bindung mit Melanie. Kaum hatte er die Trennung ausgesprochen, quälten ihn Angst und Zweifel, sein Körper zitterte, und er war nicht in der Lage, an etwas anderes zu denken als an Melanie.

War es nicht doch seine Schuld, dass die Beziehung sich so entwickelt hatte? Neulich war es doch ein paar Tage wieder schön gewesen, Melanie so aufmerksam und freundlich. Vielleicht tat er ihr Unrecht und musste sich nur klarer ausdrücken und ihr helfen, sich anders zu verhalten?

Beim letzten Trennungsversuch war er so außer sich, dass er bei einem Vortrag in seiner Abteilung einen Blackout erlitt, kein Wort mehr herausbrachte und abbrechen musste. Er meldete sich krank und fuhr zu Melanie.

Arno ist erfüllt von Scham, als er erzählt, dass er inzwischen mehr Angst vor einer Trennung als vor der Hölle der Beziehung hat. Er fühlt sich ausweglos gefangen und unbeschreiblich erschöpft.

Traumabindung

Um zu verstehen, wieso es so schwer ist, sich aus missbräuchlichen Beziehungen zu lösen, hilft es, sich vor Augen zu führen, dass toxische Beziehungen auf Bindungsmustern basieren, die traumatisch wirken. Toxische Beziehungen traumatisieren die Opfer. Vor allem durch die Unberechenbarkeit und den Wechsel von Belohnung und Bestrafung entsteht ein Gewaltzyklus, aus dem schwer auszubrechen ist. Durch die starke Abhängigkeit des Opfers vom Täter ist der Hunger nach etwas Liebe und Bindungssicherheit so groß, dass alle Kraft in die Beziehung fließt, statt in die Rettung der eigenen Person. Da das Opfer in seinem Selbstwertgefühl so ausgehöhlt wird, verliert es jegliches Autonomiebestreben. Unterwerfungsstrategien und Überanpassung zum Bindungserhalt, wie ich sie zuvor beschrieben habe, spielen hier eine maßgebliche Rolle, da sie in einem chronisch traumatisierenden Beziehungsalltag, der von Abhängigkeit geprägt ist, die automatische Überlebensstrategie darstellt. Das überaktivierte

Bindungssystem des Opfers ist voll auf den Täter als Fixstern im Universum ausgerichtet. Da die manipulierende Person ihr Gegenüber zwischenzeitlich immer wieder stärkt, indem sie ihm etwas Zuneigung und Selbstwertbestätigung gibt, bindet sie es umso mehr. Der alltägliche Bindungsstil ist desorganisiert. So wie in einem gewaltvollen Elternhaus dissoziieren auch in Erwachsenenbeziehungen Betroffene die bedrohliche Atmosphäre und bewerten sie als normal, sodass sie sich in ihr einrichten können und Flucht- oder Kampfreaktionen unterdrücken. All das zusammen macht das Gehen schwer oder unmöglich.

Es gibt kein richtiges Leben im falschen

Ich erinnere mich noch heute sehr gut an eine Kursteilnehmerin, die in der Gruppe durch ihre heitere und besonders kreative Natur positiv auffiel. Am letzten Wochenende des Kurses ging es darum, eine kleine Abschlussfeier zu gestalten und den Abend zusammen zu verbringen. Ich beobachtete, wie die Teilnehmerin den ganzen Nachmittag über immer unruhiger und verschlossener wurde. Gegen Abend bat sie mich zu sich und erklärte mir mit gepresster Stimme und großer Unruhe im Körper, dass sie leider nicht bleiben könne, weil ihr Mann sonst sehr böse auf sie sein würde. Sie erzählte, dass er ohnehin diesen Kurs nicht befürworte und dass sie jedes Mal, wenn sie nachhause käme, erst einmal sehr unangenehme Tage vor sich habe. Es war erstaunlich zu sehen, wie die aufgeschlossene und verbundene Frau in dem Moment, in dem ihr Alltag in unseren geschützten Raum eindrang, zu einer ganz anderen Person wurde.

Toxisches Verständnis als Überlebensstrategie in toxischen Beziehungen

Ein wesentlicher Teil der kreativen Anpassungsleistung an destruktive Beziehungen, und zugleich ein Merkmal für sie, ist das grenzenlose Verständnis der Opfer, mit dem sie das Verhalten der Täter rechtfertigen. Innerpsychisch wird viel unternommen, um die bittere Wahrheit zu verklären. Möglicherweise kann es als ein Aspekt der Unterwerfungsreaktion betrachtet werden, dass Opfer von schädigenden Beziehungspartnerinnen und -partnern sehr gewandt darin sind, Entschuldigungen und Erklärungen für destruktives Verhalten zu finden oder sogar ihr Gegenüber zu glorifizieren.

Zum Erhalt der Beziehung und um aushalten zu können, wie unaushaltbar diese ist, sind Betroffene bereit, sich selbst zu verleugnen, ihre Würde zu verraten und sich somit selbst Tag für Tag zu verletzen. Ein toxisches Verständnis zu entwickeln, hilft dabei, die eigenen Gefühle und Bedürfnisse zu unterdrücken und die Bindung zu einer schädigenden Person aufrechtzuerhalten. Indem sie eine ungesunde Toleranz für destruktives Verhalten entwickeln, umgehen die Betroffenen, sich abgrenzen zu müssen. Damit entfernen sie sich immer weiter von sich selbst.

Auch destruktive Bindungen sind Bindungen

Manchmal erlebe ich eine Art Schutzreflex, wenn ich Klientinnen oder Klienten mit der Toxizität ihrer Beziehung konfrontiere. Oft senken sie den Blick und unterbrechen den Augenkontakt. Sie erklären, wie freundlich, lieb und verständnisvoll der destruktive Partner in Wirklichkeit sei, es solle kein falsches Bild entstehen. Betroffene stecken so fest in der Zwickmühle ihres überaktivierten Bindungssystems, dass sie sich häufig zunächst gegen Hilfe von außen wehren, weil sie nicht wollen, dass man ihnen zur Trennung rät oder sie sogar dorthin zu drängen versucht. Viele brechen auch den Kontakt zu Außenstehenden ab, wenn sie das Gefühl bekommen, dass diese gegen die Beziehung sind. Fingerspitzengefühl und Achtsamkeit im Umgang mit derart verstrickten Menschen sind deshalb enorm wichtig. Es ist entscheidend, nicht gegen die Beziehung, sondern für das Opfer zu sein.

Die Trivialisierung der Gewalt

Ein übermäßiges Verständnis für den Täter oder die Täterin hilft dem Opfer auch dabei, die kognitive Dissonanz zu kompensieren. Dieser Begriff beschreibt eine Diskrepanz zwischen den eigenen Überzeugungen und Handlungen. So wissen die meisten Opfer im Grunde, dass sie schlecht behandelt werden, doch sie sind nicht in der Lage, sich zu schützen. Um diese Diskrepanz zu schmälern, verzerren sie ihre Wahrnehmung und reden die Gewalt klein. Mit anderen Worten: Ein Opfer weiß trotz geschickter Manipulation ab einem gewissen Zeitpunkt meist, dass es sich misshandeln lässt, und bagatellisiert diese Wahrheit lange Zeit. Typisch dafür sind Aussagen wie: »Es ist doch nicht so schlimm«, »Alle Männer/Frauen sind so«, »Er meint es nicht so, ich übertreibe wieder«, »Ich weiß, dass sie eigentlich im Kern ganz anders ist«.

Das Untolerierbare zu tolerieren bedeutet, sich selbst und die Ebenbürtigkeit aufzugeben

Das toxische Verständnis erfüllt weitere wichtige Funktionen, um ein überaktiviertes Bindungssystem zu beruhigen, während man eigentlich weiß, dass man gehen muss. Indem wir unsere Toleranz auf das Untolerierbare ausdehnen, lassen wir innerlich alles zurück, was Hilfe braucht. Verletzte innere Anteile werden im Stich gelassen oder abgewertet, was häufig eine Reinszenierung früher Bindungserfahrungen abbildet. Zudem hilft ein übermäßiges Verständnis, das Gefühl mangelnder Selbstwirksamkeit zu verdecken. Je ohnmächtiger sich ein Opfer fühlt, desto mehr nutzt es das toxische Verständnis, um dieses Empfinden zu betäuben.

Die endlose Toleranz hilft dabei, die Verantwortung für eigene Bedürfnisse zu meiden. Sie liefert gute Gründe, nicht zu sich selbst zu stehen, sondern zum anderen, der entweder glorifiziert oder auch klein gemacht wird. Letzteres, die Degradierung des Partners zu einem Menschen, der eben nicht anders kann, führt genauso wie das Glorifizieren zum Verlust von Ebenbürtigkeit. In beiden Fällen wird die Macht über die eigenen Bedürfnisse dem anderen übertragen. Zugleich spricht man ihm jedoch die Verantwortung für sein destruktives Handeln ab.

Toxisches Verständnis kostet ganz offensichtlich die eigene Integrität.

Einladung zum Atemholen

Wenn du als akut oder einstmals betroffener Mensch die vorangegangenen Seiten gelesen hast, lade ich dich ein, einen Moment innezuhalten und nachzuspüren, wie es dir geht. Kannst du dir etwas Gutes tun?

Wenn du zu den Menschen gehörst, die glücklicherweise nicht von solchen Dynamiken betroffen sind oder waren, lade ich dich ein, dir deiner Haltung gegenüber Betroffenen bewusst zu werden und zu überprüfen, ob und wie sie sich möglicherweise verändert?

Wie entkommt man dem Gefängnis einer toxischen Beziehung?

Die wichtigste Botschaft zuerst: Es ist möglich, einen Weg aus einer toxischen Beziehung zu finden und von ihren Folgen zu heilen. Zugleich ist nicht zu verschweigen, dass dieser Prozess in vielen Fällen eine Traumatherapie erfordert. Das bedeutet aber auch: Es gibt wirksame Hilfe.

Die nächste, ebenso wichtige Botschaft: Der Ausstieg aus einer toxischen Beziehung ist ein komplexer Prozess. Es ist keine gute Idee, ihn allein bewältigen zu wollen. Fachkundige Unterstützung ist wichtig, damit es nicht, wie bei Arno, zu vielen gescheiterten Trennungsversuchen kommt, die die Dynamik verschärfen. Der meiner Erfahrung nach wichtigste Faktor, um sich aus einer destruktiven Partnerschaft lösen zu können, ist eine sichere Beziehung zu einem Menschen, der klar sieht und Halt gibt. Da man sich bei einer Trennung von einer primären Bindungsperson loseisen muss, die noch dazu eine starke Abhängigkeit kreiert hat, braucht es bestenfalls mehrere andere Menschen, bei denen man sich gesehen und aufgehoben und – vor allem – in Sicherheit fühlt.

Auch Helfer können Opfer der Manipulation werden

Ich bin in der Praxis einigen Betroffenen begegnet, die bereits professionelle Begleitung in Anspruch genommen hatten. Leider haben viele von ihnen erlebt, dass die Beraterinnen oder Therapeuten sich zu Komplizen der schlechten Umstände machten. Die Klientinnen und Klienten wurden von ihnen wieder und wieder emotional aufgerichtet und stabilisiert, um nach der Sitzung in die Hölle ihrer Beziehung zurückzukehren und die nächste Woche durchzustehen. Das ist in meinen Augen ein schwerer und häufiger Therapiefehler. Allzu leicht lassen sich Begleitende von den bedürftigen Anteilen und dem toxischen Verständnis der Betroffenen mit den scheinbar guten Entschuldigungen in das destruktive System verstricken. In Supervisionssitzungen, die ich mit Kolleginnen und Kollegen erlebe, spüre ich ihre Not und Orientierungslosigkeit. Und auch ich war in so mancher Situation blind für die Manipulation der Täter und Täterinnen, die bis in den Therapieraum reichen kann. Ich erwähne diesen Fakt, um zu verdeutlichen, dass viele Betroffene oft lange, sogar trotz Begleitung, ohne Hilfe bleiben und nicht gesehen werden in ihrer akuten, komplexen Notlage.

Gleichzeitig kann man davon ausgehen, dass ein manipulierter Mensch mit hoch gestresstem Nervensystem nicht begeistert ist, wenn er in der ersten Sitzung hört: »Sie müssen sich trennen, am besten noch heute!« Das fühlt sich nicht hilfreich, sondern eher bedrohlich an.

Ausstiegsbegleitungen erfordern auf beiden Seiten einen langen Atem und ein echtes Bündnis. Dass begleitende Personen sich zu diesem speziellen Themenfeld fortbilden, halte ich für sehr relevant. Betroffenen möchte ich Mut machen, sich spezialisierte Hilfe zu suchen, um wirklich heilsame Wege aufgezeigt zu bekommen.

Ein Mensch, der an der Basis seiner Identität so schwer misshandelt wurde, braucht Zeit, um nach und nach eine neue, kraftvolle Wahrheit zu finden: dass er liebenswert ist, eine Würde hat, die es wiederherzustellen gilt, und dass er etwas verlieren und noch mehr gewinnen wird.

ESSENZ: DEINE WÜRDE KANN VERRATEN, ABER NICHT ZERSTÖRT WERDEN

Menschen, deren Bindungssystem chronisch überaktiviert ist, entwickeln oft Verhaltensmuster und geraten in Lebensumstände, die ihre Würde verletzen und verraten. Diese Tatsache wird häufig von großer Scham und Traurigkeit begleitet.

Ich möchte all jenen Menschen, die diesen dunklen Ort kennen, zurufen, dass es nie zu spät ist, die Würde wiederherzustellen und Verhaltensmuster zu verändern.

Auch wenn du viel Entwürdigung oder Verrat erfahren hast und davon in deinen Grundfesten erschüttert wurdest, so wurde doch etwas nicht berührt: dein Wert als einzigartiges Wesen und damit der Kern deiner Würde.

DER GESTÖRTE INNERE KOMPASS – DAS DEAKTIVIERTE BINDUNGSSYSTEM

Wenn Beziehung ein Synonym für Bedrohung darstellt, scheint es logisch und klug, sie zu meiden. Nicht nur der Verlust von Verbundenheit ist eine Traumafolge, sondern auch die Strategie, ohne sie durchs Leben zu gehen.

Der ungesunde Zwang zur Freiheit

Frühe Prägungen, die zu einer chronischen Dysbalance im Bindungssystem führen, drücken sich nicht immer durch ein überaktiviertes Bindungssystem mit Tendenzen zu Bedürftigkeit und Abhängigkeit aus. So mancher Mensch gestaltet sein Leben mit der Strategie, das Bindungssystem zu deaktivieren. Es ist ein wenig wie mit Siegfrieds Bad im Drachenblut. Man wähnt sich unverletzlich, doch man ist es nicht. Zudem hat die Abkehr von unserer bindungsorientierten Natur einen hohen Preis: Wahre Verbundenheit, Nähe und tragende Beziehungen sind kaum möglich. Sie fehlen weitgehend im Leben eines Menschen, der diesen Weg gewählt hat. Der einsame Wolf, die Vagabundin im Campervan oder die erfolgreiche Karrierefrau mit wechselnden Beziehungspartnern und großer Freiheit symbolisieren ein paar Archetypen von Menschen mit einem deaktivierten Bindungssystem. Dieses Muster ist häufig nicht so leicht als eine Folge tiefer Verletzungen zu erkennen. Betroffene wirken oft sehr stabil und selbstbestimmt. Nicht selten führen sie scheinbar ein Wunschleben und strahlen eine gewisse Stärke aus. Sie zeichnen sich jedoch auch durch Flüchtigkeit und geringe oder brüchige Verbindlichkeit aus. Folglich durchschreitet so mancher einsame Wolf die dunkle Nacht der Seele regelmäßig und allein. Ein deaktiviertes Bindungssystem geht mit einem dysregulierten Nervensystem Hand in Hand. Daher leben Menschen dieses Typs häufig hinter einer klug gestalteten Fassade, die ihnen genügend Abstand zu anderen Menschen ermöglicht und zugleich ihre Verletzlichkeit verbirgt. Nicht selten schlittern sie, etwa in der Mitte ihres Lebens, in eine Krise, die sich aus der Konfrontation mit der lauernden eigenen Einsamkeit ergibt. Die Ursehnsucht nach einer stabilen Bindung und einem sicheren Hafen mit einem festen Ankerplatz wird größer und damit kommen sie dem alten Schmerz der fehlenden Bindung näher.

Ohne Bindung keine Autonomie

Hinter dem Anschein der großen Freiheit verbirgt sich eine Scheinautonomie. Wie in Teil 1 beschrieben, ergibt sich wahre innere und äußere Autonomie als Konsequenz der sicheren Bindung, die eine Basis bildet. Fehlt die sichere Bindung, kann Autonomie nur an einen großen Mangel geknüpft sein. Die Bindungs-Autonomie-Wippe ist dauerhaft in eine Richtung gekippt. Ein Pendeln auf die andere Seite ist nicht möglich, da dort kein Boden, sondern ein großes Loch ist. So sind Betroffene in ihrer Autonomie gefangen. Ohne sie stürzen sie ins Bodenlose. Die große Freiheit ist also keine gewählte, sondern Ausdruck einer Überlebensstrategie, die aus tiefer Not geboren wurde. Sich der sicheren Bindung anzunähern, bedeutet für Menschen mit diesem Lebensstil, sich ihrer Urwunde zuzuwenden. Da viele das unbewusst ahnen, leben sie häufig einen großen Teil ihres Lebens bindungslos.

Beliebt und allein

Manche scheinautonomen Menschen leben abgeschottet wie Eremiten ihr Einzelgängerleben. Oft sind sie enttäuscht von der Menschheit und nicht selten macht sich im Laufe der Jahre Verbitterung in ihnen breit. Sie scheinen von einer harten Schale umgeben zu sein und man kann nur mutmaßen, dass dahinter irgendwo ein weicher Kern sein muss, denn sehen wird man davon kaum etwas. Sie haben oft mehr tierische Weggefährten als menschliche und im Umgang mit den Tieren sieht man oft ihr warmes und bindungsfähiges Herz durchscheinen.

Andere Menschen mit einem deaktivierten Bindungssystem haben einen umfangreichen Freundeskreis, sind sozial sehr aktiv und erfreuen sich großer Beliebtheit. Man kann mit ihnen Pferde stehlen, und wenn man Hilfe braucht, zaubern sie garantiert eine Adresse aus dem Hut. Doch kaum jemand weiß wirklich, wie es ihnen geht. Mancher flüchtige Bekannte oder der Hausarzt wissen phasenweise etwas mehr, aber in der Tiefe kennen wird sie niemand. Ich erinnere mich gut an eine Klientin, die einen ganzen Nachmittag auf dem Badezimmerboden verbrachte, nachdem sie beim Duschen ein heftiger Hexenschuss erwischt hatte. Sie quälte sich dann unter großen Schmerzen eine Woche lang vom Bett ins Bad und bestellte Essen beim Lieferservice. Im Büro meldete sie Homeoffice an und arbeitete ans Bett gefesselt weiter. Trotz ihres großen Freundeskreises wusste sie nicht, wen sie hätte bitten können, sie zum Arzt zu fahren oder für sie einzukaufen. Nach einer Woche tauchte sie, noch ziemlich verspannt, aber aufrecht wie gewohnt, an ihrer Arbeitsstelle auf. Sie war eine Woche mutterseelenallein, aber sie funktionierte wie gewohnt.

Unverbindlich verbunden – Beziehungshopping

Menschen, die mit einem heruntergefahrenen Bindungssystem durchs Leben gehen, binden sich nicht fest in Paarbeziehungen. Sie haben häufig wechselnde Partner und Partnerinnen oder sind nicht länger als drei Jahre in einer festen Beziehung. Es war noch nicht »die Richtige« dabei oder man ist »zu verschieden«. Es finden sich unzählige Gründe, sich nicht zu binden, wenn man nicht möchte, weil man nicht kann. Wenn man Menschen mit diesem Lebensstil genauer befragt, zeigen sich einige als ewig Suchende und andere als genau damit zufrieden (das sind nicht selten die Herzensbrecher und Herzensbrecherinnen). Diese Variante des »bindungslosen Beziehungslebens« ist auf Dauer für die meisten Menschen nicht erfüllend, weil es eben doch keiner wirklich freien Wahl entspringt. Vielmehr stellt es eine Kompensation für viel zu viel Alleinsein oder bedrohliche Bindungserfahrungen in frühen Jahren dar.

Im folgenden Kapitel werde ich nun verschiedene Überlebensstrategien darstellen, die mit einem deaktivierten Bindungssystem zusammen auftreten können, und möchte dich daran erinnern, dass einige Menschen auch beide Zustände, die des überaktivierten und des deaktivierten Bindungssystems, kennen und leben. Behalte das im Hinterkopf, damit sich keine fixe Kategorisierung in deinem Kopf bildet, die uns vielfältigen Menschen nicht gerecht würde.

Einladung zur Reflexion

Erkennst du dich in den Beschreibungen wieder? Oder bist du mit jemandem in Kontakt, auf den sie passen? Wenn du deine Freundschaften und Beziehungen reflektierst, an welchem Pol befindest du dich eher: dem des überaktivierten oder deaktivierten Bindungssystems? Oder gehörst du zu den Menschen, die Balance leben und schenken?

DIE ÜBERLEBENSSTRATEGIEN DES DEAKTIVIERTEN BINDUNGSSYSTEMS

Wenn Bindung früh im Leben eine Bedrohung darstellt, wendet sich, wer stark genug ist, von ihr ab. Die tiefe Sehnsucht nach Verbundenheit und das natürliche Bedürfnis nach Bindungssicherheit wird dann zeitlebens unterdrückt. Ein Leben in unerkannter Einsamkeit kann die Folge sein.

Nicht fühlen ist sicherer

Strategien, die dazu führen, das Bindungssystem zu deaktivieren, dienen in allererster Linie dazu, das Nervensystem zu beruhigen. Dabei sucht unser autonomes Nervensystem immerzu nach Sicherheit. Wenn Beziehungen zu primären Bezugspersonen früh im Leben als bedrohlich erlebt werden, gerät das Bindungssystem in die Zwickmühle. Das Bindungsbedürfnis führt geradewegs in die Gefahr. Also ist es sicherer, das Bindungssystem zu deaktivieren. Wenn dadurch die Bindungssuche unterbunden wird, fühlt man sowohl weniger von der Bedrohung, die von der Bindung ausgeht, als auch von der Bedrohung, die vom Alleinsein ausgeht. Nicht fühlen ist also sicherer.

ERSTARREN UND TOTSTELLEN ALS ÜBERLEBENSSTRATEGIE EINES DEAKTIVIERTEN BINDUNGSSYSTEMS

Nicht oder wenig zu fühlen, führt in einen großen Mangel

Zustände der Angst und Not zu unterdrücken, indem man nicht oder wenig fühlt, entspricht einer Art Erstarrungs- oder Totstellreflex. Man schneidet sich vom Leben ab. Es ist uns menschlichen Wesen mit einer reichhaltigen Gefühlswelt nicht möglich, uns von einzelnen Gefühlen abzuschneiden. Viel eher ist es so, wie in Michael Endes *Die unendliche Geschichte*, wo das Nichts unaufhaltsam voranrollt und alles Gefühlvolle verschlingt. Wenn wir uns von unseren Gefühlen abschneiden, schneiden wir uns von unserer Innenwelt und damit von unserer einzigartigen Persönlichkeit mit ihren vielen Facetten ab. Wer nicht in der Lage ist, seine Gefühle zu fühlen, kann sich nicht vollständig authentisch, kreativ und lebendig ausdrücken. Die Potenziale seiner einzigartigen Persönlichkeit bleiben verborgen oder können nicht voll erblühen. Häufig bleibt dann die Flucht in eine geistige Welt. Viele Menschen mit einem deaktivierten Bindungssystem führen ein vergeistigtes Dasein oder leben ihre Gefühle in einer oft entrückten, spirituellen Welt jenseits ihrer Mitmenschen aus.

Die »affektive Schwingungsfähigkeit« leidet

Ist unser soziales Nervensystem aktiv, sind wir in der Lage, uns in andere einzufühlen, in einem lebendigen Austausch zu sein und emotional miteinander zu schwingen. Der Begriff der »affektiven Schwingungsfähigkeit« beschreibt das Vermögen, im Kontakt mit anderen und dem Leben emotional flexibel und angemessen zu empfinden.

Ist unser soziales Nervensystem durch ein deaktiviertes Bindungssystem gedrosselt, leidet auch unsere Fähigkeit, emotional flexibel mit einem anderen Menschen und dem Leben im Austausch zu stehen. Häufig erscheinen Betroffene dann gefühlsmäßig starr, sie sind weder durch gute Stimmung anzustecken noch sind sie etwa in der Lage, sich auf einen Menschen in einer traurigen Verfassung einzustimmen und Trost zu spenden.

Viele Personen mit dieser Überlebensstrategie können ihre Mitmenschen nicht einschätzen oder ziehen falsche Schlüsse. Umgekehrt ist es schwierig, sie zu verstehen oder sich in sie einzufühlen. Das ist ein weiterer Aspekt, der auf das Konto der Einsamkeit einzahlt.

Emotionale Kälte als Folge des deaktivierten Bindungssystems

Je weniger Verbundenheit ein Mensch empfindet, desto leichter fällt es ihm, kalt und abweisend zu sein. Und auch andersherum gilt: Wer Verbundenheit unterbinden möchte, dem gelingt dies durch emotionale Kälte und Härte.

Eine sehr wirkungsvolle Strategie, um das Bindungssystem zu deaktivieren, liegt in der Verachtung. Diese Form der Verurteilung hat eine trennende oder gar spaltende Kraft. Verachtung ist wie ein scharfes Schwert, mit dem wir uns von jeglichen Gefühlen für jemanden oder auch uns selbst abschneiden können. Das mag auch dazu dienen, die eigene Einsamkeit weniger oder gar nicht als solche wahrzunehmen.

Auf diese Weise werten wir auch eigene Gefühle oder Bedürfnisse ab oder verurteilen sie. An dieser Stelle erinnere ich mich gut an einen Klienten. Nach vielen Jahren ohne Beziehung hatte er sich, nun Ende sechzig, wie er es formulierte, »vermutlich verliebt«. Er wollte gerne diese Chance nutzen und fühlte sich gleichzeitig vollkommen überfordert. In unserer gemeinsamen Arbeit stießen wir auf einen kindlichen inneren Anteil, der sehr einsam und bedürftig war. Mein Klient reagierte mit Abscheu auf dieses zarte Wesen, das er vor seinem inneren Auge sah. Er wollte es gerne entsorgen, loswerden oder wegsperren. Die Heftigkeit seiner Reaktion beeindruckte mich damals sehr. Mit viel Geduld und einer kleinschrittigen, achtsamen Annäherung gelang es uns, das Herz dieses Mannes für seine uralte Bedürftigkeit zu öffnen. Die Wirkungen in seinem Leben waren erstaunlich und es war eine große Freude, sie zu bezeugen.

Ein deaktiviertes Bindungssystem wirkt transgenerational

Der Preis, der für das Nichtfühlen gezahlt wird, ist auch für jene hoch, die sich an die betroffene Person gebunden fühlen. So erleben etwa Kinder von Menschen mit einem deaktivierten Bindungssystem, dass ihre Bedürfnisse und Bindungsversuche im Nichts verhallen. Dies prägt wiederum den Bindungsstil dieser Kinder – was nicht geheilt ist, wird oft weitergegeben.

Auch die Beziehung zum Körper leidet

Die Folgen eines deaktivierten Bindungssystems reichen bis zur Beziehung zum eigenen Körper. Emotionale Zustände spiegeln sich in unserer körperlichen Verfassung und umgekehrt. Wenn also etwa eine dauerhafte Über- oder Untererregung des Nervensystems mit ihren körperlichen Folgen unterdrückt werden muss, bedeutet das in der Konsequenz, den Körper und seine Empfindungen auszublenden. Dies zeigt sich nicht immer so deutlich wie am Beispiel meiner Klientin, die ihren Hexenschuss zu ignorieren versuchte. Mir sind in der Praxis schon Menschen begegnet, die sich bei ihren sportlichen Betätigungen Verletzungen zuzogen, weil sie die Grenzen ihres Körpers nicht wahrnahmen oder stur übergingen. So erzählte mir ein Klient, dass er als junger Mann intensiv Kraftsport betrieben hatte, um seine Gefühle von Minderwertigkeit und Unsichtbarkeit zu kompensieren. Regelmäßig landete er beim Sportarzt, da er sich durch viel zu schwere Gewichte Sehnenverletzungen und einmal sogar einen Knochenbruch zugezogen hatte. Für diesen Klienten war es ein weiter Weg, sich seiner Körperlichkeit wieder anzunähern, und zugleich war sie ein Schlüssel zu seinen lange abgekapselten Gefühlen und zu seiner wunderbaren, warmherzigen Natur.

Es scheint ein häufiges Merkmal von Menschen mit einem deaktivierten Bindungssystem zu sein, dass sie ihren Körper als funktional wahrnehmen und instrumentalisieren. Er muss funktionieren. Deswegen bekämpfen sie alle Gefühle, die mit körperlicher Schwäche aufkommen könnten. Taucht ein körperliches Symptom auf, muss es schnellstmöglich mit Schmerztabletten oder anderen Mitteln betäubt werden. Nicht selten zeigen sie sogar eine verächtliche Haltung dem eigenen Körper gegenüber.

Immer weiter zu funktionieren hilft, Gefühle zu unterdrücken

Im Englischen gibt es den lautmalerischen Begriff »functional freeze«, was auf Deutsch so viel heißt wie »funktionales Erstarren«. Hierbei handelt es sich um eine chronische Erstarrungsreaktion, bei der Gefühle von Angst, Not oder Bedürftigkeit eingefroren werden. Menschen, die in dieser Überlebensstrategie stranden, haben in ihrer Kindheit erlebt, mit ihrem Schmerz und ihrer Not nicht gesehen und aufgefangen zu werden. Stattdessen haben sie beispielsweise erfahren, dass ihre Bezugsperson selbst in große Dysregulation geriet, statt Trost und Sicherheit zu spenden. Wenn etwa ein Kind sich verletzt und die Bindungsperson selbst in Panik verfällt, lernt das Kind, dass der Ausdruck eigener Gefühle zu noch mehr Verunsicherung führt. Es lernt gleichermaßen, dass es schneller oder eher eine Form der Beruhigung erfährt, wenn es seine intensiven Gefühle unterdrückt. Viele Kinder erleben auch, dass sie durch ihre Bindungsperson beschämt, statt geschützt und gehalten werden. Jedes Kind, das sich dafür beschimpfen lassen muss, dass es gestürzt ist, etwas nicht geschafft hat oder Gefühle zeigt, lernt schmerzlich, sich in seinem Ausdruck zurückzuhalten und zu »funktionieren«. Die Gefühlswelt des Kindes erstarrt oder wird zu seinem Schutz dissoziiert, also aus der Wahrnehmung ausgeblendet.

Die nachhaltige Lernerfahrung ist: »Zeige ich meine Gefühle, wird mir keine Sicherheit gegeben. Unterdrücke ich meine Gefühle, bin ich sicherer.« Das Einfrieren, Unterdrücken und Dissoziieren von Gefühlen wird zum Ersatz für Sicherheit.

Ein deaktiviertes Bindungssystem hat Angst vor Veränderung

Jegliche Überlebensstrategien, die mit Verdrängung, Dissoziation und dem Unterdrücken von Gefühlen zu tun haben, sind beinahe phobisch gegenüber Veränderungen. Menschen, die zu diesen Strategien gezwungen wurden, haben gelernt, dass sie sich nur auf sich selbst verlassen können. Veränderungen im Außen erzeugen Stress, da sie häufig nicht der eigenen Kontrolle unterliegen. Die Angst vor Kontrollverlust zeigt, dass ein Nervensystem, das durch ein deaktiviertes Bindungssystem Sicherheit sucht, im Grunde weit entfernt von wirklicher Freiheit ist und nicht in der Lage, flexibel zu sein. Es zeichnet sich dadurch aus, dass es, mehr oder weniger offensichtlich, rigide ist. Dieser Fakt verhindert leider oftmals heilsame Schritte, da die nötige Veränderung automatisch die beschriebenen Ängste berührt.

Deaktivierende Strategien können in Unlebendigkeit münden

Wenn unser soziales Nervensystem gedrosselt ist, wir unsere Gefühle unterdrücken oder dissoziieren, oder auch Bindungen meiden, mündet all das häufig in einer chronischen Untererregung. Wenn wir nicht gleichzeitig in einer funktionalen Erstarrung unser Leben gestalten und stoisch funktionieren, kann sich diese Mischung verschiedener Dysbalancen in depressiven Zuständen zeigen. Wir fühlen uns vom Leben getrennt. Antrieb und Motivation sind rar. Der Mangel an Bindung führt zu einem Mangel an Lebendigkeit und positiven Gefühlen.

Um aus den Überlebensstrategien Erstarrung und Totstellen herauszufinden, führt der Weg also, wie so oft darüber, dass wir behutsam sichere Bindungen herstellen. Denn niemand kann allein einen Mangel an Verbundenheit heilen.

FLIEHEN ALS ÜBERLEBENSSTRATEGIE EINES DEAKTIVIERTEN BINDUNGSSYSTEMS

Hinter einem deaktivierten Bindungssystem verbirgt sich, wie beschrieben, meist eine uralte, kindliche Not. Die nicht erfüllte Bindungssuche, bedrohliche Bezugspersonen oder andere traumatische Erfahrungen auf der Bindungsebene hinterlassen ihre Spuren. Neben Erstarren und Totstellen, also Phänomenen eines untererregten Nervensystems, passt zu dieser Überlebensstrategie auch die Fluchtreaktion. Sie zeigt sich in diesem Zusammenhang etwa in der Vermeidung von Nähe, tiefen sozialen Bindungen oder auch Auseinandersetzungen. Sie entspricht dem Versuch, der eigenen, bindungsorientierten Natur zu entkommen.

Je näher, desto gefährlicher

Mit der entsprechenden frühen Erfahrung ist das Erleben von relativer Sicherheit an die Distanz von Menschen gekoppelt. Je näher Menschen kommen, desto weniger sicher fühlt sich die Angelegenheit an. Damit ist nicht primär eine körperliche Nähe gemeint. Diese ist oftmals sogar ausgenommen. Vielmehr meine ich die emotionale Nähe, die entsteht, wenn Menschen sich kennenlernen und Gefühle der Zuneigung füreinander entwickeln. Menschen, die Beziehungen als gefährlich erfahren haben, vermeiden es, sich tiefer zu binden. Die Art und Weise, wie sie versuchen zu fliehen, ist oft irritierend für das Gegenüber. Häufig werden sie als bindungsängstlich beschrieben. Dann senden sie widersprüchliche Signale an diejenigen, die ihnen gefährlich nahe kommen. Sie sind da – und verschwinden. Sie signalisieren Verbundenheit – und sind unverbindlich. Sie sind nicht greifbar. Die Schutzstrategie der Flucht findet sich sogar in langjährigen Beziehungen, bei denen die Partner der Bindungsängstlichen nach und nach in einen großen emotionalen Mangel geraten. Ein Klient erzählte mir einmal, es fühle sich an, als würde er am langen Arm verhungern.

Wenn alle Menschen gefährlich sind

Menschen mit einem überaktivierten Bindungssystem binden sich wie gesagt auch an Partner, die für sie gefährlich sein können. Der Bindungserhalt geht für sie über alles. Anders sieht es bei Personen aus, deren Bindungssystem chronisch deaktiviert ist. Für sie sind alle Menschen gefährlich, sofern sie eine gewisse Nähe einnehmen und einen gewissen Einfluss ausüben. Dann sind Rückzug und Isolation die Lösung, um der Bedrohung zu entgehen. Der Fluchtimpuls ist so stark, dass die Hürde nicht überwunden wird, hinter der möglicherweise endlich die sichere Bindung mit ihrem heilsamen Balsam wartet.

Gehen, wenn es schwierig wird

So geschieht es immer wieder, dass bindungsvermeidende Menschen gehen, wenn es »schwierig« wird, also vielleicht kurz bevor es gut werden könnte. Anders als die überaktivierten Bindungssysteme sind deaktivierte nicht darauf erpicht, Konflikte durch Anbiederung, Besänftigung und Unterwerfung zu vermeiden oder zu »lösen«. Ganz entgegengesetzt ist es ihre Strategie zu gehen, wenn Konflikte sich anbahnen oder spätestens dann, wenn sie offenbar werden. Viele Partner und Partnerinnen, die einem solchen Menschen ihr Herz geschenkt haben, finden sich – manchmal jahrelang – in einem »On-off-Beziehungstanz« wieder. Wird es enger oder weisen die Zeichen in Richtung »gemeinsame Zukunft«, wird die Bindung unterbrochen, damit man sich bald darauf aus größerer Distanz wieder annähern kann.

So kann es geschehen, dass Menschen große Strecken ihres Lebensweges mit einem Muster leben, das ihnen nicht nur glückliche Beziehungen, korrigierende Erfahrungen und heilsame Verbundenheit verwehrt, sondern ihnen auch die Möglichkeit zur persönlichen Weiterentwicklung raubt.

ESSENZ: NIEMAND KANN EIN DYSBALANCIERTES BINDUNGSSYSTEM ALLEIN HEILEN

Kompensationsstrategien und Überlebensmechanismen dienen immer dazu, im Angesicht von etwas Unaushaltbarem, dem man nicht entfliehen oder das man nicht verändern kann, zu überleben. Sie eignen sich qua ihrer Natur nicht, um Probleme zu lösen, wirkliche Sicherheit oder etwas Heilsames zu kreieren.

Solange wir versuchen, unsere Probleme und unseren Schmerz mit den alten Strategien zu bewältigen, werden wir früher oder später scheitern. Es ist, als würden wir versuchen, mit einem defekten Kompass einen neuen Weg zu finden, während wir immerzu im Kreis laufen.

Um das Bindungssystem wieder oder erstmals in Richtung Balance zu bewegen, brauchen wir Erfahrungen, die den frühen Prägungen überzeugend etwas entgegensetzen. Wir brauchen kleine und große Erlebnisse mit Menschen, die uns guttun und helfen, etwas Neues zu lernen – echte zwischenmenschliche Verbundenheit und das damit einhergehende Empfinden von Sicherheit.

Dafür brauchen wir den Mut, uns einzulassen. Es lohnt sich so sehr, auch wenn es bedeutet, ein Stück weit zu einem neuen Menschen zu werden.

DER GESTÖRTE INNERE KOMPASS – DAS ROTIERENDE BINDUNGSSYSTEM

Manche frühen Erfahrungen führen zu einer tiefen Orientierungslosigkeit auf der Bindungsebene. Die Kompassnadel dreht sich im Kreis. Auf der Suche nach Halt scheint es kein Ankommen zu geben.

Sowohl das überaktivierte als auch das deaktivierte Bindungssystem sind Folgen früher Prägungen, wobei sie nicht immer klar getrennt voneinander auftreten. So, wie sich verschiedene Bindungstypen in einer Person vereinen können, so kann auch das Bindungssystem, das ihnen zugrunde liegt, je nach Lebensphase oder Stressniveau schwanken.

Manche frühen Prägungen haben auf der Bindungsebene so schwerwiegende Wirkungen, dass die auftretenden Schwankungen extrem und oft schnell wechselnd sind. Ich spreche in diesem Zusammenhang vom »rotierenden Bindungssystem«. Anzeichen davon werden häufig mit dem »desorganisierten Bindungsstil« beschrieben. Betroffene haben es oft besonders schwer, im Leben Halt zu finden, da sie nicht mal in einer klaren Überlebensstrategie Beständigkeit gestalten können, sondern immerzu von widerstreitenden Impulsen hin und her geworfen werden.

Im Folgenden werde ich einige Szenarien zeichnen, die zu einem rotierenden Bindungssystem führen können. Natürlich ist es auch möglich, dass Menschen diese Herausforderungen meistern, ohne derartig belastet durchs Leben navigieren zu müssen. Behalte also beim Lesen bitte im Hinterkopf, dass es auch hier wieder nicht darum geht, starre Kategorien zu formen, sondern versehrte Menschen und ihre tiefe, schützende Intelligenz zu verstehen.

VERLUSTTRAUMA

Frühe Verluste

Julia war zehn Jahre alt, als ihre Mutter starb. Kurz nach Julias Geburt war sie an Krebs erkrankt. Julias Erinnerungen an die Zeit vor ihrem Tod sind geprägt von den Auswirkungen der Erkrankung. Häufige Krankenhausaufenthalte der Mutter und eine latente, bedrohliche Ungewissheit, wann wieder etwas passieren würde, bestimmten die Atmosphäre in der Familie. Julia kannte ihre Mutter sowohl als fröhliche und starke Frau, bei der sie Halt, Geborgenheit, Fürsorge und Freude fand, als auch als gebrechliche, kraftlose Person, der sie nicht zu nahe kommen durfte, um sie nicht zu gefährden.

Julias Vater war sehr bemüht, der Familie alles zu geben, was in seiner Macht stand. Er arbeitete viel und verbrachte jede freie Minute mit seiner Frau und seiner Tochter. In seiner liebevollen Zugewandtheit war immer auch eine Anspannung zu spüren, die Julias fragiles Empfinden von Sicherheit immer wieder wie eine Seifenblase zerplatzen ließ.

Julias Oma war bei der Familie eingezogen, als es Julias Mutter immer öfter schlecht ging. Sie war eine wichtige Bezugsperson für die kleine Julia, da sie immer da, warmherzig und heiter war.

Als Julias Mutter starb, legte sich eine bleischwere Decke des Schweigens auf die Familie. Über Gefühle wurde nicht gesprochen, das Leben sollte weitergehen. Außer auf der Beerdigung hat Julia ihren Vater und ihre Oma niemals weinen sehen. Julias Oma zog ein paar Wochen nach dem Tod ihrer Tochter wieder aus. Auch wenn Julia sie weiter regelmäßig sah, war sie doch nicht mehr der Anker, den sie im Alltag gehabt hatte. Der Vater stürzte sich in

Arbeit und tat die meiste Zeit so, als wäre alles in Ordnung. Zugleich spürte Julia eine große Distanz zu ihm und sie wusste nicht, wohin mit ihren Gefühlen.
Sie war allein. Auch wenn ihr Umfeld sie vorsichtig und freundlich behandelte, so kam ihr doch niemand so nahe, dass sie sich aufgefangen gefühlt hätte. Immer mehr kam es ihr so vor, als sei sie aus der Welt gefallen, doch von außen betrachtet war sie ein tapferes Mädchen.
Tief in Julia war eine große Trauer, wie ein dunkler See ungeweinter Tränen, an dessen Ufer sie oft saß, wenn sie allein war.

Der Verlust eines geliebten Menschen ist zu jeder Zeit im Leben ein einschneidendes Erlebnis von großer, potenziell traumatisierender Kraft. Der Verlust einer Bindungsperson in der Kindheit wird zweifelsohne den Verlusttraumata zugeordnet. Am Beispiel von Julia wird deutlich, wie der Tod der Mutter ihr Umfeld derartig überfordert, dass er mit all seinen Folgen ausgeklammert wird. Die Bindungssysteme der Erwachsenen gehen »offline«, und ihre Gefühle werden betäubt, obwohl für alle sichtbar etwas Schreckliches geschehen ist. So entsteht ein komplexes Gefüge weiterer traumatisierender Einflüsse. Julia verliert nicht nur eine primäre Bezugsperson, sondern infolgedessen auch die beiden weiteren. Die nicht ausgesprochenen Gefühle bauen sich wie eine Mauer zwischen Julia und ihrem Vater auf und erzeugen eine große Distanz. Sie verlieren die Nähe zueinander. Julias Bindungssystem ist hoch aktiviert, doch es gibt keinen Hafen und keinen Ankerplatz für sie, um es zu beruhigen. Sie muss lernen, in einer Welt zu leben, in der das, was sie am meisten beschäftigt, belastet und quält, zwischen ihr und ihren wichtigsten Menschen nicht stattfindet. Weder Vater noch Oma sind in der Lage, Julia ihre co-regulierende Präsenz zu schenken. Weil sie sich darauf fokussieren zu funktionieren, sind sie weder dazu in der Lage, sich emotional einzustimmen noch wirklich verfügbar. Die Verbundenheit in der Familie ist unter der ungelebten Trauer zerrissen. Um sich an das einzige verbindende Element, das Schweigen anzupassen, schaltet Julias Unterbewusstsein ihr Bindungssystem schließlich ab. Das ermöglicht ihr, sich in ihrem Zuhause weiterhin zugehörig zu fühlen.

Die Konsequenz ist, dass Julia in ihrem weiteren Leben keine Sicherheit in Beziehungen findet.

> *Ich lerne Julia als lebensfrohe, selbstständige Mittsechzigerin kennen, die zu mir in die Praxis kommt, weil sie in ihrer aktuellen Partnerschaft an tiefe Ängste stößt. Jahrzehntelang war sie ohne festen Partner, nachdem der Vater ihrer Tochter, der eine flüchtige Liebschaft war, die Familie kurz nach deren Geburt verlassen hatte. Sie erklärt, seit Jahren keinen Partner zu brauchen und ein Leben ohne Partner freier und lebendiger gestalten zu können. Die Leben ihrer Freundinnen, die in langjährigen Beziehungen sind, betrachtet sie als stressig und langweilig. Nur für sich verantwortlich zu sein, gibt ihr Sicherheit.*
> *Julias Lebensmotto wird jäh durchkreuzt, als sie einem Mann näherkommt, der sich ausdauernd für sie interessiert. Neben Gefühlen der Verliebtheit tauchen nun aus den Untiefen ihres Unterbewusstseins auch uralte Ängste und lang weggedrängte Bedürfnisse auf. Plötzlich erlebt sie sich als anhänglich und bedürftig. Sie weiß nicht mit der Nähe umzugehen und ist zugleich unbeholfen darin, ihre Gefühle auszudrücken und Bedürfnisse zu benennen. Die selbstständige Frau scheint verschwunden zu sein, was Julia an den Rand einer Identitätskrise bringt. Was ist hier nur geschehen?*

Julias Lebensstil basiert auf einer frühen Bindungstraumatisierung. Das Lebensmodell, ungebunden zu bleiben, um frei zu sein, entspricht einem Menschen, dessen Bindungssystem als Überlebensstrategie deaktiviert ist. In ihrer Kindheit war diese Schutzstrategie rettend und eine weitere lange Zeit ihres Lebens ist sie mit ihr scheinbar gut gefahren.

Die Gefühle der Anziehung zu einem Mann und seine freundliche, offene Art haben Julias Bindungssystem wieder »angeknipst«. Da es nie die Chance hatte, in Balance zu kommen, schnellt es augenblicklich in die Überaktivierung. Der volle Fokus liegt nun gebündelt auf dem Partner und der Zugang zu Julias selbstbestimmten, souveränen Anteilen ihrer Persönlichkeit geht verloren. Julia wird zurückgeworfen auf den emotionalen Reifegrad des Mädchens, das sie damals war, als sie verloren und in Not mit ihrem Schmerz alleingelassen war. Ihr Nervensystem gerät in eine latente Übererregung und sie wird schlaf- und ruhelos, fühlt sich unsicher und hat angstvolle Fantasien, bald wieder verlassen zu werden. In dieser Lebensphase wird offenbar, was bislang hinter Kompensationsstrategien verborgen blieb: Julia hat nicht gelernt, wie sich eine sichere Bindung anfühlt. Und sie hat nicht gelernt, wie es gelingen kann, mit Angst, Trauer und anderen intensiven Gefühlen umzugehen.

Um die Chance auf eine wohltuende und glückbringende Partnerschaft nutzen zu können, steht Julia nun ein Lernprozess bevor. Zunächst gilt es, ein tiefes Verständnis für sich selbst und ihre Reaktionen zu entwickeln, sodass sie ihr gegenwärtiges Gefühlschaos einordnen kann. Außerdem geht es darum zu lernen, eigenen Gefühlen zu begegnen und sie zu kommunizieren, ohne von ihnen überflutet zu werden. Die Gelegenheit zu einer heilsamen Veränderung zu ergreifen, kann nur gelingen, wenn Julia ihrem Partner zu Beginn der gemeinsamen Zeit die Kernpunkte ihrer Lebensgeschichte und deren Folgen anvertraut, da die Beziehung andernfalls bald von ihnen regiert werden würde.

Julias Geschichte zeigt beispielhaft, dass es Mut und Achtsamkeit erfordert, eine korrigierende Erfahrung anzunehmen und zu verhindern, dass sie von alten Überlebensstrategien »gekidnappt« wird.

Auch Glück kann uns ins Unglück stürzen

Julias Erfahrung ist auch ein Beispiel dafür, dass beglückende und sogar lang ersehnte Umstände unverarbeitete Traumata triggern können. Lebensverändernde Ereignisse, gleich ob positiv oder negativ, gelten in der Psychologie als bekannte Risikofaktoren für psychische Krisen. Es erscheint zunächst unlogisch, dass jemand nach der Heirat urplötzlich in eine Depression stürzt oder nach einer Beförderung oder einem anderen Erfolgserlebnis Angstzustände entwickelt. Mit dem Wissen um mögliche Traumadynamiken im Hintergrund wird es logisch, dass Ereignisse, die unsere Kompensationsmechanismen oder Überlebensstrategien herausfordern, destabilisierend wirken können. Wenn wir Glück und heilsame Veränderungen kreieren oder annehmen wollen, brauchen wir also eine gewisse Kapazität und Fertigkeit, um mit unseren Gefühlen und Empfindungen umgehen zu können. Je mehr unbewusste, automatische Kompensationsstrategien unser Leben bestimmen, desto größer ist die Gefahr, sich vom Guten und Gewünschten überfordert zu fühlen.

Nicht nur der Tod ist ein Verlust

Das Erste, woran wir bei dem Wort »Verlust« denken mögen, ist der Tod eines nahestehenden Menschen. Doch auch der Begriff »Verlusttrauma«, der übrigens keine medizinische Diagnose darstellt, sondern sich auf die Ursache einer Traumafolgestörung bezieht, umfasst ein Spektrum. Aus einer polyvagalen Perspektive betrachtet geht es um den Verlust von sicherheitgebenden Faktoren im sozialen Bereich. So kann etwa ein Umzug oder Schulwechsel, der zum Verlust des sozialen Umfeldes führt, bei Kindern zu Symptomen einer Posttraumatischen Belastungsstörung (PTBS) führen. Auch der Austritt aus dem Berufsleben stellt für viele Menschen eine kritische Lebensphase dar. Insbesondere wenn frühe Prägungen uns kein Rüstzeug mitgegeben haben, um tiefgehende Veränderungen zu meistern und die Kompensationsstrategien nicht auf die neue Situation passen, wird es eng.

In solchen Situationen ist eines essenziell: sich so schnell wie möglich fachliche Unterstützung zu holen und die eigene Not ernst zu nehmen. So ermöglichen wir es uns, nicht nur eine Krise zu bewältigen, sondern in der Auseinandersetzung mit ihr alte, noch immer offene Wunden heilsam zu versorgen.

Wenn die Trauer die Traumareaktion triggert

Verlusttraumata treten oft von einem Tag auf den anderen auf. Dennoch sind sie eher den Typ 2-Traumata, also den sequenziellen oder lang andauernden Traumata zuzuordnen, da sie Veränderungen mit sich bringen, die viele Lebensbereiche nachhaltig berühren oder mit voller Wucht treffen. Traumatische Situationen führen, wie du bereits erfahren hast, zu automatischen und kraftvollen Reaktionen unseres Nervensystems. Das Spektrum reicht von heller Panik und bodenloser Verzweiflung über blinden Aktionismus bis hin zu völliger Verleugnung und Dissoziation des Geschehenen. Menschliche Trauerreaktionen sind so individuell wie die Menschen selbst und sie erstrecken sich bis zur Psychopathologie, können also auch Krankheitswert erlangen. Das soll hier nicht das Thema sein, doch ich möchte auf einen wichtigen Punkt hinweisen:

Wenn der Tod oder endgültige Verlust eines Menschen in ein traumatisches Geschehen eingebettet ist, wird die Verarbeitung weiter erschwert. Etwa wenn jemand den Tod eines Familienmitglieds bei einem Verkehrsunfall erlebt, ist das traumatische Erleben des Unfalls mit dem Verlust unmittelbar verbunden. Sofern die traumatische Situation nicht verarbeitet werden kann, wird die Trauer um den geliebten Menschen immer wieder das Trauma der damaligen Situation triggern. Sobald also Gefühle wie Trauer oder Schmerz einsetzen, was einem natürlichen Trauerprozess entspricht, tauchen intensive Bilder und Gefühle aus dem Unfallgeschehen wieder auf (Flashbacks) und Traumareaktionen werden aktiviert. So entsteht ein Kreislauf aus Trauer und Trauma, was man »traumatische verlustbezogene Trauer« nennt. Das bedeutet, einem dauerhaften Stresszustand zu unterliegen, der sowohl die natürliche Trauer als auch die Stressverarbeitung verunmöglicht, sodass er innerhalb kurzer Zeit starke psychische und gesamtgesundheitliche Folgen hat. Es ist in einem solchen Fall unbedingt erforderlich, therapeutische Unterstützung zu suchen.

Ich erinnere mich heute noch mit schwerem Herzen an einen Klienten, dessen zweites Kind am plötzlichen Kindstod verstarb. Er wurde eines Abends, an dem seine Frau, eine Flugbegleiterin, unerreichbar weit weg war, unvermittelt unruhig und ging ins Kinderzimmer. Dort fand er seinen Sohn leblos im Kinderbettchen vor. In großer Panik versuchte er, sein Kind wiederzubeleben. Kurz darauf musste er die grob erscheinenden Reanimationsversuche der Rettungskräfte mitansehen, eine Odyssee durch zwei Kliniken durchstehen, um nach vier Stunden zu erfahren, dass sein Kind nicht gerettet werden konnte. Die erschütternden Bilder dieser Nacht hatten sich tief in sein Gedächtnis eingegraben und quälten ihn so sehr, dass er eine stark ausgeprägte Posttraumatische Belastungsstörung entwickelte. Er kam nach einem dreimonatigen Klinikaufenthalt in meine Praxis, wo wir zwei Jahre daran arbeiteten, dass er einen Zugang zu seiner Trauer um sein verstorbenes Kind und auch wieder zu einer Zuversicht finden konnte. Nach und nach konnte er wieder die Verbindung zu seinem ersten Kind spüren, die er seit dem traumatischen Geschehen als betäubt erlebt hatte. Traumatische Trauer kann uns noch mehr kosten als das, was wir ursprünglich verloren haben.

VERNACHLÄSSIGUNG

So, wie menschengemachte Traumata zu den schwersten traumatischen Erfahrungen zählen, stellt Vernachlässigung die schwerste Form der Gewalt, insbesondere an Kindern, dar. Sie hat noch weitreichendere Folgen als emotionale oder körperliche Gewalt. Ich möchte kurz auf diesen sehr schmerzlichen Fakt eingehen, da er allzu oft nicht erkannt oder ernst genug genommen wird. Vernachlässigung zu erleben bedeutet, fortwährend in elementaren Bedürfnissen nicht oder nicht ausreichend gesehen, respektiert und versorgt zu werden. Wenn Kinder von ihren Bindungspersonen vernachlässigt werden, hat das nicht nur unmittelbare Wirkungen aufgrund des entstehenden Mangels, sondern auch mittelbare Folgen, die sich auf das Selbstbild und Selbstwertgefühl massiv niederschlagen. Das Nervensystem wird in hohen Stress und existenzielle Hilflosigkeit getrieben, das Bindungssystem wird an der Basis geschädigt und die Arbeitsmodelle, die entstehen, drücken sich oft in einem desorganisierten Bindungsstil aus. Aus der psychotraumatologischen Perspektive spricht man als Folge der Vernachlässigung von »Entwicklungstrauma«, da diese Form der emotionalen und körperlichen Gewalt die Hirnentwicklung und Persönlichkeitsentwicklung von Kindern beeinträchtigt.

Wenn das Zuhause kein sicherer Ort ist

Das Zuhause als sicherer Hafen ist ein Synonym für eine glückliche Kindheit. Bindungspersonen zu haben, bei denen man Zuflucht findet, Spaß und Nähe genießen und mit denen man die Welt erkunden kann, bedeutet, in der Welt sicher zu sein.

In der heutigen Zeit ist der Rahmen für ein sicheres Zuhause auch rechtlich vorgegeben. Erst 1998 erklärte der Gesetzgeber in Deutschland körperliche und seelische Misshandlungen für unzulässig. Im Jahr 2000 sprach er Kindern und Jugendlichen grundsätzlich das Recht auf eine gewaltfreie Erziehung zu. Paragraf 1631 Absatz 2 des Bürgerlichen Gesetzbuches wurde 2023 zuletzt aktualisiert. Hier findet sich der Satz: »Das Kind hat ein Recht auf Pflege und Erziehung unter Ausschluss von Gewalt, körperlichen Bestrafungen, seelischen Verletzungen und anderen entwürdigenden Maßnahmen.« Der gesellschaftliche Konsens zum Schutz des Kindes ist eine Errungenschaft und zugleich nicht zwangsläufig die Lebensrealität aller Kinder. Auch wenn Gewalt im Elternhaus zum größten Teil aus Überforderung entsteht und meist von den Ausübenden scham- und schmerzhaft bereut wird, findet sie statt. Dass dieser Umstand beim Kind zu einem unsicheren Bindungsstil, einem überaktivierten oder später deaktivierten Bindungssystem und einem dysbalancierten Nervensystem führt, zeigt, wie wichtig es ist, diesen Formen der Gewalt präventiv zu begegnen. Vielleicht, so ist meine leise Hoffnung, kann dieses Buch einen Teil dazu beitragen, indem es für das sensibilisiert, was so oft übersehen oder schweigend toleriert wird.

Emotionale Vernachlässigung ist für viele Menschen ein weißer Fleck auf der Landkarte

Insbesondere emotionale Vernachlässigung wird oft selbst von Betroffenen nicht erkannt oder unterschätzt. Diese Tatsache spiegelt sich etwa in einem Satz wider, den ich von zahlreichen Klienten sinngemäß gehört habe: »Wir sind ja nicht verhungert.« Viele Überlebende emotionaler und geistiger Vernachlässigung bagatellisieren ihre Erfahrungen. Diese unbewusste Strategie stellt einen intelligenten Selbstschutz dar, trägt aber auch zur Tabuisierung eines Themas bei, das ins Licht der Wahrnehmung gerückt werden muss, um Opfer zu schützen. Es ist wichtig, klar und deutlich zu benennen: Einem Kind, das nicht beachtet, respektiert, gesehen und in wichtigen emotionalen Bedürfnissen versorgt wird, widerfährt schwere Gewalt. Gleichzeitig ist es wichtig zu betonen, dass Verhaltensmuster von Elternfiguren, die vernachlässigen, oft Folge von eigenem, großem Leid sind. Sie sind nicht immer Ausdruck mangelnder Liebe oder gar von Boshaftigkeit. Menschen, die sich nicht ausreichend gut um ihre Kinder kümmern können, brauchen Hilfe, keine Verurteilung.

Rettende Strategien wollen sanft abgelöst werden

Wer emotionale Gewalt durch Vernachlässigung erfahren hat, musste rettende Strategien finden, um damit zu überleben. Häufig gehört das »Abschneiden« der eigenen Gefühle und Bedürfnisse zu diesen Strategien. Nicht wenige kennen jedoch auch Momente, in denen sie plötzlich von einer panikartigen Bedürftigkeit und einem brennenden Bindungshunger angefallen werden. Das Bindungssystem rotiert zwischen Überaktivierung und Deaktivierung. All das kann Beziehungen jeder Art sehr belasten. Für all die verletzten Menschen, die diesen Schmerz in sich tragen, stellt es eine große Aufgabe dar, sich der eigenen emotionalen Welt zu nähern und sich nach und nach in ihr zu orientieren, sodass sie lernen können, die alten Strategien durch die Regulation eigener Emotionen und Bedürfnisse zu ersetzen.

NIE GUT GENUG – AUFWACHSEN MIT NARZISSTISCHER GEWALT

Eine Form der emotionalen Gewalt, die erfahrungsgemäß eine Menge Menschen betrifft, ist die sogenannte »narzisstische Gewalt«. Der Begriff »Narzissmus« hat in den letzten Jahren einen Sturm der Aufmerksamkeit erfahren, was zu viel hilfreicher Aufklärung insbesondere für Betroffene beigetragen, jedoch auch zu einem recht undifferenzierten und teilweise verzerrten Bild geführt hat. Auch dieses Thema eignet sich, um ganze Bücher allein damit zu füllen. Daher werde ich mich hier erneut explizit auf die traumatischen Wirkungen dieser Form zwischenmenschlicher Gewalt, insbesondere in der Kindheit konzentrieren. (Weiterführende Ressourcen findest du im Anhang.)

Wer mit Eltern oder Elternteilen aufwächst, die Kriterien einer narzisstischen Persönlichkeitsstörung erfüllen oder eine stark narzisstisch akzentuierte Persönlichkeit haben, erfährt auf der Bindungsebene viel Leid und erlebt keinerlei Sicherheit. Der Begriff »narzisstische Gewalt« ist kein Fachterminus, sondern eine prägnante Umschreibung einer bestimmten Form vielschichtiger emotionaler Gewalt.

Im Folgenden möchte ich ein paar explizite und herausstechende Merkmale narzisstischer Gewalt in der Familie beschreiben und danach auf ihre speziellen Folgen eingehen.

Narzisstischen Menschen fehlt jegliches Selbstwertgefühl

Menschen, die starke narzisstische Merkmale zeigen, sind in ihrem Inneren mit einem absoluten Mangel an Selbstwert konfrontiert. Dort, wo üblicherweise ein Gefühl von Selbstwert, Identität und Selbst empfunden würde, empfinden sie eine tiefe Leere. Das ist der Kern des Narzissmus. Das gesamte Spektrum narzisstischer Verhaltensweisen zeichnet sich durch die Kompensation dieses Mangels auf eine hochdestruktive Weise aus, und zwar auf Kosten anderer. Da ein narzisstisch geprägter Mensch kein eigenes Selbstwertgefühl empfinden kann, entwickelt er ein sogenanntes »Größenselbst«, das einer Wunschvorstellung des eigenen Selbstes entspricht, aber nicht mit Substanz gefüllt ist. Aus diesem Grund lebt ein narzisstischer Mensch von der Achtung und Wertschätzung, dem Applaus und der Bewunderung anderer, von denen er daher abhängig ist. Das lautmalerische Fachwort hierfür ist »narzisstische Zufuhr«. Leidet er einen Mangel an diesem wichtigen Ersatz für sein eigenes Wertempfinden, kann er entweder noch mehr davon einfordern oder aber in tiefe, depressive Krisen stürzen. Menschen mit einer narzisstischen Persönlichkeit sollten nicht mit Sadisten verwechselt werden, weil sie – anders als Sadisten – auch großes Leid empfinden können. Das wirkt sich jedoch keinesfalls lindernd auf die Qual jener aus, die unter ihnen leiden – und um diese Menschen soll es hier gehen.

Eine Frage der Macht

Eine Kindheit mit narzisstischen Elternteilen zeichnet sich dadurch aus, dass Eltern die naturgegebene Abhängigkeit des Kindes ausbeuten. Das natürliche Machtgefälle zwischen Kind und Erwachsenen wird missbraucht. Das zeigt sich unter anderem darin, dass die Bezugspersonen die Bedürfnisse des Kindes nicht wahrnehmen, sie bewerten oder gegen das Kind verwenden. So prägen Beschämung und Verachtung den Erziehungsstil narzisstische Eltern – und die Kinder sind dem dauerhaft ausgesetzt. Hier ein Beispiel: Stürzt ein Kind und verletzt sich, wäre die liebevolle, elterliche Reaktion, Trost zu spenden. Kinder betroffener Eltern bekommen hingegen zu hören, dass ihr Sturz und die daraus folgende Verletzung ihr eigenes Verschulden und völlig unnötig sei. Die Eltern werfen ihnen vor, dass sie sich dumm anstellen, immer wieder beweisen, wie unfähig sie sind, und dass sie mit ihrer Rücksichtslosigkeit oder Tollpatschigkeit wieder Ärger machen. Nicht selten unterstellen ihnen ihre Bezugspersonen sogar, dass sie sich nur verletzen, um die Erwachsenen zu ärgern. Mit ihrem körperlichen Schmerz und ihrem emotionalen Bedürfnis werden die Kinder dabei vollkommen alleingelassen.

Sieht jedoch eine andere Person dabei zu, ist es möglich, dass sich dasselbe Elternteil dem Kind fürsorglich zuwendet und ihm Trost und Aufmerksamkeit spendet. Es gibt eine große Diskrepanz zwischen dem, was Kinder in der Öffentlichkeit und was sie zuhause für eine Behandlung erfahren. Und das hat einen Grund.

Das Kind erfüllt einen Zweck

Kinder sollen narzisstischen Eltern dazu dienen, die schon erwähnte narzisstische Zufuhr zu liefern. Häufig sind Eltern mit einer ausgeprägten narzisstischen Struktur nicht in der Lage, ihre Kinder als eigenständige Individuen zu sehen. Sie betrachten und behandeln sie vielmehr als Objekte, die ein Idealbild erfüllen sollen. Kinder narzisstischer Eltern werden von diesen als eine Erweiterung des eigenen Ichs instrumentalisiert. Das bedeutet, dass sie den eigenen Vorstellungen zu 100 Prozent entsprechen sollen. Dann »funktionieren« sie richtig, denn man kann sich im Außen mit ihnen schmücken, um dadurch Bestätigung zu erfahren. Jenseits der Öffentlichkeit, in der sie stolz vorgeführt werden, bedeutet das für die Kinder, nicht sie selbst sein und eigene Bedürfnisse und Impulse haben zu dürfen. In der Außenwelt vorgeführt als Schmuck, erleben sie hinter verschlossenen Türen ausschließlich, nie gut genug zu sein. Nach außen dehnen narzisstische Eltern ihr Größenselbst also auf die Kinder aus und im intimen Familienrahmen projizieren sie ihren mangelnde Selbstwert in Form gnadenloser Abwertung auf die Kinder. So dienen Kinder narzisstischer Eltern als Projektionsflächen für das falsche Größenselbst der Eltern und für ihren unterdrückten Selbsthass. Es geht in der Beziehung zwischen einem narzisstischem Elternteil und dem Kind nie um die Bedürfnisse des Kindes, sondern ausnahmslos immer um die des Elternteils. Diese Kinder werden schlichtweg nicht gesehen.

Ein System, bestehend aus Belohnung und Bestrafung

In diesem unvorhersehbaren und widersprüchlichen Gefüge spielen sowohl Belohnung als auch Bestrafung eine große Rolle. Durch die Belohnung wird das Bindungsbedürfnis des Kindes immer wieder für kurze Zeit erfüllt. Für einen flüchtigen Moment fühlt es sich gesehen und angenommen. Leider nicht um seiner selbst, sondern nur um seiner Leistung willen. Die Bestrafung als Gegenpol wird vielfältig eingesetzt und darüber wird Macht ausgeübt. So werden Kinder etwa mit Schweigebehandlung, Ausschluss oder Isolation sanktioniert. Sie werden auf abwertende Weise mit anderen verglichen, und auf entwürdigende Weise beschämt und erniedrigt. Bald darauf folgt wieder eine Belohnung, was ihr Bindungssystem zum Rotieren bringt.

Das Unvermögen zu körperlicher und emotionaler Nähe

Menschen mit starken, narzisstischen Persönlichkeitsmerkmalen sind nicht in der Lage, Kindern körperliche und emotionale Nähe zu spenden. Die meisten Klientinnen und Klienten, die in Elternhäusern mit narzisstisch geprägten Bindungspersonen aufgewachsen sind, berichten, dass es so gut wie keine körperlichen Kontakte gab. Wenn sich Eltern dem kindlichen Körper zugewendet haben, dann lediglich auf eine zweckmäßige Art und Weise. Zärtlichkeiten, Kuscheln, Geborgenheit und Spiel fanden nicht statt.

Das Gleiche spiegelt sich auf emotionaler Ebene wider. Die Beziehungen zwischen Kindern und narzisstischen Elternteilen zeichnen sich seitens des Kindes durch eine ständige erfolglose Suche nach Kontakt aus. Die Eltern sind emotional nicht erreichbar. Die freundlichen oder lobenden Elternteile sind zuhause nicht existent. Betroffene bekommen dann zu hören, dass sie nerven, stören, sich nicht so anstellen sollen, keine Memmen und keine Heulsusen sein sollen, und dass sie mit ihren Sorgen und Gefühlen jämmerlich sind.

Zwischen wertvoll und bedeutungslos

Zudem bekommen Kinder betroffener Eltern eine große Diskrepanz in Bezug auf den eigenen Wert und die eigene Wichtigkeit vermittelt. Ihnen wird einerseits durch starke Kontrollmechanismen, hohe Anforderungen und durch das Vorgezeigtwerden suggeriert, dass sie wichtig seien, während sie quasi gleichzeitig die Botschaft erhalten, überhaupt nicht zu zählen. Diese große Widersprüchlichkeit sorgt auf der Bindungsebene für starke Irritation.

Unausgesprochene Regeln und unberechenbares Verhalten

Kinder narzisstischer Elternteile haben keine Möglichkeit, sich richtig zu verhalten. Es gelten für sie zahlreiche unausgesprochene und ausgesprochene Regeln, die völlig willkürlich zwingend eingehalten werden müssen oder verworfen werden. So gilt an einem Tag eine Regel, bei deren Verstoß man sanktioniert wird. Und am nächsten Tag scheint diese Regel überhaupt nicht zu existieren. Die Unberechenbarkeit von Bezugspersonen ist ein wichtiger Faktor für Bindungstraumatisierungen, weil Unberechenbarkeit jegliche Sicherheit unmöglich macht, da eine sehr wichtige und natürliche Fähigkeit und auch Überlebensstrategie im Kontext narzisstischer Gewalt versagt: Sich anzupassen hilft nicht nachhaltig, weil alles, woran man sich anpasst, sich jederzeit verändern kann. Die Kinder müssen sich an Widersprüchliches anpassen, was zu einem täglichen Spießrutenlauf wird.

Zugleich unterliegen Kinder narzisstischer Eltern einer latenten emotionalen Erpressung. Sie bekommen stets suggeriert: »Wenn du richtig bist, mag ich dich, wenn du nicht richtig bist, bestrafe ich dich.« Was jedoch richtig oder falsch ist, bleibt ein Rätsel. Die grundlegende Frage: »Wie muss ich sein, damit ich richtig bin?« wirkt sich stark auf das sich entwickelnde Identitätsgefühl aus. Kinder lernen systematisch, ihre eigenen Bedürfnisse gar nicht erst in Betracht zu ziehen, sondern sie sind auf der stetigen Suche, möglichst richtig zu sein.

Vom Bedürfniserfüller zur Bedrohung

Kinder narzisstischer Elternteile sind, wie wir schon gehört haben, vor allem zur Bedürfniserfüllung ihrer Bezugspersonen da. Sie dienen der narzisstischen Zufuhr ihrer Eltern. Solange ein Kind sehr klein und relativ kontrollierbar ist oder überwiegend die Bedürfnisse des Elternteils erfüllt, kann dieses Konzept recht unspektakulär aufgehen. Sobald jedoch ein Kind beginnt, sich zu einem eigenständigen Wesen mit einem Willen, einer eigenen Meinung und einem Autonomiebestreben zu entwickeln, wird es für die Eltern zur Bedrohung. So darf das Kind erfolgreich sein, jedoch nicht so selbstbewusst, dass es dem Elternteil entgleiten könnte. Das Kind soll keine Ansprüche haben, aber es soll die Eltern doch brauchen und ihnen das Gefühl der Wichtigkeit vermitteln.

Sobald sich ein Kind in gewisser Weise zu widersetzen beginnt, was ein ganz natürlicher Entwicklungsschritt ist, wird dieser von den Eltern bekämpft, indem sie Verachtung, Abwertung oder Schuldzuweisung weiter verstärken. Das Verhalten der Elternteile wird noch gewaltvoller und zielt noch mehr auf die Zerstörung des aufkeimenden Selbstwertgefühls. Betroffene Klientinnen und Klienten haben mir berichtet, dass sie das Gefühl hatten, vernichtet zu werden. Schwere Beschimpfungen und emotionale Prügel sowie raffinierte und perfide emotionale Misshandlungen werden zur Tagesordnung. So werden etwa Geschwister gegeneinander aufgestachelt und ungleich behandelt. Meist gibt es ein »Goldkind« und ein »schwarzes Schaf«. Ersteres versehen die Eltern mit Lob und bevorzugter Behandlung, während sie Letzteres stiefmütterlich behandeln. Beide Kinder werden hierbei emotional missbraucht.

Schuldzuweisungen zielen auf die Abwertung der Existenz. So haben viele Kinder narzisstischer Eltern gehört, dass seit ihrer Geburt ein großes Unglück über der Familie läge, dass die Mutter seither eine ruinierte Figur habe oder dass die berufliche Verwirklichung allein wegen der Geburt des unerwünschten Kindes unmöglich wurde. Die Entwürdigung der Existenz des Kindes stellt eine sehr prägende und tiefe Verletzung dar.

Der fortwährende Kampf gegen das Autonomiebestreben

Da es für narzisstische Elternteile sehr bedrohlich wirkt, wenn Kinder eine eigene autonome Persönlichkeit entwickeln, sagen sie dieser Entwicklung häufig den Kampf an, indem sie extreme Kontrolle ausüben. So verwehren sie den Kindern häufig jegliche Privatsphäre, etwa indem diese ihre Zimmertüren stets offen stehen lassen müssen oder die Eltern in Handys und Tagebüchern lesen. Die Eltern entscheiden, welche Freunde für die Kinder richtig oder passend sind. Häufig unterbinden sie besonders wohltuende Freundschaften. Diese Art der Kontrolle reicht bei vielen Betroffenen bis ins Erwachsenenalter hinein. Kein Partner und keine Partnerin sind gut genug. Nur Beziehungen, die wiederum zur narzisstischen Zufuhr dienen können, werden geduldet oder befördert. Diese schwere Kontrolle führt häufig dazu, dass Betroffene sich nicht leicht von ihrer Familie lösen können. Von außen zunächst scheinbar unlogisch, leben viele Kinder narzisstischer Eltern später weiterhin im gleichen Haus oder bauen sich ein eigenes Heim mit einem Wohnbereich für die Eltern. So liefern sie sich weiter der narzisstischen Gewalt aus. Es ist gelungen, ihr Autonomiebedürfnis zu unterbinden.

Mit dem Ausschluss drohen – Manipulation über das Bindungssystem

Keimt später im Leben das Autonomiebedürfnis der Kinder auf, werden sie häufig als undankbar und fordernd gebrandmarkt. Nicht selten drohen ihnen die Eltern subtil oder offenkundig mit dem Ausschluss aus der Familie, falls sie diese oder jene Entscheidung treffen sollten, wie etwa weiter wegzuziehen. Hier wird deutlich, wie sehr das Bindungssystem bei narzisstischer Gewalt im Zentrum steht und wie Eltern noch im Erwachsenenalter ihrer Kinder das Machtgefälle aufrechterhalten und eine Abhängigkeit suggerieren.

Ich kenne zahlreiche Fälle aus der Praxis, bei denen narzisstisch geprägte Elternteile ihre Kinder über eine finanzielle Ebene lange Zeit in einer Abhängigkeit hielten. Alternde narzisstische Eltern binden ihre Kinder häufig über das Gewissen und die Suggestion, dass man sich nach all den Jahren doch um sie kümmern müsse und seinen eigenen Bedürfnissen nicht den Vorzug geben dürfe.

Die Folgen einer Kindheit ohne Liebe

Kinder narzisstischer Eltern leiden an vielfältigen Folgen der gewaltsamen Kindheitserfahrungen. Die Verletzungen beziehen sich vor allem auf den eigenen Selbstwert und auf Beziehungen und Bindung. Ihr Selbstwertgefühl wird an der Basis unterminiert und an einer gesunden Entwicklung gehindert, eine autonome Identität wird ihnen nicht zugestanden.

Betroffene lernen sehr viel Falsches über sich und Menschen generell. Sie erhalten höchst irritierende und unwahre Botschaften über sich selbst. Sie lernen, dass Menschen unberechenbar sind und dass es keine Möglichkeit gibt, Sicherheit zu erleben, ganz egal, wie sehr man sich anstrengt. Sie lernen über Beziehungen, dass sie sich für ein wenig Liebe und Zuwendung komplett aufgeben oder verausgaben müssen und dass es doch am Ende nicht genügt. Sie lernen, dass Sanktionen, emotionale Erpressung, Willkür und Entwürdigung zu einer Beziehung dazugehören und man sich anderen unterordnen muss. Bindung, Nähe und Verbundenheit sind allesamt unerfüllte Grundbedürfnisse, die zugleich mit großer Angst und Stress verbunden sind.

Menschen, die die Wunden narzisstischer Gewalt in sich tragen, haben früh gelernt, jemand sein zu sollen, der sie nicht sind. Sie haben sich aufs Äußerste angepasst und versucht zu genügen. Sie haben eine essenzielle Botschaft nie erhalten: »Du bist wertvoll, erwünscht und liebenswert, genau so, wie du bist.« Infolgedessen fragen sie sich im Laufe des Lebens oft unbewusst weiterhin ununterbrochen, wie sie sein müssen, um einem Bild gerecht zu werden oder Erwartungen zu erfüllen. Irgendwann grübeln viele darüber: »Wie bin ich eigentlich wirklich? Und wer bin ich eigentlich wirklich? Und bin ich, wenn ich bin, wie ich wirklich bin, eigentlich liebenswert?«

Um von diesen schweren Prägungen zu genesen, müssen sie im Laufe der Zeit die Wahrheit über sich entdecken, die ihnen von Anbeginn vorenthalten wurde: dass sie liebenswert um ihrer selbst willen sind und dass ihr Wert nicht von ihrer Leistung abhängt. Dazu braucht es neben der oft schmerzlichen Bewusstwerdung über die Gewalt ihrer Kindheit vor allem eine Menge korrigierender Erfahrungen.

Zum Abschluss dieses Themas möchte ich auf einen wichtigen Mechanismus hinweisen, der auf dem Weg zur Entlastung vielen Menschen im Wege steht, solange sie nicht um ihn wissen.

Introjektion – Rettung und Verhängnis

In der frühen Kindheit lernen wir zunächst einmal alles von unseren Bezugspersonen. Wie sie sind, wie die Welt ist, wie Menschen sind, wie Bindung funktioniert und wie man sich verhält. Ohne unser bewusstes Zutun internalisieren wir das Verhalten und auch zu einem gewissen Teil die Emotionen unserer Bezugspersonen. Wir nehmen die Atmosphäre und die Welt, in der wir aufwachsen, in unser Inneres. Die Funktion der Introjektion spielt hierbei eine große Rolle. Sie ist ein automatischer Mechanismus, über den Kinder lernen und ihre Umgebung verstehen. Hierbei nehmen Kinder in ihren frühen Lebensjahren, die Charakteristika, Einstellungen und Reaktionen ihrer Bezugspersonen auf, ohne sie kritisch zu hinterfragen, da sie das noch gar nicht können. Sie sind nicht in der Lage auszusortieren, was nährend und was schädigend ist. Alles wird nach innen genommen, also introjiziert.

Wenn ein Kind von einer narzisstischen Bezugsperson wiederkehrend die Botschaft erhält, nicht gut genug und nicht erwünscht zu sein, muss dieses Kind also verinnerlichen, was eigentlich vernichtend ist. Logisch gedacht, müsste man davon ausgehen, dass das Kind versuchen würde, sich von einer solchen Bezugsperson abzuwenden. Aufgrund des Abhängigkeitsverhältnisses geht das aber nicht.

Da eine Anpassung über das Verhalten allein keine Sicherheit bringt, kommt die Königsdisziplin der Anpassung hier zum Einsatz. Die rettende Art sich an destruktive Bindungspersonen anzupassen, besteht in der Ausbildung von Introjekten: Das Kind entwickelt dafür einen Anteil in seinem Inneren, der all die negativen Botschaften und Verhaltensmuster der Bindungsperson aufnimmt (introjiziert). Dieser Anteil ist wie ein Ebenbild von ihr und macht es dem Kind möglich, weiter auf die Bezugsperson zuzugehen, auch wenn diese destruktiv wirkt. So wird ein Gefühl von Bindung an die Bezugsperson möglich. Das Introjekt wirkt in Form einer inneren Stimme oder Überzeugung und sagt sinngemäß: »Ja, du hast recht, ich bin wertlos, schlecht und nicht erwünscht. Du hast recht, dass du mich so behandelst.« Ein Introjekt des schädigenden Elternteils (auch Täterintrojekt genannt) zu kreieren ist eine rettende Dynamik der kindlichen Psyche, um die Bindung zu erhalten und sich weiter auf die Bezugspersonen ausrichten zu können. Ohne diese (automatische) Fähigkeit, wäre ein Kind noch verlorener, als es in einer solchen Welt ohnehin schon ist.

Der Feind im Inneren bleibt

Die verhängnisvolle Seite von Introjekten destruktiver Bindungspersonen zeigt sich vor allem später im Leben. Diese Introjekte haben oft eine große Macht im Inneren der Betroffenen. So findet häufig eine Reinszenierung der frühen Gewalt in der Beziehung zu sich selbst statt. Wenn sich etwas entfalten möchte, eine neue Erfahrung anklopft oder man etwas Schönes erlebt, ruft die innere Stimme des Introjektes hart und abwertend, wie die Bezugsperson von damals, etwas dazwischen. »Was glaubst du eigentlich, wer du bist!?«, »Das schaffst du eh nicht!«, »Du wirst schon sehen, wie du dich blamierst.«, »Mein Gott, wie dumm kann man eigentlich sein.« So habe ich schon viele Klientinnen und Klienten begleitet, die immer wieder an ihren inneren Stimmen, genauer gesagt an denen ihrer frühen Bindungspersonen, gescheitert sind. Sie haben eine ähnliche Wirkung wie die traumabedingten Glaubenssysteme, von denen ich zu Beginn dieses Teils berichtet habe. Die Selbstabwertung von Menschen mit einer solchen Kindheitsgeschichte kann unglaubliche Ausmaße annehmen. Mithilfe des Wissens über die Funktion der Introjektion und mit einer guten Portion Selbstmitgefühl kann die Macht dieser

Anteile nach und nach schwinden und eine neue, passendere Art, mit sich selbst zu sprechen, kann kultiviert werden.

Einladung zur Reflexion

Ich möchte dich daran erinnern, dass es nie zu spät ist, um selbst starke und mächtige frühe Prägungen zu verändern. Auch Opfer narzisstischer Gewalt sind in der Lage, Neues und Heilsames zu lernen.

Und oft haben sie nicht nur Gewalt erlebt, sondern irgendeinen Menschen in ihrem Umfeld gehabt, der ihnen etwas Raum, Halt, Liebe und Freude schenken konnte. Genau diese Ressource war fruchtbarer Boden für all das Schöne, was sich in einem Kind entwickeln möchte.

Ganz gleich, ob du selbst betroffen bist oder nicht, stell dir einmal die Frage:

Welche Personen in meiner Kindheit haben mir gutgetan, mir Halt gegeben und einen Unterschied gemacht, der mir geholfen hat? Spüre dem nach und wärme dein Herz an dieser Erinnerung.

SEXUELLE GEWALT DURCH BINDUNGSPERSONEN

Sexuelle Gewalt zu erleben, ist unbeschreiblich grauenvoll. Damit ein Leben lang allein gelassen zu werden, verstärkt das Grauen enorm. Wir können nichts ungeschehen machen, doch wir können alles daransetzen, Betroffene nicht länger allein zu lassen und verletzliche Personen besser zu schützen.

Ein Buch über Trauma und Beziehungen wäre leider nicht vollständig, wenn sexualisierte Gewalt darin keinen Raum bekäme. Sehr viele Menschen sind von den Traumafolgen sexualisierter Gewalt betroffen, ein großer Teil von ihnen seit der Kindheit. Dennoch gehört dieses Thema zu einem der größten Tabus unserer Gesellschaft. Das hat weitreichende Folgen. Sowohl für die Opfer, die heute erwachsen sind, weil sie mit ihrem alten Schmerz und komplexen Folgen allein sind und weder sich selbst verstehen noch verstanden werden, als auch für die Opfer, die Kinder sind und vielleicht immer noch der Gewalt ausgesetzt sind. Zudem versagen wir als Gesellschaft immer noch, was die Prävention sexueller Gewalt und den Schutz von Kindern, auch im digitalen Raum angeht.

Wenn wir von Bindungstrauma und frühen traumatischen Prägungen sprechen, gehört sexuelle Gewalt in großem Maße zu diesem Spektrum. Im Folgenden werde ich den Fokus vor allem auf die Wirkungen dieser speziellen Form der Traumatisierung auf das Bindungssystem legen. Solltest du selbst betroffen sein, achte beim Lesen bitte gut auf dich.

Der Begriff des sogenannten »Kindesmissbrauchs« ist in Fachkreisen und bei Überlebenden umstritten, da er zum einen so etwas wie einen »sexuellen Gebrauch« eines Objektes suggeriert und zum anderen nicht benennt, was tatsächlich geschieht: Sexuelle Gewalt an hilflos ausgelieferten Schutzbefohlenen.

So viel häufiger, als man denkt …

Ich möchte an dieser Stelle eine vielleicht augenöffnende Frage stellen: Ist dir, wenn du dich in deinem Freundeskreis oder dem deiner Kinder umsiehst, bewusst, dass einige dieser Menschen Betroffene sexualisierter Gewalt sind oder waren? Kannst du dir vorstellen, dass du vermutlich auch Täterinnen oder Täter kennst, ohne es zu ahnen? Sofern du nicht mit dem Thema befasst oder selbst betroffen bist, wirst du vielleicht so antworten, wie die meisten Befragten. »Nein, ich kenne niemanden, dem das passiert ist.« Leider ist diese Antwort mit an Sicherheit grenzender Wahrscheinlichkeit falsch.

Sexualisierte Gewalt ist allgegenwärtig und doch unsichtbar

Immer wieder werden Dunkelfeldstudien durchgeführt, die zu erforschen versuchen, wie viele Kinder und Jugendliche von sexualisierter Gewalt betroffen sind. Bei jeder bisherigen Studie zeigte sich, dass die offiziellen Kriminalstatistiken nur einen winzigen Teil der Fälle abbilden. Dort werden lediglich jene dokumentiert, die behördlich erfasst wurden.

Dunkelfeldstudien zeichnen ein krasses Bild: Fast jeder zweite Jugendliche wird im Internet sexuell belästigt. Das World Wide Web ist voll von Missbrauchsabbildungen, also abgefilmter sexueller Gewalt an Kindern. In einer Schulklasse sitzen im Durchschnitt ein bis zwei Kinder, die von sexueller Gewalt in ihren Familien oder im nahen Verwandten- oder Bekanntenkreis betroffen sind. 15 bis 30 Prozent aller Mädchen und 5 bis 15 Prozent aller Jungen sind Opfer von sexueller Gewalt. In 82 Prozent der Fälle sind Familienangehörige Täterinnen oder Täter. Nur ein Drittel der Betroffenen teilt sich jemandem mit. Lediglich 1 Prozent aller Fälle wird dem Jugendamt oder Ermittlungsbehörden bekannt. (Weitere erschütternde Zahlen sind etwa bei der internationalen unabhängigen Non-Profit-Organisation »Innocence in Danger« nachzulesen.)

Die Meldungen über große Missbrauchsskandale gehören für die breite Öffentlichkeit inzwischen zum Alltag. Für viele Betroffene ist es die Gewalt am eigenen Körper, die den Alltag überschattet und scheinbar von niemandem bemerkt wird.

Vor allem, wenn Bindungspersonen Täter sind, handelt es sich um eine multidimensionale Gewalterfahrung

Du hast bereits viel darüber erfahren, wie verunsichernde Erfahrungen mit Bindungspersonen wirken. Wenn Bezugspersonen sexuelle Gewalt ausüben, machen die Opfer auf vielen Ebenen zutiefst erschütternde Erfahrungen, deren Folgen ich im Weiteren, ohne den Anspruch auf Vollständigkeit, ins Bewusstsein bringen möchte.

Sexualisierte Gewalt wird als schwerste Form der körperlichen Gewalt bewertet. Es zählt zu den dunkelsten Seiten der Menschheit, dass sie bewusst als Folterinstrument und Kriegswaffe eingesetzt wird. Schrecklich, sich vorzustellen, dass sie mitten unter uns tagtäglich an Kindern verübt wird.

Die Täter und Täterinnen verüben körperliche und emotionale Gewalt in einem

Betroffene erleben schwere körperliche Gewalt, die meist auf höchst manipulative Weise initiiert und etabliert wird. Ich möchte an dieser Stelle nicht auf Details eingehen, sondern die Grunddynamik herausstellen. Es wird immerzu über das Bindungssystem manipuliert. Hier haben Bezugspersonen und auch entferntere Täter am meisten Einfluss. Schlicht und ergreifend wird diese Wirkmacht in Sätzen wie diesem offenbar: »Wenn du etwas erzählst, wird deiner Mama etwas Schlimmes passieren.«

Ebenso auf der Bindungsebene wirksam sind Aussagen, mit denen Täterinnen und Täter Allianzen mit den Opfern erzwingen, etwa durch Sätze wie »Das ist unser Geheimnis«.

Generell gilt, dass Kinder bis zu einem gewissen Alter noch keinerlei Fähigkeit besitzen, sexuelle Handlungen klar als solche zu erkennen und sie als falsch zu bewerten, selbst wenn sie darunter enorm leiden. Sie sind auf allen Ebenen überfordert. Das, was furchtbar und schrecklich ist, wird zugleich oft als Nähe oder Gemeinsamkeit hingebogen, was zutiefst verstörend und irritierend ist. Hierzu ist wichtig anzumerken, dass das Spektrum sexueller Gewalt von offensichtlich-brutal bis verdeckt-manipulativ reicht. Insbesondere Überlebende letzterer Taktik werden auf der Bindungsebene aufs Äußerste »verdreht«. Der Kompass wird ihnen genommen oder, metaphorisch gesprochen, die Manipulation der Gewalttäter wirkt wie eine magnetische Kraft, die die Nadel rotieren lässt.

Sexuelle Gewalt, die von Bezugspersonen ausgeübt wird, bedeutet, dass die Grundbedürfnisse Nähe, Bindung und Körperlichkeit als bedrohlich und zerstörend erlebt werden. Dass das, was man naturgegeben als Kind zum Leben braucht, so vergiftet wird, hinterlässt tiefe Spuren auch im Bindungssystem.

Die körperliche Integrität wird angegriffen

Die Wahrung der körperlichen Integrität ist essenziell für die individuelle Freiheit und Würde sowie für das persönliche Sicherheitsgefühl eines Menschen, gleich ob jung oder alt. Viele Kinder erleben eine Art Integritätsverlust. Nicht einmal die intimsten Grenzen bleiben geschützt. Ein anderer nimmt sich alles, übergeht jede Grenze und tritt dabei unter Missachtung der gesamten Person und all ihrer Empfindungen und Gefühle ihre Würde mit Füßen.

Das Umfeld hilft nicht und wird somit Teil des komplexen Erlebens

Eine weitere, höchst verwirrende Dimension der sexualisierten Gewalt zeigt sich im Umfeld der Betroffenen. Sie scheinen damit vollkommen allein zu sein, selbst wenn die Gewalt innerhalb der Familie passiert. Viele Überlebende schildern, verbunden mit einem großen

Schmerz, dass es nicht sein kann, dass niemand etwas mitbekommen hat. Aber wieso hat niemand etwas unternommen? Hier wirken vermutlich abermals Bindungsdynamiken. Einen Täter oder eine Täterin in der eigenen Familie zu wissen, würde alle Beteiligten vor große Herausforderungen stellen, denn ein Familiensystem zeichnet sich durch vielschichtige Bindungen aus. Von Nicht-wahrhaben-Wollen bis hin zum Dulden der Gewalt scheint alles dabei zu sein. Besonders erschütternd ist es zu hören, wie oft Kindern, die sich jemandem anvertrauen, nicht geglaubt wird. Damit machen sich die Mitwissenden, die ins Vertrauen gezogen wurden, zu Mittätern. In der Traumatherapie spielt es oft eine große Rolle, wie das Umfeld sich damals verhalten hat, weil es einen großen Teil der traumatischen Erfahrung ausmacht, nicht geschützt worden zu sein. Ein Menschenbild wird von solchen Erfahrungen selbstverständlich geprägt.

Nicht gesehen und falsch verstanden

Die Symptome, die durch sexuelle Gewalterfahrungen entstehen, sind vielfältig und unspezifisch. So werden Kinder auf unterschiedlichste Art und Weise »verhaltensauffällig«. Nicht immer wird ihnen dann mit Verständnis begegnet, weder in der Familie noch im erweiterten Umfeld. Viel eher erleben sie Abwertung, Bestrafung, Ausgrenzung und somit weitere Gewalt.

Die Beziehung zur eigenen Wahrnehmung leidet

»Aber, war es wirklich so schlimm? Trotz allem liebe ich meinen Vater auch. Und irgendwie habe ich doch auch mitgemacht, oder?« Als ich derartige Fragen als junge Therapeutin zum ersten Mal hörte, war ich erstaunt, da ich doch dachte, dass es bei solch einem Grauen keine Ambivalenzen geben könnte. Erst nach der eingehenden Beschäftigung mit den Dynamiken und Folgen sexueller Gewalt konnte ich sie korrekt einordnen. Auch zu destruktiv agierenden Bindungspersonen besteht eine Bindung. Auch in diesen Beziehungen gelten Abhängigkeitsverhältnisse und Kinder passen sich an. Täter und Täterinnen agieren zudem nicht den ganzen Tag und pausenlos bedrohlich, sondern ganz im Gegenteil, sie sind oft jenseits ihrer Gewalttaten fürsorglich und können durchaus zugewandt sein. So manches Mal ist dies Teil der Täterstrategie. Kinder bekommen also zwei Gesichter zu sehen, eines davon sieht außer ihnen niemals jemand anderes.

Das Gefühl, Schuld zu tragen

Durch die geschickte Manipulation der Täterinnen und Täter bekommen Kinder häufig suggeriert, dass sie »mitmachen« würden oder »einverstanden« seien. Sie bekommen eine feste Rolle zugewiesen, und da sie sich aufgrund des Machtgefälles und der Bindung automatisch anpassen, verinnerlichen sie diese oft und erfüllen sie folglich auch.

Aus dieser Gemengelage entwickelt sich häufig das Gefühl, selbst Schuld zu tragen. Das Schuldgefühl und die tiefe Scham über das Erlebte verhindern oft lange Jahre, dass Menschen sich öffnen, um Hilfe zu bekommen.

Die Beziehung zum eigenen Körper wird geschädigt

Körperreaktionen können als hochverwirrend empfunden werden. Eine Klientin berichtete mir einmal sehr verzweifelt, dass ihr Körper Signale sexueller Lust gezeigt hätte, während sie zugleich in Gefühlen großer Verzweiflung und Ekels gefangen gewesen sei. Zu erfahren, dass körperliche Reflexe auch ohne empfundene sexuelle Erregung stattfinden können, war sehr entlastend für sie, auch wenn es ihre Beziehung zum eigenen Körper zunächst nicht verbesserte, weil sie das Gefühl hatte, er hätte sie verraten.

Wer früh im Leben die Erfahrung macht, dass der eigene Körper zur Gefahrenquelle wird, weil ein anderer sich seiner bemächtigen kann, dem wird die Chance auf eine gute Beziehung zum eigenen Körper verwehrt. Sie muss später im Leben achtsam und oft mühevoll aufgebaut werden. Einige Betroffene haben mir gesagt, dass sie ihren Körper hassen, dass es eine Qual ist, ihn zu spüren. Der

Körper trägt die Erinnerung an das Geschehen und häufig die gesamte geladene Abwehrenergie, die im Geschehen selbst mobilisiert wurde, aber nie zum Ausdruck kommen konnte. Die gespeicherte Traumaenergie und die Spuren eines Alltags im schutzlosen Dauerstress schlagen sich im gesamten Spektrum der Traumafolgen schwer nieder. All diese großen und machtvollen Emotionen, Körperempfindungen und sonstigen Erinnerungen können getriggert werden, wenn der Körper, Berührung oder Sexualität ins Bewusstsein kommen. Diese Tatsache hat leider große Auswirkungen, insbesondere auf intime Beziehungen.

Was hilft, um über diese zerstörerischen Erlebnisse hinwegzukommen?

Der Heilungsweg, um Trauma durch frühe sexuelle Gewalt zu verarbeiten, ist ein schwieriger, komplexer, langer und oft schwerer Weg. Aber es gibt ein paar Dinge, die enorm helfen.

Zuallererst: Niemand sollte diesen Weg allein gehen. Eine zugewandte, fachliche Unterstützung hilft dabei, zunächst das Wichtigste zu gewährleisten: eine sichere, vertrauensvolle Beziehung und einen sicheren Rahmen, in dem all das, was nie Raum hatte, Raum und Halt bekommt. Dann können nach und nach Worte für das Unaussprechliche gefunden werden. Auch dem Körper wird Raum gegeben und ihm wird »zugehört«. Langsam kann sich eine Klarheit entwickeln, die zur Verarbeitung essenziell ist: Es war Gewalt, es war falsch und das Opfer trägt keine Schuld.

Mit der passenden Unterstützung können dann innere Anteile, die in der aufgezwungenen Anpassung an eine zerstörerische Rolle entstanden sind und tiefe Glaubenssätze und Überzeugungen in sich tragen, nach und nach entlastet werden.

In intimen Beziehungen braucht es ein Bewusstsein über das folgenreiche Geschehen, sodass die Überlebenden der sexuellen Gewalt dort fühlen können, dass sie in Sicherheit sind. Also rate ich auch allen Partnerinnen und Partnern von Betroffenen, sich Unterstützung zu holen.

So kann nach und nach eine Sicherheit entstehen, die heilsam wirken kann.

Einladung zum Atemholen

Wie geht es dir nach dem Lesen der letzten Buchseiten? Wenn du selbst betroffen bist, frage dich, was du dir jetzt Gutes tun könntest, und erlaube dir zu spüren: Du bist nicht allein.

Wenn du selbst nicht betroffen bist, frage dich, wie diese Informationen dein Menschenbild oder Weltbild verändern könnten. Erlaube dir, deine Wahrnehmung auf das Dunkle auszudehnen, und achte darauf, das Licht darüber nie zu vergessen.

ESSENZ: AUCH KLEINIGKEITEN KÖNNEN HEILSAM WIRKEN

Es ist so hilfreich, wenn wir uns in unseren Heilungs- und Integrationsprozessen gegenseitig unterstützen. Etwa indem wir freundlich sind und Dinge nicht sofort persönlich nehmen, sondern in Betracht ziehen, dass jemand es gerade schwer hat und nicht absichtlich unbeholfen oder grob agiert. Wann immer wir bemerken, dass wir selbst oder andere mit Worten oder Gefühlen ringen, ist es angebracht, zugewandt zu bleiben, statt sich abzuwenden oder anderweitig den alten Schmerz zu vergrößern. Sich in diesem Moment Fragen zu stellen, wie: »Was ist ihr wohl widerfahren?«, »Worin besteht wohl sein Schmerz?«, kann augenblicklich zu Mitgefühl und Verbundenheit verhelfen. So entsteht im besten Falle für beide eine korrigierende Erfahrung.

DIE ÜBERLEBENSSTRATEGIEN DES ROTIERENDEN BINDUNGSSYSTEMS

Mit einem defekten Kompass navigieren zu wollen, wird in die Irre führen.

Nähe ist eine bedrohliche Sehnsucht

Die Überlebensstrategien, die einem rotierenden Bindungssystem entspringen, folgen keiner klaren Struktur. Weder konsequente Vermeidung noch konsequente Fokussierung von Bindung und Beziehung sind hier führend. Ein rotierendes Bindungssystem ergibt sich dadurch, dass Co-Regulation nicht nur gefehlt hat, sondern dass sie als bedrohlich empfunden wurde, da die Nähe zu den Bezugspersonen schädigend war. Die Überlebensstrategien des rotierenden Bindungssystems gleichen am ehesten einem Kampf mit widerstreitenden Bedürfnissen, der von Fluchtimpulsen, Erstarren und Totstellen unterbrochen werden kann. So fällt es vielen Betroffenen sehr schwer, Nähe herzustellen, da sie mit einer Mobilisierung des Nervensystems einhergeht. Das eigene Bedürfnis selbst ist bedrohlich. Dieser innere Widerstreit äußert sich dann nicht selten darin, dass Kontakt auf eine destruktive Art und Weise hergestellt wird, etwa durch Streit oder das laute und unbeholfene Fordern von Aufmerksamkeit.

Einsamkeit ist ein wohlbekannter Zustand

Viele Betroffene haben einen solch eklatanten Mangel an Co-Regulation erfahren, dass Einsamkeit und das Gefühl, nicht dazuzugehören, alltägliche Begleiter sind. Anders als Menschen mit einem deaktivierten Bindungssystem sind sie nicht in der Lage, diesen Mangel dauerhaft mit einer übersteigerten Autonomie zu kompensieren, sondern sie schwanken zwischen Einsamkeit statt Autonomie und Abhängigkeit statt Bindung hin und her, mit einer Menge an Grautönen auf dem Spektrum zwischen diesen beiden Polen. Insbesondere die Einsamkeit hat starke, gut erforschte Effekte. Menschen leiden sehr an ihr und ihren Folgen wie Störungen der Immunfunktion, Herzerkrankungen und Depression.

Im Folgenden werde ich genauer darauf eingehen, welche Muster sich als Überlebensstrategien eines rotierenden Bindungssystems zeigen können. Auch zu Beginn dieses Abschnitts lade ich dich ein, zu berücksichtigen, dass sich sämtliche Strategien und intelligenten Mechanismen mischen können. Eine enge Kategorisierung ist hier weder möglich noch sinnvoll.

KÄMPFEN ALS ÜBERLEBENSSTRATEGIE EINES ROTIERENDEN BINDUNGSSYSTEMS

Beziehungen als »Einpersonensysteme«

Wenn ein Mensch Bindung, Beziehung und andere Menschen tief im Unterbewusstsein als generell bedrohlich wahrnimmt, ist für ihn ein Gefühl von Gemeinsamkeit kaum möglich und auch nicht erstrebenswert, während er zugleich eine Ursehnsucht danach nicht unterdrücken kann. Betroffene verhalten sich in Beziehungen oder Gruppen eher so, als würden Beziehungssysteme aus einzelnen, voneinander abgekoppelten Elementen bestehen. Der Psycho- und Paartherapeut Stan Tatkin prägte hierfür in seiner Arbeit den Begriff des »Einpersonensystems« (one person system) innerhalb einer Beziehung oder Gruppe. Diese innere Struktur spiegelt sich im außen etwa in der Sprache wider, die von »Ich« und »Du« geprägt ist und in der kaum das Wort »Wir« verwendet wird. Das »Wir« wird fast durchgängig, oft unbewusst, vermieden.

Vielleicht bist du schon Menschen begegnet, bei denen du erst nach Monaten irgendeine Information über ihren Beziehungsstatus erhalten hast. Du fragst dich, lebt er wohl allein? Hat sie wohl Kinder? Wieso erwähnt sie nicht »irgendjemanden«, auch wenn sie von Reisen, Unternehmungen und der Vergangenheit erzählt? Oder du sitzt mit einem Paar in einer geselligen Runde, und sie berichten von ihrem letzten Wochenendtrip, während einer von ihnen stets davon redet, was er erlebt hat, so, als sei der andere nicht dabei gewesen.

In Einpersonensystemen sorgt das rotierende Bindungssystem zuverlässig dafür, dass sich keine sicheren Bindungen aufbauen können, da es immer wieder zu Bindungsabbrüchen führt. Diese können auf vielen verschiedenen Wegen herbeigeführt werden, wie ich in den Beschreibungen der beiden anderen dysbalancierten Bindungssysteme dargelegt habe.

Die Betroffenen leiden sehr oft unter ihrem eigenen Verhalten und den dahinterliegenden inneren Empfindungen. Zu ihnen gehören etwa:

- Chronisches Misstrauen und daraus folgendes, wiederkehrendes Testen und Prüfen, ob das Gegenüber bleibt, auch wenn man sich verletzend verhält. Hier liegt oft die traumabedingte Überzeugung zugrunde, nicht liebenswert zu sein und verlassen zu werden.
- Eifersucht, die oft offensiv ausagiert wird
- Angst vor Benachteiligung und daraus folgend Neid und Missgunst
- Die Angst, etwas zu verpassen, und daraus folgendes Getriebensein
- Hart urteilende und wertende Tendenzen, um Distanz zu erzeugen
- Unreflektiertes Projizieren
- Der fast zwanghafte Wunsch zu kontrollieren
- Die Tendenz zu bevormunden
- Ein Hang zur Dominanz, um nicht in eine Opferposition zu geraten
- Ein Mangel an Impulskontrolle mit daraus folgenden Eskalationen, die häufig später schamhaft bereut werden
- Der Hang zu Vorwürfen und Schuldzuweisungen
- Die Tendenz zur Verachtung, um Bindung zu unterbrechen
- Die Tendenz, andere Menschen auf einen Sockel zu heben, sich ihnen unterzuordnen und sich dadurch zu binden, und die bald

darauffolgende »Entthronung« der Person, um die Bindung abzubrechen
- Das Dissoziieren negativer Erfahrungen und Erlebnisse, um die Bindung aufrechtzuerhalten

Anhand dieser Beispiele, die keinen Anspruch auf Vollständigkeit erheben, wird deutlich, dass Betroffene ein Gefühl von Bindung anstreben, während sie es kurz darauf oder gleichzeitig wieder zerstörten. Im rotierenden Bindungssystem gibt es keine Pause, keine Beständigkeit und keinen Gleichmut. Alles steht immer infrage und nichts ist von Dauer oder sicher.

Ja, aber …

Vermutlich kennen wir alle von uns selbst und anderen, dass in Diskussionen viele Sätze mit »Ja, aber …« beginnen. Es gibt ein gewisses Maß an – manchmal nur der Höflichkeit halber – signalisierter Zustimmung, doch im eigenen Erleben wiegt das »Aber« schwerer. Nicht selten verstrickt man sich in das Bedürfnis, recht zu haben. Diese Diskussionen enden meist ergebnislos und nicht verbindend.

Menschen mit einem rotierenden Bindungssystem leben prinzipiell ein »Ja, aber …«. Würden sie sich vorm Altar treffen, würde vermutlich auch dem Ja-Wort ein »Aber« hinzugefügt. Es gibt keine grundlegende Zustimmung oder ein absolutes Ja. Es braucht immer einen Ausweg, einen Fluchtplan und einen Vorbehalt. Ich hatte schon einige Paare in meiner Praxis, die im rotierenden Bindungssystem verankert waren. An eines der Paare erinnere ich mich besonders lebhaft, weil sie sich in den Vorbereitungen für ihre Hochzeit befanden. Während sie mir davon erzählten, war die Atmosphäre durchtränkt von Stress und Anspannung. Der eine schimpfte über den anderen, was in den Vorbereitungen alles schlecht laufen würde, und dass sie so schon gar keine Lust mehr auf das große Fest hätten. Alles sollte perfekt sein, es sollte an nichts fehlen, doch was nicht zu spüren war, waren Vorfreude und Liebe. In einer tieferen Auseinandersetzung mit dieser Dynamik gestanden beide ihre großen Ängste vor dem so bedeutenden Schritt. Gegen den anderen und das gemeinsame Anliegen zu kämpfen, entsprach der alten Strategie, mit der Angst vor Bindung umzugehen. Dieses Paar hatte viel Arbeit vor sich, um ihre Ehe und ihr gemeinsames Leben nach und nach zu einem sicheren Ort zu machen. Ich durfte in den weiteren Jahren bezeugen, wie es ihnen Schritt für Schritt gelang.

LÜGEN ALS ÜBERLEBENSSTRATEGIE EINES ROTIERENDEN BINDUNGSSYSTEMS

Die Erfahrung, dass es schmerzhaft und gefährlich ist, sich mit seinen Gefühlen und Bedürfnissen zu zeigen, führt zwangsläufig dazu, sich reflexhaft selbst zu schützen, indem man sich verstellt und verbiegt. Kinder, die diese Anpassungsstrategie als Überlebensreaktion entwickeln mussten, sind es gewohnt zu »lügen«. Auch wenn es keine bewusste Lüge darstellt, führt diese Schutzstrategie dazu, dass wir andere täuschen.

So mancher Überlebende einer solch überschatteten Kindheit hat es später im Leben natürlich schwer, sich zu öffnen oder aufrichtig zu sein, besonders, wenn er Sicherheit sucht und dafür alles richtig machen möchte. Aufrichtig zu sein, ist dann sehr schwer und fremd. Ich erinnere mich gut an eine Klientin, deren Lebensgefährtin sie viele Monate belog. Sie war dem Druck des Studiums nicht gewachsen gewesen und hatte aufgehört, die Uni zu besuchen. Dennoch ging sie jeden Tag aus dem Haus, ihre Unterlagen fürs Studium unterm Arm. Sie verbrachte die meiste Zeit in einem Café oder an einem Fluss am Stadtrand. Wenn Semesterferien waren, blieb sie zuhause. Nach beinahe einem Jahr platzte die Lüge und sie hatte kein einziges Wort der Erklärung für ihr Verhalten außer »Ich konnte es einfach nicht sagen«. Die Beziehung zerbrach im weiteren Verlauf, nicht etwa, weil meine Klientin ihr nicht hätte verzeihen wollen, sondern vielmehr, weil es nicht unwahrscheinlich schien, dass so etwas wieder passieren könnte. Bei ihrer Partnerin saß die Überzeugung »Lügen ist sicherer« zu tief.

REINSZENIERUNG ALS ÜBERLEBENSSTRATEGIE EINES ROTIERENDEN BINDUNGSSYSTEMS

Für Betroffene, wie für Außenstehende ist es häufig rätselhaft, wieso Menschen, die Schreckliches überlebt haben, so häufig mehr vom Selben erleben. Manche Klienten meinen, dass sie das Pech anziehen wie ein Magnet. Sie sagen, dass sie sich gar nicht vorstellen können, dass es je besser wird, weil das Leben ja ohnehin immer wieder das Gleiche für sie bereithält.

So habe ich zahlreiche Sätze gehört wie: »Jetzt habe ich schon wieder so eine Chefin!«, »Immer wieder treffe ich den gleichen Typ Mann!«, »Nun habe ich den Job gewechselt und alles hinter mir gelassen, aber auch im neuen Team fühle ich mich immer ausgeschlossen.« In der Psychotraumatologie nennt man dieses Phänomen Reinszenierung. Viele unterschiedliche Aspekte tragen dazu bei, dass Menschen sich in ihren frühen Prägungen gefangen fühlen. Pierre Janet, Psychiater, Philosoph und Pionier der Psychotraumatologie prägte bereits 1902 den Satz, der in der Fachwelt zu einem Grundsatz wurde: »Wenn ein Trauma nicht integriert wird, ist man gezwungen, es zu wiederholen oder zu reinszenieren.« Wie kann es dazu kommen, dass sich manche Dinge scheinbar nie verändern und ist das eventuell ein selbst verursachtes Leid?

Die Suche nach Sicherheit führt zum Vertrauten

Zu Beginn des Buches habe ich erläutert, dass unsere frühen Prägungen sowohl unser Menschenbild, unser Weltbild als auch unser Selbstbild formen. Was wir früh erleben, wird als »das Normale« wahrgenommen. Werden wir schlecht behandelt, stellt das den Normalzustand dar. Werden wir gut behandelt, ebenso. Unsere inneren Arbeitsmodelle, unser Bindungsstil und unser Nervensystem formen sich aus diesen Eindrücken. Durch unsere vielfältigen, intelligenten und manchmal komplexen Anpassungsleistungen kreieren wir in der Welt, die uns umgibt, das größtmögliche Maß an Sicherheit.

Immer dann, wenn wir keine echte Sicherheit erfahren haben und demzufolge auch Signale der Sicherheit nicht zuverlässig entschlüsseln konnten, mussten wir lernen, Sicherheit selbst herzustellen. Im späteren Leben führt das häufig (völlig unbewusst) dazu, dass wir entweder vertraute Bedingungen suchen oder sie herstellen. Denn im Vertrauten kennen wir uns aus. Unser Nervensystem weiß auf das Vertraute, und sei es noch so destruktiv, zu reagieren. Wir haben ein Repertoire an tief verankerten Verhaltensmustern, die wir aktivieren können. Und wir haben ein entsprechendes Selbst- und Weltbild, das wir in diesem Gesamtgeschehen bestätigt sehen. Wir fühlen uns auf gewohnte Weise sicher – und unglücklich.

Negative Bestätigung, um Sicherheit zu kreieren

Vertraute Bedingungen herzustellen, verschafft kurzfristig Entlastung von den tiefen Angst- und Mangelgefühlen, die im Inneren lauern. So suchen besonders Menschen mit einem rotierenden Bindungssystem oft nach »dem Haken«, statt das Schöne, das sich zu entwickeln beginnt, neugierig zu erkunden. Sie gehen davon aus, enttäuscht zu werden, und richten sich damit auf die vertraute Erfahrung aus, die ihnen ihr Selbst-, Welt- und Menschenbild bestätigt.

Psychodynamisch und physiologisch läuft hier ein sehr interessanter Prozess ab. Das Belohnungssystem in unserem Gehirn steuert und beantwortet die Suche nach Bestätigung. Finden wir Bestätigung, wird, vereinfacht gesagt, Dopamin ausgeschüttet, was zu Gefühlen von Sicherheit und Klarheit und so zu einem gewissen Wohlgefühl führt. Bestätigung fühlt sich gut an, und zwar selbst dann, wenn etwas Negatives bestätigt wird. Stell dir nur einmal vor, wie sich die Körperhaltung eines Menschen verändert, der ausruft: »Habe ich's doch gewusst!« Der Körper richtet sich auf, spannt sich an und erfährt eine Zufuhr an Energie. Unser Belohnungssystem ist so ausgerichtet, dass wir das, was zu Dopaminausschüttung führt, erneut suchen. Wir sind gewissermaßen süchtig nach Bestätigung, weil sie uns Sicherheit und Halt gibt. Für Menschen mit frühen Wunden und Anpassungsstrategien an destruktive Umstände bedeutet das, dass sie sich unbewusst immer wieder auf die Suche nach (negativer) Bestätigung machen, um sich sicher und in gewissem Sinne gut zu fühlen. Die neuronalen Netzwerke, die Bestätigung erfahren, werden metaphorisch gesprochen mit dem Dünger namens Dopamin übergossen und damit gestärkt und verfestigt. Daher ist es enorm wichtig, sich seiner negativen Überzeugungen bewusst zu werden und sich nach und nach immer mehr vor deren herbeigeführter Bestätigung zu hüten, damit neue Erfahrungen und deren Bestätigung zu einem anderen Erleben führen können.

Wenn die Suche nach Bestätigung die Beziehung »kidnappt«

Eine faszinierende Dynamik in zwischenmenschlichen Beziehungen zeigt sich in der sogenannten »projektiven Identifikation«. Hierbei projiziert die betroffene Person ihre unbewussten negativen Erwartungen, Gedanken oder Gefühle auf eine andere Person. Doch damit ist es noch nicht genug. Die Person, auf die projiziert wird, nimmt, ebenso unbewusst, genau diese projizierten Inhalte in ihr Verhalten oder ihren emotionalen Zustand auf. Dies führt zu einer komplexen Interaktion, in der der Projizierende seine eigenen abgewehrten Aspekte indirekt bei dem anderen erlebt und sich dadurch bestätigt sieht.

Hier ein plastisches Beispiel: Recht früh in meiner Praxislaufbahn kam eine Klientin zu mir, die schon viele Therapien und therapeutische Begleiter hinter sich hatte. Sie berichtete mir von sehr unangenehmen Erfahrungen, die sie auf diesem Weg gemacht hatte, und äußerte die Angst, das Gleiche oder Ähnliches mit mir zu erleben. In meiner Praxis war nichts dergleichen bisher geschehen. Dennoch erlebte ich vor den ersten Sitzungen immer wieder eine Angst, bei dieser Klientin Fehler zu begehen, sie zu enttäuschen oder ihre negativen Erfahrungen zu bestätigen. Ich dokumentierte besonders akribisch, bereitete mich noch ausführlicher vor und war angespannt, bevor sie kam. Ich hatte ihre Projektion in mein Inneres aufgenommen. In einer Supervision wurde mir dieser Mechanismus klar und seither bin ich sehr achtsam für diese raffinierte Dynamik, die das Kreieren eines sicheren Raumes kraftvoll und unbemerkt unterminieren kann. Glücklicherweise gelang es uns, einige Jahre erfolgreich zusammenzuarbeiten und die Therapie abzuschließen, ohne dass meine Klientin sich negativ bestätigt fühlte. Sie konnte im Therapieverlauf viele korrigierende Erfahrungen sammeln.

Auch in zwischenmenschlichen Beziehungen jenseits des therapeutischen Raumes kann die projektive Identifikation eine große Rolle spielen. Wenn sie nicht erkannt wird, werden auch Menschen, die im Grunde reinen Herzens sind, häufig zu einem Gegenüber, das die negative Bestätigung liefert. Die Projektionen von Betroffenen können so kraftvoll sein, dass durch eine innere Verunsicherung beim Gegenüber oder eine sogenannte »Gefühlsansteckung« die ungünstige Verstrickung ihren Lauf nimmt.

Um der projektiven Identifikation nicht zum Opfer zu fallen, ist es sehr hilfreich, sich der eigenen Verunsicherungen, gleich in welcher Art von Beziehung, bewusst zu werden. So kann es gelingen, rechtzeitig zu differenzieren, wann man eine Projektion internalisiert hat und ihr unbewusst folgt. Und dann wartet bereits die nächste korrigierende Erfahrung.

ESSENZ: DIE HEILSAME KRAFT DER VERBUNDENHEIT ENTFALTET SICH IN KORRIGIERENDEN ERFAHRUNGEN

Sich bewusst zu machen, wie vielfältig und wirkmächtig unsere frühen Prägungen sein können, kann einen verzagt oder hoffnungslos zurücklassen. Erkenne diese Empfindungen an, aber verharre nicht in ihnen. Es gibt jede Menge Grund zur Hoffnung und Zuversicht!

Erinnere dich daran, dass wir zeitlebens in der Lage sind, zu lernen und uns nachhaltig heilsam zu verändern. Die größte Heilkraft entfaltet sich in korrigierenden Erfahrungen mit anderen, die Sicherheit im Hier und Jetzt verkörpern.

Versuche – insbesondere dann, wenn du verzagt bist und die Hoffnung zu verlieren drohst – deine Hand auszustrecken und Verbindung zu suchen. Das ist der Weg zu einem Leben, in dem du mit allem, was du bist, ein sicheres Zuhause findest.

3

Der lange Schatten der Vergangenheit – Trauma und Beziehung im Alltag

Da wir wissen, dass die größte Heilkraft für Traumafolgen in sicheren Beziehungen liegt, ist es folgerichtig, beherzt in sie zu investieren. Um dabei nicht alte Muster und unbewusste Reinszenierungen zu nähren, braucht es ein hohes Maß an Bewusstsein und gelebter Achtsamkeit. Sich dafür einzusetzen und täglich zu üben, kann das Leben und die Welt nachhaltig positiv verändern.

WER IST MIT WEM ZUSAMMEN? DAS ANTEILEMODELL IN BEZIEHUNGEN

In lebendigen Beziehungen gibt es nicht nur »Du« und »Ich«, sondern »Du mit deinen Anteilen« und »Ich mit meinen Anteilen«.

Nun möchte ich dich zu einer Perspektive einladen, die einen großen Unterschied darin machen kann, wie wir unser Verhalten, unsere Muster und unsere manchmal widerstreitenden Bedürfnisse verstehen und bewerten. Vielleicht ist dir das Konzept der verschiedenen Persönlichkeitsanteile schon vertraut. In diesem Kapitel möchte ich dir zeigen, wie sehr dieses Modell uns helfen kann, Beziehungsdynamiken mit anderen Augen zu betrachten und ihnen neu zu begegnen.

BASISWISSEN: DAS EGO-STATE-MODELL

Die Ego-State-Therapie, die in den 1970er-Jahren von John und Helen Watkins begründet und unter anderem von Woltemade Hartman weiterentwickelt wurde, ist ein traumazentrierter psychotherapeutischer Ansatz, der auf der Grundannahme basiert, dass die Persönlichkeit aus verschiedenen Teilen oder »Ego-States« besteht. Ego-States repräsentieren unterschiedliche Aspekte des Selbst, die aus Erfahrungen entstehen und in verschiedenen Situationen aktiviert werden können. Insbesondere Anteile, die aus traumatischen Erlebnissen entstehen, können in ihrer Funktion zunächst hilfreich, später im Leben jedoch auch hinderlich sein. So ist etwa ein kindlicher innerer Anteil, der traumatisiert wurde, mit Verhaltensmustern ausgestattet, die in der damaligen Situation rettend und hilfreich waren, heute jedoch einem angemessenen, erwachsenen Verhalten in Stresssituationen im Wege stehen.

Innere Anteile zu haben, stellt keinesfalls etwas Krankhaftes dar, sondern ist schlicht Ausdruck unserer vielschichtigen menschlichen Natur.

Sie sind dabei mehr als eine Idee oder ein Konzept. Anteile sind neurophysiologische Repräsentanzen gemachter Erfahrungen. Einfacher gesagt: Ein innerer Anteil ist ein komplexes neuronales Netzwerk in unserem Gehirn. Es enthält Erinnerungen und daran gekoppelt hat es ein eigenes Alter, ein Selbstbild, ein Menschenbild, eine Weltsicht, Überzeugungen, Bedürfnisse, Symptome und Körperempfindungen.

Kategorien von Anteilen

Nach Woltemade Hartman unterscheidet man:

- grundsätzlich ressourcenreiche Anteile
- verletzte Anteile
- verletzende oder auch destruktiv wirkende Anteile

Diese Kategorisierung erlaubt eine große Vielfalt an unterschiedlichsten individuellen Beschreibungen und Charakteristika von Anteilen. Denn auch hier ist es wieder nützlich, keine Schubladen zu bilden, sondern lediglich ein Bewusstsein dafür zu entwickeln, wie die entsprechenden Anteile grundlegend geprägt wurden.

Die gezielte Arbeit mit inneren Anteilen wirkt in der Traumatherapie sehr entlastend, da sie dabei hilft, sich nicht ausschließlich mit den eigenen Symptomen zu identifizieren. Der Effekt ist unmittelbar. Es macht einen großen Unterschied, ob man sagt: »Ich bin ängstlich«, oder: »Ein Teil von mir ist ängstlich«. Das Anteilemodell hilft, sich selbst als einen Menschen zu betrachten, der sowohl traumatisiert wurde als auch Heiles in sich trägt, der eine eigene unversehrte Natur und ebenso versehrte Anteile hat. Diese Sichtweise als solche hat schon einen heilsamen Effekt.

DIE ROLLE DER INNEREN ANTEILE IN UNSEREN ZWISCHENMENSCHLICHEN INTERAKTIONEN

Besonders relevant für den Themenfokus dieses Buches ist die Wirkung innerer Anteile auf unsere Beziehungen. Diese ist umso kritischer, je weniger bewusst uns ist, wann wir als Erwachsene zugegen sind und wann ein innerer, vielleicht kindlicher Anteil aktiv ist.

Innere Anteile oder, anders gesagt, entsprechende neuronale Netzwerke, können mit allem, was zu ihnen gehört, in bestimmten Situationen aktiviert werden. Dann nehmen sie unser Bewusstsein fast komplett ein oder dominieren zumindest unser Empfinden und Verhalten. Das gilt besonders für jene Anteile, die unter traumatischen Bedingungen entstanden sind und die aktiviert werden, wenn unsere Neurozeption Gefahrensignale wittert. Sie übernehmen dann automatisch die Regie und starten die alten Überlebensstrategien, die tief in uns geprägt wurden.

Wenn etwa in einer stressigen Situation mit einer Autoritätsperson wie einer Vorgesetzten ein kindlicher Anteil aktiviert wird, kommen früh gelernte, kindliche Verhaltensmuster, wie sich gefällig zu zeigen oder auch reaktant zu sein, zum Vorschein. Dass ein innerer Anteil am Werk war, merken wir oft im Nachhinein, wenn wir schamerfüllt denken: »Ich war nicht ich selbst!«, »Ich habe mich gefühlt wie ein kleines Kind und habe kein Wort mehr herausgebracht …«. Manchmal fühlt es sich an, als hätten wir die Kontrolle über unser Verhalten verloren.

Wenn Anteile Bindungen eingehen

Mit der Anteileperspektive im Hinterkopf ist es sehr interessant, etwa die Dynamik einer toxischen Beziehung zu betrachten. So gibt es innere Anteile, die sich klar darüber sind, dass man sich trennen muss und möchte. Sie haben häufig keine Gefühle mehr für den Partner oder die Partnerin und können sehr rational und klar darlegen, was in der Beziehung geschieht, und dass sie es furchtbar und schrecklich finden. Gleichzeitig sind kindliche, bedürftige Anteile vollkommen auf die Bindungsperson und den Bindungserhalt ausgerichtet, unabhängig davon, wie destruktiv all das ist. Manche inneren Anteile, die unter traumatischen Bedingungen entstanden sind, sind so sehr in unser Inneres eingekapselt, dass sie keine Verbindung zu erwachsenen Anteilen oder überhaupt zur gegenwärtigen Lebensrealität haben. In der therapeutischen Arbeit stellt sich oft heraus, dass sie keinerlei Bewusstsein über das Hier und Jetzt haben und die Realität von damals im Heute verkörpern. Wenn ein solcher Anteil sich an einen erwachsenen Beziehungspartner bindet, so bindet sich eigentlich ein bedürftiges Kind an einen Elternersatz. Solche Konstellationen können verheerend wirken.

Traumatisierte Anteile sind reaktiv und ihre Sichtweise ist eingeschränkt

Innere Anteile sind besonders dann sehr dominant, wenn sie sich zwangsläufig entwickeln mussten, damit wir eine Situation überleben. Wenn also beispielsweise ein Kind parentifiziert wurde und sich stark und erwachsen verhalten musste, hat sich ein funktionaler kindlicher Anteil entwickelt, der nicht der ungestörten Entwicklung der Persönlichkeit entspringt. Wenn er aktiv ist, hat die betroffene Person fast ausschließlich Zugang zu den Verhaltensmustern und Sichtweisen dieses einstmals rettenden Anteils. Auch deswegen erleben sich Betroffene von Traumafolgen so oft in ihrer Vergangenheit gefangen, denn wenn innere Anteile aktiv sind, fühlt sich das Hier und Heute einfach genauso an, wie das Dort und Damals. Auf einer inneren Ebene hat das Trauma so gesehen nie geendet.

Innere Anteile brauchen Begleitung und Sicherheit

Bei diesem Status muss es jedoch keinesfalls bleiben. Auch die neuronalen Netzwerke, die innere Anteile genannt werden, sind von der Fähigkeit zu Neuroplastizität nicht ausgenommen. Je klarer ein Mensch sich über seine inneren Anteile ist und je mehr er sich ihnen zuwenden kann, desto mehr Raum bekommt das Hier und Jetzt mit seinen Möglichkeiten und Ressourcen und desto mehr Kraft können die korrigierenden Erfahrungen entfalten.

Damit sich innere Anteile weiterentwickeln können, die noch in alten Traumamustern mit einem dysregulierten Nervensystem, einem dysbalancierten Bindungssystem und dysfunktionalen Arbeitsmodellen gefangen sind, brauchen sie vor allem eines: Sicherheit.

Um diese herzustellen, gilt es, so gut es geht, die Bedingungen zu schaffen, die einstmals gefehlt haben, etwa weil sie verwehrt wurden. Dafür müssen wir üben, unseren inneren Anteilen eine sichere Bindungsperson zu sein, sie wohlwollend und respektvoll zu behandeln und damit eine Beziehung zu kreieren, die heilsam ist. Praktisch gesehen bedeutet das, dass wir bewusst die Verantwortung für die Empfindungen, Gefühle und Bedürfnisse unserer Anteile übernehmen und uns ihnen zuzuwenden, statt sie zu übergehen, auszublenden oder uns für sie zu schämen oder sie zu verachten. All das geschieht in einem Prozess und ist vielleicht auch eine lebenslange Übung, die sich jedoch so sehr lohnt, weil die gute Beziehung zu uns selbst und unseren Anteilen sich auf alle Beziehungen in unserem Leben positiv auswirkt.

Ich lade dich ein, die Anteileperspektive nun im Hinterkopf zu behalten, wenn ich im Weiteren Bindungsdynamiken zwischen Erwachsenen beschreibe, die mit Traumafolgen konfrontiert sind. Zuvor möchte ich dir jedoch noch ein weiteres Modell vorstellen: den Beziehungsraum.

BEWUSSTSEINSEBENEN UND DER BEZIEHUNGSRAUM

Menschen, die eine Beziehung eingehen, erschaffen einen neuen, einzigartigen Raum in dieser Welt: ihren Beziehungsraum. Wie sie ihn gestalten, hat viel mit ihren Lebensgeschichten zu tun.

In meiner Arbeit mit Paaren verwende ich gerne das Bild des Beziehungsraumes, das auf den Religionsphilosophen Martin Buber zurückgeht.

Der Beziehungsraum ist der Ort, an dem die Beziehung zwischen zwei Menschen wirklich stattfindet. Nicht das, was in unseren Köpfen oder auf unserer Gefühlsebene passiert, definiert die Beziehung, sondern das, was Menschen gemeinsam erleben und kreieren und wie sie sich dabei begegnen. Wenn zwei Menschen aufeinandertreffen und sich verbinden, öffnet sich ein Raum, in dem nur sie beide sind. Je stabiler und fester die Bindung zwischen diesen beiden Menschen wird, desto stabiler werden die Mauern dieses Raumes. Begegnen sich Menschen nur ein Mal, zerfällt der Beziehungsraum, weil er nicht weiter von ihnen aufrechterhalten wird.

Vielleicht hast du auch einen Freund oder eine Freundin, die du nach Jahren wiedersichst, und es fühlt sich so vertraut und verbunden an wie eh und je? Dann habt ihr, in diesem Bild gesprochen, einen stabilen Beziehungsraum, der euch beide empfängt, auch wenn ihr lange nicht dort wart.

Wir tragen unsere Vergangenheit automatisch in den Beziehungsraum

Wie du bereits weißt, spiegelt sich unsere Vergangenheit in unserem Bindungssystem mit seinen Arbeitsmodellen, unserem Weltbild und unserem Selbstbild wider. Stell dir vor, Menschen trügen all das und ihre Biografie mit Erinnerungen, Gedanken, Emotionen, Überzeugungen und allem, was noch dazu gehört, wie in einem Rucksack mit sich. In diesem Rucksack finden sich sowohl die wunderbaren Ressourcen als auch der Schmerz und das Leid von damals.

Wenn sie nun in den Beziehungsraum eintreten, könnten sie ihre Rucksäcke einfach ausleeren oder sie in eine Ecke stellen oder aber achtsam immer mal wieder etwas daraus hervorholen und ihm einen festen Platz schenken.

In meiner Arbeit mit Paaren durfte ich in einige solcher Räume blicken. Dabei habe ich ein paar wiederkehrende Muster erkennen können.

Das balancierte Bindungssystem und der Beziehungsraum

Menschen, die sicher gebunden sind, genießen es, gemeinsam ihren Raum zu gestalten. Sie erleben sich als Architekten einer ganz eigenen, einzigartigen Welt. Wie in einem schönen Zuhause richten sie diesen Raum mit Liebe und Hingabe zum Detail her. Es gibt Sitzgelegenheiten, um Seite an Seite zu sitzen, und bequeme Sessel, um sich gegenüber Platz zu nehmen. Der Raum ist übersichtlich und gemütlich. In ihm stehen Pflanzen, die von beiden versorgt werden und die Blüten tragen. Sowohl die Vergangenheit als auch die Gegenwart und die Zukunft haben in diesem Raum ihren Platz. Von dort aus kann man gemeinsam das Leben gestalten und auch einmal einzeln ausströmen, um dann zurückzukehren und sich gemeinsam auszutauschen und zu erholen. Der Beziehungsraum sicher gebundener Menschen ist ein geborgener Ort. Er kann sich wandeln, verändern und wachsen. Er bietet einen sicheren Halt, um Herausforderungen gemeinsam zu meistern. In diesem Raum fühlen sich beide sicher, gesehen und erwünscht. Der Raum hat Türen und Fenster und steht mit der Welt in Kontakt, während er einen sicheren Rückzugsort darstellt.

Das überaktivierte Bindungssystem und der Beziehungsraum

Menschen mit einem überaktivierten Bindungssystem gestalten ihre Beziehungsräume unwillkürlich am liebsten so, dass sie eng und klein sind. Alles muss einen festen Platz haben und es gibt keinen Spielraum zur Entfaltung. Der Raum ist sehr strukturiert und zugleich findet man dort auch einiges altes Gerümpel. Er hat eine Tür, die verriegelt ist, und keine Fenster. Die Sitzgelegenheit in diesem Raum ist ein kleiner Zweisitzer. Die Zimmerpflanzen sind voller Dünger und werden viel zu oft beschnitten, sodass sie nicht erblühen können. Die Betroffenen versuchen, mit dieser Raumgestaltung Klarheit und Sicherheit zu schaffen, indem sie die Welt aussperren und sich und ihren Partner darin verschanzen. Der Beziehungspartner soll den Raum niemals verlassen, und wenn er es tut, löst das die bekannten Ängste aus. Ein solcher Raum ist starr und beherrscht von Angst und alter Not. Er gleicht eher einem Gefängnis als einem Zuhause. In diesem Raum kann sich nichts entwickeln, verändern oder wachsen.

Das deaktivierte Bindungssystem und der Beziehungsraum

Der Beziehungsraum von Menschen mit einem deaktivierten Bindungssystem ist oft groß und weitläufig. Häufig gleicht er eher einem Zelt oder einer Strandhütte mit dünnen oder gar keinen Wänden. Es befindet sich kaum etwas darin, der Wind weht hindurch, und nichts soll einen festen Platz haben. Es gibt keine gemeinsamen Ecken, altes Gerümpel lugt hinter einem Vorhang hervor oder ist auf das Dach gepackt, unsichtbar und weggedrängt. Hier gibt es vereinzelt Stühle, die verteilt im Raum herumstehen. Zimmerpflanzen gibt es keine, nur gelegentlich die eine oder andere einzelne Schnittblume.

Der Beziehungsraum von Menschen mit einem deaktivierten Bindungssystem lädt nicht zum Verweilen ein. Es gibt keinen Platz, um es sich gemütlich zu machen. Er ist eher wie ein Durchgangszimmer.

Das rotierende Bindungssystem und der Beziehungsraum

Der Beziehungsraum von Menschen mit einem rotierenden Bindungssystem ist auf Treibsand gebaut. Er ist voll mit altem Gerümpel, das sich von selbst zu bewegen scheint. Es gibt keine festen Plätze für Dinge, jedoch ein paar Schränke, die mit Schlössern versehen sind. Es finden sich sowohl einzelne Stühle als auch Sofas und Sessel, doch nichts davon scheint einladend oder in einer sinnvollen Anordnung zu sein. Es gibt Schnittblumen ohne Wasser und sowohl vertrocknete als auch übergossene Zimmerpflanzen. Auf der einen Seite des Raumes sind die Wände dick und auf der anderen gibt es keine. An einem Tag ist der Raum verschachtelt und vollgestellt und am nächsten Tag ist er leer. Immer wieder gehen Schranktüren auf und etwas fällt heraus und einem auf die Füße. In einem solchen Raum kann man nicht landen und nichts darin gibt Halt. Man kann sich dort nicht finden und zur Ruhe kommen, auch wenn man es versucht.

Der bewusste Umgang mit dem Inhalt unserer Rucksäcke formt unsere Beziehungsräume

Durch diese einfache Metapher wird deutlich, dass das Wissen um unsere Biografie und unsere zunächst meist unbewussten Muster einen enormen Einfluss darauf hat, wie wir Räume gestalten. Gemeinsame Räume können umso schöner und geborgener sein, je besser ihre Gestalter sich mit ihren Rucksäcken auskennen. Das unbewusste Entleeren eines Rucksacks entspricht dem Vorgang der Projektion.

Wir erweisen uns selbst und all unseren Beziehungen also einen großen Dienst, wenn wir uns um die Inhalte unseres Rucksacks kümmern. Beziehungen werden schwer belastet, wenn die Inhalte der Rucksäcke immer wieder zwischen unseren Füßen landen, und ebenso, wenn die Rücksäcke weggesperrt werden.

In der folgenden Abbildung siehst du, wie ein Beziehungsraum entsteht, wenn wir unsere unbewussten »Mitbringsel« in Form von Prägungen, Traumafolgen, Introjekten und Selbstbildern in die Beziehung tragen. Der ganze Raum wird davon erfüllt. Wenn wir uns darüber im Klaren sind und den Beziehungsraum achtsam gestalten, bleiben unsere »Mitbringsel« zunächst bei uns und werden dann bewusst in den sicheren Raum getragen. In diesem Bild wird deutlich, dass es eine Aufgabe darstellt, einen Beziehungsraum zu pflegen, wenn man sich wirklich begegnen möchte. Es geht dabei keineswegs darum, die eigenen Prägungen oder Verletzungen nicht in den Raum zu bringen.

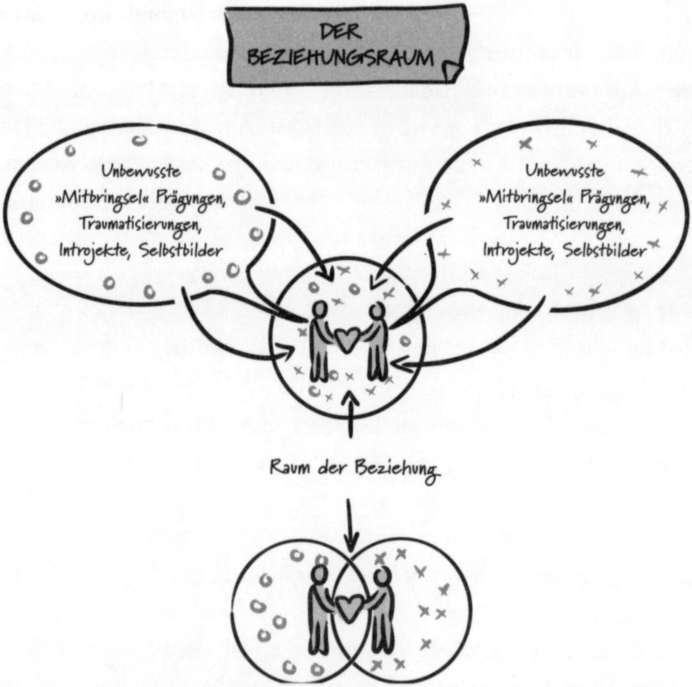

Wichtig ist lediglich, sich ihrer Existenz und Wirkung bewusst zu sein, sodass die Präsenz unserer Vergangenheit im Beziehungsraum einen heilsamen Effekt entfalten kann, statt ihn zu belasten.

Die vier Bewusstseinsebenen in Beziehungen

Hilfreich für den Umgang mit all dem, was wir unwillkürlich und natürlicherweise in unsere Beziehungen tragen, ist die Betrachtung verschiedener Bewusstseinsebenen, die hier eine Rolle spielen. Dieses Modell gebe ich in der Paartherapie meinen Klienten und Klientinnen immer an die Hand. Es ist ein bisschen wie eine Landkarte, mit deren Hilfe man sich orientieren kann. Zu wissen, wo man ist, macht es leichter, dorthin zu kommen, wo man hinmöchte.

Die Inhaltsebene

Die meisten von uns begegnen sich im Alltag vor allem auf der Inhaltsebene. Dort kommunizieren wir das, worum es scheinbar geht. Hier tragen wir vordergründige Konflikte aus und bewegen Inhalte, auf die wir uns mit all unseren Reaktionen stürzen können. Ein klassisches Beispiel für einen Konflikt auf der Inhaltsebene ist die Diskussion darüber, wie man den gemeinsamen Haushalt führen sollte und was einen am Verhalten des anderen stört. Auch wenn es furchtbar klischeehaft klingt, höre ich tatsächlich in der Praxis oft von Zahnpastatuben, dem nicht rausgebrachten Müll und herumliegenden Socken. Genau dann wird klar, dass ein Paar auf der Inhaltsebene »eingerastet« ist und nicht wirklich mit dem umgeht, was eigentlich gesehen werden will.

Auf der Inhaltsebene können wir uns hervorragend verstricken und beispielsweise zwischen Projektion, Abwertung und Bedürftigkeit hin und her pendeln. Die Inhaltsebene wird zu einem sehr großen Teil aus der unbewussten Ebene gespeist.

Die unbewusste Ebene

Hier steckt das, worum es eigentlich geht. Hier findet sich der wirkliche Konflikt und das, was unter der Oberfläche geschieht und alles steuert. Auf der unbewussten Ebene wirken unsere Prägungen, Traumatisierungen, Verletzungen, das Vergessene und Verdrängte, unsere unbewussten Reaktionen, kindliche Überlebensstrategien, Selbstbilder und Glaubenssätze. Ebenso schlummern hier sehr tiefe, unverarbeitete Gefühle wie Angst, Trauer, Ärger, Verachtung, Schuld, Scham, Ohnmacht und Hilflosigkeit. Oft beziehen sich diese Gefühle auf die Bindungspersonen aus der Kindheit und sind Folgen einer Bindungstraumatisierung. Der Grad an Bewusstheit auf dieser Ebene ist meist sehr gering. Es verändert die Qualität einer Beziehung maßgeblich, wenn wir den Grad erhöhen und Licht in die Dunkelheit der Tiefe bringen. Dann kann auch die Inhaltsebene sich nach und nach verändern und mit Dingen füllen, deren Betrachtung und Behandlung heilsam wirken.

Die Prozessebene

Oberhalb der Inhaltsebene befindet sich die Prozessebene, die einen höheren Grad an Bewusstsein mit sich bringt. Hier finden wir Klarheit darüber, um was es übergeordnet geht. Der Sinn oder auch Hintergrund des Konfliktes wird uns bewusst und es wird klar, was passieren soll, damit wir einen guten Ausgang finden können. Auf dieser Ebene wird sichtbar, wie zwei Menschen zusammenwirken und wie ihre einzigartige Dynamik zustande kommt. Es werden hier also die Aspekte der Inhaltsebene mit den Wirkungen der unbewussten Ebene in Zusammenhang gebracht. Das führt zu einem Gefühl der Ermächtigung und verhilft dazu, gute Entscheidungen für das Wohl der Beziehung und der einzelnen Personen zu fällen.

Die Metaebene

Die Ebene mit dem höchsten Grad an Bewusstsein nennt sich Metaebene. Wenn es uns gelingt, von hier aus auf unsere Beziehung zu blicken, finden wir einen wohlwollenden und relativ neutralen Blick auf das, was wir im Alltag gemeinsam gestalten. Die heilsame Distanz zum Geschehen, die wir hier einnehmen können, hilft, neue Handlungsoptionen und Perspektiven zu finden und ohne zu große emotionale Beteiligung uns selbst, den anderen und die Beziehung empathisch und erwachsen zu reflektieren.

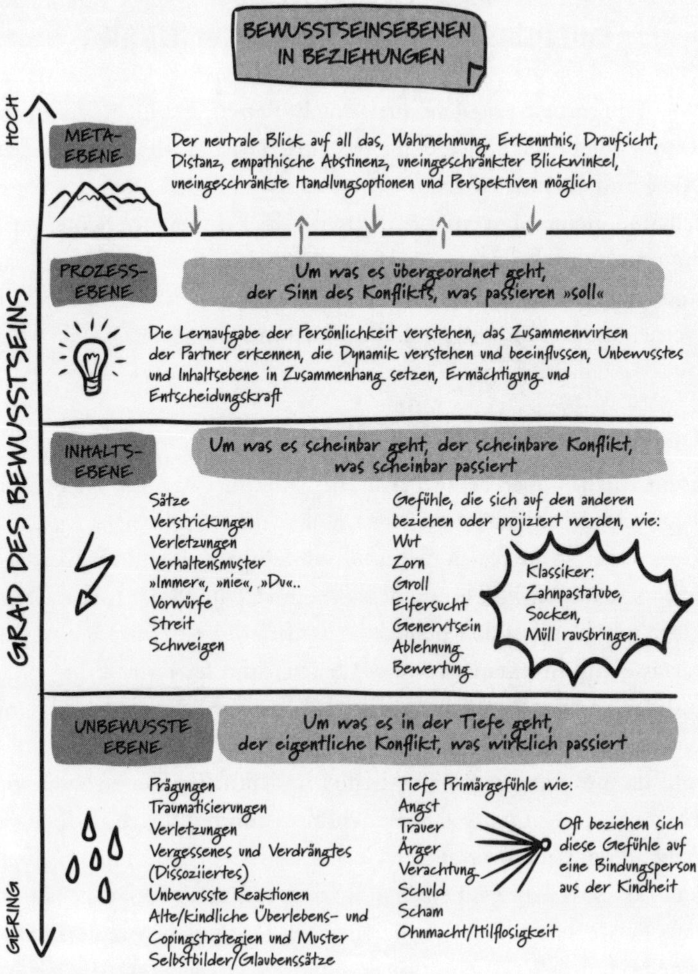

Sicherlich kannst du dir vorstellen, dass eine Beziehung umso anspruchsvoller ist, je mehr in der unbewussten Ebene schlummert. Und je mehr Traumafolgen im Rucksack stecken, desto mehr ist dies der Fall.

WENN EIN PARTNER TRAUMATISIERT IST – DIE PERSPEKTIVE DES GEGENÜBERS

Wenn du mit einem Menschen eine Beziehung beginnst, der unter Traumafolgen leidet, werden der Wunsch nach Verbundenheit und Nähe und auch deine Liebe dir etwas abverlangen. Da diese Konstellation nicht selten ist, möchte ich sie hier einmal beleuchten und ein paar Hinweise geben, die hilfreich sein könnten. Denn wenn die Tatsache, dass Traumafolgen eine Rolle spielen, übergangen wird, werden diese nach und nach die Beziehung dominieren.

Du bist vermutlich ein Geschenk des Himmels

Dein Partner oder deine Partnerin hat frühes Trauma erlebt und trägt schwer. Du deinerseits bist nicht von Traumafolgen belastet. Dass dieser Mensch sich dich als Bindungspartner wünscht, bedeutet, so meine »steile These«, dass ihr ein »Heilungsteam« seid. Dein Gegenüber ist offenbar bereit, die Schleifen der Reinszenierung zu verlassen und mit einem Anker im Hier und Jetzt – mit dir – verbunden zu sein. Vielleicht möchtest du das zunächst einmal als eine wunderbare Einzigartigkeit eurer Beziehung ansehen. Ihr beiden seid da, um voneinander zu lernen und miteinander zu wachsen. Deine Sicherheit kann den Beziehungsraum reinhalten. Die große Leuchtkraft deines versehrten Gegenübers kann diesen Raum erhellen. (Ja, es ist meine Überzeugung, dass Traumaüberlebende besonders hell leuchten und eine herausragende Überlebenskraft und oft eine beeindruckende emotionale Intelligenz in sich tragen.) Sei also darauf gefasst, herausgefordert zu sein, aber gleichzeitig die Chance zu erhalten, ein »noch besserer Mensch« zu werden, eine tiefe und aufrichtige Beziehung zu führen und viel über dich und die menschliche Natur zu lernen.

Sei dir deiner Rolle bewusst

Es passiert allzu schnell, dass Menschen, die mit einer traumatisierten Person in einer Partnerschaft leben, eine Therapeutenrolle einnehmen. Die Ebenbürtigkeit leidet und Verantwortlichkeiten verrutschen. Als Partner oder Partnerin bist du nichts anderes als eben das: Partner oder Partnerin. Du hast keinen Auftrag, dein Gegenüber zu verändern, zu retten oder Lösungen für es zu erschaffen. Das Heilsamste, was du anbieten und für eine gesunde Beziehung geben kannst, ist dein aufrichtiges Interesse an deinem Gegenüber und die Bereitschaft, von ihm zu lernen. Indem du dir deiner Rolle bewusst bist, nutzt du die Bewusstseinsebenen geschickt. Du begegnest deinem Partner oder deiner Partnerin auf allen Ebenen der Beziehung und ziehst dich nicht auf eine höhere Ebene zurück, von der aus du auf den anderen oder die Beziehung herabschaust. Indem du bist, wer du bist, dich selbst reflektierst und Verantwortung für dich übernimmst, hast du eine weit heilsamere Wirkung, als es jeder noch so gute Therapeut haben könnte – was nicht bedeutet, dass du ihn ersetzen solltest.

In Teil 4 erfährst du konkret, wie du für dein Gegenüber eine sichere Person sein und die Beziehung zu einem sicheren Ort machen kannst.

Übe dich darin, zu reflektieren, statt zu projizieren

Mit einem Menschen zusammen zu sein, der unter Traumafolgen leidet, kann deine persönliche Reifung zu einem empathischen und weisen Menschen enorm fördern, sofern du dich nicht in die Traumadynamik deines Partners oder deiner Partnerin verstrickst. Du kannst viel von deinem Gegenüber lernen und Tag für Tag üben, eine heilsame innere Haltung einzunehmen, die darin besteht, so selten wie möglich reaktiv zu sein und so wenig wie möglich persönlich zu nehmen.

Wie du aus den bisherigen Ausführungen dieses Buches herleiten kannst, wirst du in der Beziehung mit einem traumatisierten Menschen, dessen Bindungssystem dysreguliert ist, vor die eine oder andere Herausforderung gestellt. Es ist von ungemeiner Wichtigkeit und großer heilsamer Kraft, zu reflektieren, statt zu projizieren und den Raum zwischen Reiz und Reaktion zu nutzen.

Versuche zu erkennen, was hinter dem Verhalten steht

Ich rufe dich damit keinesfalls dazu auf, dein Verständnis und deine Toleranz in toxische Bereiche auszudehnen. Ich ermutige dich jedoch, zunächst einmal immer davon auszugehen, dass du in Situationen, in denen dein Partner aus der Balance ist und eure Verbindung belastet wird, häufiger mit einer früheren Bindungsperson verwechselt wirst und nicht wirklich gemeint bist. In diesen Momenten projiziert dein Gegenüber oder einer seiner inneren Anteile unbewusst alte Verletzungen, Ängste und Muster in die gegenwärtige Situation und versucht, sich auf alte Weise zu schützen. Es kann also geschehen, dass die Situation oder sogar du selbst im Inneren des anderen als bedrohlich wahrgenommen wirst, auch wenn es das Letzte ist, was du sein möchtest. Genau dann bist du mit deiner Weisheit, deiner Reife und deiner Fähigkeit zu differenzieren gefragt, um nicht in die Traumadynamik einzusteigen. Erkenne die Hilferufe deines Gegenübers und nutze das Wissen über Trauma, Traumafolgen und innere Anteile, um hinter sein Verhalten zu blicken. Welches Bedürfnis ist gerade aktiv? Was wird gerade wirklich gebraucht? Im Grunde geht es immer um die Suche nach Sicherheit. Indem du schlicht nichts dazu beiträgst, die Situation weiter zu verschlimmern, leistest du schon einen heilsamen Beitrag.

Ich weiß, es ist leichter gesagt als getan. Es ist Übungssache. Wenn du dir bewusst machst, dass dein Gegenüber sowohl versehrte Anteile in sich trägt als auch etwas Unversehrtes, wird es oft etwas leichter. Statt an die Vernunft oder den Verstand zu appellieren, hilft es, hier und jetzt Sicherheit zu schenken. (Wie das konkret geht, erfährst du in Teil 4.)

Du schützt dich mit dieser Haltung übrigens auch davor, in die Falle der projektiven Identifikation zu tappen, die ich vor ein paar Seiten beschrieben habe.

Natürlich gibt es klare Linien und Grenzen, die nicht überschritten werden dürfen und für die du einstehen musst, um den Beziehungsraum sicher zu gestalten. Vielleicht unterstützt dich die Vorstellung, dass du mit Hilfe dieser Beziehung in deine Güte und Größe hineinwachsen kannst. Darin gibst du weder deine eigenen Grenzen noch deine Würde oder deine Werte auf, sondern mutest dem anderen seine Verantwortung für sich und die Beziehung zu, während du die deine vollumfänglich übernimmst. So wirst du nicht zu einer Retterfigur, die nach und nach in den Sog des Traumas hineingezogen wird.

Verantwortlichkeiten wollen geklärt sein

Eine Dynamik, die in Beziehungen, in denen ein Partner traumatisiert ist, häufig zu beobachten ist, dreht sich um die Irritation rund um Verantwortung. Es kann schnell geschehen, dass ein großer Teil der Verantwortung auf dem nicht traumatisierten Bindungspartner lastet. Er muss viel Verständnis haben, hier und dort zurückstecken und es aushalten, mit Personen aus der Vergangenheit verwechselt zu werden. Oft muss er für die Beziehung mehr tragen als der andere.

Die umgekehrte Dynamik kann jedoch auch auftreten. Hierbei wird der traumatisierte Partner für all das verantwortlich gemacht, was in der Beziehung nicht gelingt.

Theoretisch ist es ganz einfach: Wir sind für unsere eigenen Reaktionen, unsere Handlungen und unser Verhalten zu 100 Prozent selbst verantwortlich. Und jeder der beiden Partner trägt 100 Prozent Verantwortung für die Beziehung und für die Gestaltung des Beziehungsraumes.

Folgendes mag provokant klingen, ist jedoch nicht so gemeint, da ich weiß, dass niemand freiwillig in seinem Leiden verharrt: Es ist eine gefährliche Falle, sich auf seinen Verletzungen »auszuruhen«. Wenn alte Reaktionsmuster hier und heute einer Beziehung schaden, liegt es in der Verantwortung des Betroffenen, etwas dafür zu tun, wie sich um Hilfe zu bemühen, damit sich das ändern kann. Dass es sich so anfühlt, als sei man ohnmächtig und als könne man nichts machen, ist Teil der Symptomatik. Hier stehen zu bleiben bedeutet, die Beziehung dem Trauma zu überlassen. Das Ohnmachtsgefühl nimmt ab, wenn man beginnt, sich seinen Wunden zuzuwenden. Indem ein betroffener Mensch diese Verantwortung für seine Beziehung annimmt, sagt er auch Ja zu seinem eigenen Heilungsweg. So kann die Bindung zu einem wohlwollenden Gegenüber ein kraftvoller Verstärker und eine echte Motivation für den eigenen Heilungsprozess sein. Es lohnt sich also doppelt.

WENN EIN PARTNER TRAUMATISIERT IST – DIE PERSPEKTIVE DES BETROFFENEN

Wenn du die Person in deiner Beziehung bist, die durch Traumafolgen belastet ist, tust du dir und der Beziehung in hohem Maße gut, indem du Bewusstsein schaffst. Informiere dich und dein Gegenüber über dein Trauma und über seine Folgen, die auf eure Verbindung wirken. Werde zum Experten deiner bisher vielleicht unbewussten inneren Dynamik. Je bewusster du dir über deine Innenwelt bist, desto weniger erlebst du die Beziehung als einen Ort, der voller potenzieller Trigger ist. Je klarer du dir über deine eigenen Trigger (Auslösereize für autonome Reaktionen) bist und je mehr du über deine autonomen Überlebensreaktionen weißt, desto weniger wirst du Reinszenierungen in deiner Partnerschaft erleben. Dir all diese Klarheit zu verschaffen, versetzt dich erst wirklich in die Lage, dein Gegenüber zu sehen und zu erkennen, ob diese Person an deiner Seite der oder die Richtige für dich ist.

Du hast eine Wirkung auf dein Gegenüber

Unsere Nervensysteme kommunizieren pausenlos miteinander – während sie auf der ständigen Suche nach Signalen der Sicherheit und der Bedrohung sind. Wenn du Bindungstrauma erfahren hast, fällt es dir vielleicht schwer, Signale der Sicherheit zu erkennen, und du deutest manches als Gefahrensignal, ohne dass es deine Sicherheit wirklich bedroht. In den vorangegangenen Kapiteln hast du viel darüber erfahren, wie frühe Prägungen deine Beziehungen beeinflussen. All das, was in dir los ist, hat auch eine Wirkung auf dein Gegenüber (und umgekehrt), ganz gleich, ob ihr das wollt oder nicht. Daher ist es kein empfehlenswerter Weg, Gefühle, Zustände oder Gedanken zu verdrängen und zu versuchen, die Beziehung davor zu schützen. Damit würdest du dich selbst, fühlende innere Anteile und etwas von deiner Lebendigkeit aus der Beziehung aussperren. Du entfaltest eine positive Wirkung für deine Beziehung, wenn du dich darum bemühst, dem, was in dir steckt und was Heilung braucht, deine Zuwendung zu schenken. Was in deinem Bewusstsein Platz findet, liegt in deinem Steuerungsbereich. Was weiter auf der unbewussten Ebene schwelt, wird wahrscheinlich auf destruktive Weise und verpackt in alte Handlungsmuster und Überzeugungen nach oben und auch in den Beziehungsraum drängen. Dort soll es auch Platz bekommen, jedoch bewusst, achtsam und behutsam.

Einmal mehr möchte ich dich dazu einladen, professionelle Hilfe aufzusuchen, wenn sich deine Innenwelt bedrohlich und vereinnahmend anfühlt. Beziehungserlebnisse haben das Potenzial, viel Altes an die Oberfläche zu bringen, und es ist sehr wertvoll, das mit einer außenstehenden Person in einem sicheren Raum reflektieren zu können und die Erkenntnisse daraus in den Beziehungsraum zu tragen.

Tue etwas dafür, dein soziales Nervensystem so dauerhaft wie möglich zu aktivieren

Wenn du deine Beziehung nähren willst und deinen Teil dazu beitragen möchtest, eine korrigierende Erfahrung zu kreieren, widme dich Dingen, die dein soziales Nervensystem aktivieren. Finde heraus, was dir Gefühle der Verbundenheit und (Mikro-)Momente der Balance schenkt, sowohl mit deinem Partner als auch ohne ihn oder sie. Nutze diese Ressourcen bewusst und regelmäßig. Unabhängig davon, ob du in einer Beziehung bist oder nicht, ist das wesentlich auf dem Weg zu mehr Integration.

WENN BEIDE PARTNER TRAUMATISIERT SIND

Die herausforderndste Konstellation in zwischenmenschlichen Beziehungen ist wohl die, wenn zwei traumatisierte Menschen eine Beziehung eingehen.

In Teil 2 habe ich als eine Überlebensstrategie die Reinszenierung beschrieben. Es ist erstaunlich, wie zielsicher wir Beziehungspartner finden, die Verhaltensweisen unserer Bezugspersonen aus der Kindheit repräsentieren. Manchmal mutet diese überzufällige Häufung fast an wie Zauberei. Doch es ist lange nicht so spektakulär. Unser Nervensystem sucht, wie inzwischen bekannt, immerzu nach Sicherheit. Und diese finden wir im Bekannten. Vorhersehbarkeit gibt Halt. Was wir kennen, macht weniger Angst als das Unbekannte, selbst wenn es schrecklich ist.

Beziehungspartner mit einem dysregulierten Bindungs- und Nervensystem sowie Arbeitsmodellen und Überlebensstrategien geben einander Feuer. Wenn beide Seiten Sicherheit suchen, indem sie alte, schützende Muster aktivieren, wird die Beziehung als solche innerhalb kürzester Zeit als bedrohlich empfunden. Also bleibt alles, wie es immer schon war, oder wird noch schlimmer.

Die unbewusste Ebene regiert den Alltag

Traumadynamiken führen in eine Abwärtsspirale, weil Partner gegenseitig ihre »Knöpfe drücken«. Der Beziehungsraum wirkt dann wie eine Zeitmaschine, die das Paar immer wieder in die Vergangenheit versetzt.

In der folgenden Abbildung siehst du eine klassische Abwärtsspirale, wie sie viele Menschen aus ihrem Alltag kennen: Ein Trigger wird gesetzt, dadurch wird ein altes Überlebensmuster aktiviert, infolgedessen wird das soziale Nervensystem gedrosselt, woraufhin Signale fehlgedeutet werden, woraus eine negative Bestätigung resultiert. Als Reaktion darauf kommt es zur Wappnung und weiteren Schutzreaktionen, sodass eine negative Erfahrung auf die nächste folgt. So geht es auf der Abwärtsspirale immer weiter nach unten.

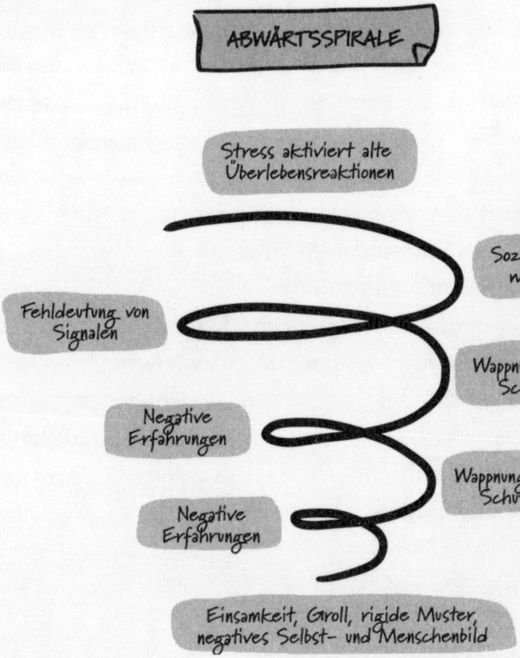

Um diesem Kreislauf nicht zu unterliegen und im Alltag nicht immer wieder von der Vergangenheit aus der Verbundenheit gerissen zu werden, können Partner und Partnerinnen ein Bewusstsein dafür entwickeln, was ihre Triggerpunkte sind und wie sie einander co-regulieren können. Sich auf diese Weise tief kennenzulernen, lässt Menschen wirklich zusammenwachsen und zu wunderbaren Paaren reifen.

Trigger zu meiden verstärkt die Abwärtsdynamik

Immer wieder taucht in diesem Zusammenhang ein Missverständnis auf: Wenn man Trigger, also Auslösereize, ausgemacht hat, geht es fortan nicht darum, sie zu meiden. Indem man das tut, strickt man nur die nächste Überlebensstrategie, die darin besteht, sich an eine Traumafolge anzupassen. Wenn ein Paar Auslösereize erkannt hat, kann es beginnen, sie in eine neue, gegenwärtige Sicherheit einzubetten. Werden etwa bei einem Partner alte Verlassensängste getriggert, sobald der andere seinem Hobby nachgeht, wäre es nicht ratsam, das Problem aus der Welt zu schaffen, indem der Partner seine Hobbys aufgibt. Viel hilfreicher ist es, wenn diese Dynamik transparent wird und der ängstliche Partner lernen kann, die Verbindung zu seiner heutigen primären Bindungsperson aufrechtzuerhalten, auch wenn diese etwas für sich tut. Es geht darum, nachzulernen, was einstmals nicht oder »falsch« gelernt wurde. Eine unterentwickelte Objektpermanenz, um die es in diesem Beispiel geht, kann sich nachträglich nicht entwickeln, indem man nur noch aufeinandersitzt. Sie wächst hingegen, indem man eine Bindungssicherheit etabliert. So könnte derjenige, der seinem Hobby nachgeht, ab und zu ein Foto schicken oder das Paar könnte vereinbaren, sich am Abend zu einer bewussten Zusammenkunft zu verabreden, um die Verbindung ganz bewusst wieder aufzunehmen.

Wir müssen üben, einander zu sehen

Ob nun beide Beziehungspartner traumatisiert sind oder nicht, es lohnt sich, einmal die Frage zu stellen, inwiefern wir überhaupt in der Lage sind, einander zu sehen.

Stan Tatkin hat einen Begriff geprägt, den ich äußerst treffend finde: Das »Automatisieren« unseres Partners. Wenn wir feste innere Arbeitsmodelle und ein eher rigides Repertoire an Mustern und Überzeugungen haben, projizieren wir sehr vieles davon recht bald nach dem Kennenlernen unbewusst auf unser Gegenüber. Wir meinen dann, diesen Menschen zu kennen – doch stimmt das wirklich? Wenn jemand sich einigermaßen passgenau zu unseren Arbeitsmodellen und den darin enthaltenen Erwartungen verhält, empfinden wir ihn als berechenbar und wägen uns in einem »sicheren« System der Vorhersehbarkeit. Dieser Vorgang ist gefährlich, da er über kurz oder lang zum einen in eine unlebendige Beziehung führt und zum anderen keine korrigierenden Erfahrungen fördert. Wir suchen nach Bestätigung alter Muster und finden sie. Unser Gegenüber wird so auf eine Weise ersetzbar, weil es im Grunde lediglich eine Projektionsfläche für unsere tief geprägten, alten Erwartungen verkörpert.

Die heilsame Erfahrung des »Mismatch«

Neues zu lernen bedeutet in diesem Kontext, dass alte, wenn auch negative Erwartungen enttäuscht werden. Eine korrigierende Erfahrung ist somit ein »Mismatch«, weil sie buchstäblich Neues bringt und alten Erfahrungen und Erwartungen nicht entspricht. Sich auf eine Beziehung einzulassen, in der man korrigierende Erfahrungen machen möchte, bedeutet, die Diskrepanz zwischen der Suche nach Sicherheit im Altbekannten und dem neuen Erleben von Sicherheit im Hier und Jetzt auszuhalten. Unsere Arbeitsmodelle, Überzeugungen, unbewussten Erwartungen und Überlebensstrategien werden nicht mehr wie gewohnt bestätigt. Stattdessen werden sie herausgefordert. Um sie nicht reflexhaft wie in einem Kampf zu verteidigen, geht es nun darum, diese Erwartungsenttäuschung zuzulassen und damit Veränderung zu begrüßen. Auch hierfür ist es unvergleichlich hilfreich, wenn uns unsere eigene Struktur bereits zu einem guten Teil bewusst ist. Zudem hilft es sehr, ein neues, klares Bild von einer Beziehung zu finden, in der wir uns sicher und geborgen fühlen. Je klarer diese innere Ausrichtung ist, desto weniger Angst machen uns neue Erfahrungen und desto mehr können sie ihre heilsame Kraft entfalten.

Einladung zur Reflexion

Hast du ein klares Bild davon, was für dich eine sichere und erfüllende Beziehung wäre? Wie müsste sie konkret aussehen? Welche Werte und welche Grenzen müssten dort gepflegt werden? Um ein klares Bild von einer für dich sicheren Beziehung zu bekommen, versuche, von der Metaebene darauf zu schauen. Unterschiedliche innere Anteile werden unterschiedliche Bedürfnisse äußern. Frage dich also, was eine sichere Beziehung ausmacht, in der du dich selbst (nach und nach) im größtmöglichen Maße als heil und präsent erlebst.

ESSENZ: DAFÜR UND NICHT DAGEGEN

Traumareaktionen sind Schutz- und Abwehrreaktionen. In ihnen gefangen zu sein bedeutet, immerzu *gegen* etwas zu sein. Gegen das Verlassenwerden, gegen den Bindungsverlust, gegen die eigene Verletzlichkeit …

Eine große Chance für heilsame Veränderung besteht darin, *für* etwas zu sein. Für den Zusammenhalt, für die Bindungssicherheit, für die Verletzlichkeit.

Unsere Beziehungen und die Atmosphäre in unseren Beziehungsräumen verändern sich zum Guten, wenn wir gewiss sein können, dass wir für das Gute einstehen, uns dafür einsetzen und entsprechend handeln. Die Überzeugung, kämpfen oder sich verteidigen zu müssen, nimmt dann ab und augenblicklich aktivieren wir unser soziales Nervensystem und richten uns auf Verbundenheit aus.

Dafür statt dagegen zu sein, ist ein Ausdruck von gelebter Sicherheit in einer Beziehung.

GESUNDE GRENZEN – GESUNDE BEZIEHUNG

Hinter dem Unvermögen, gesunde Grenzen zu setzen, liegt oft ein früh verletztes Bindungsbedürfnis.

Es zieht sich wie ein roter Faden durch das Buch, dass Beziehung und Verbundenheit die größten Heilkräfte sind. Wieso dann ein Kapitel über Grenzen? Zum einen, und das mag paradox klingen, weil Verbundenheit ohne gesunde Grenzen nicht möglich ist, und zum anderen, weil Trauma immer etwas mit Grenzverletzungen zu tun hat.

Die Schwierigkeit, eine gute Balance zwischen Verbundenheit und Abgrenzung zu finden, ist regelmäßig Gegenstand der Gespräche mit meinen Klientinnen und Klienten. Das Spektrum dieser Herausforderung reicht von der Frage, was Abgrenzung überhaupt ist, bis hin zu großen Ängsten, was passiert, wenn man sie praktiziert. Die vielfältigen Ursachen für diese Problematik liegen mit all dem, was in den vorangegangenen Kapiteln erklärt wurde, fast auf der Hand.

Ganz einfach auf den Punkt gebracht, könnte man sagen: Wo ein Bindungssystem aus der Balance ist, wird Abgrenzung zum Problem. Entweder sie findet nicht statt oder sie ist so intensiv, dass sie trennend wirkt. Weil dieses Thema so viele Menschen beschäftigt und Betroffene sich häufig schämen und hilflos fühlen, soll hier Raum sein, um Hintergründe zu verstehen und handlungsfähig zu werden.

Abgrenzung als Teil der sicheren Bindung

Sich abgrenzen zu können bedeutet, einen gesunden Wechsel zwischen Verbundenheit und Autonomie oder Nähe und Distanz gestalten zu können. Grundlegend dafür ist die Fähigkeit, mit einem anderen in Kontakt zu sein und dabei den Kontakt zu sich selbst nicht zu verlieren. Das ist für Menschen mit frühen Traumata besonders schwierig, da unser Bindungssystem und unsere Fähigkeit zur Abgrenzung eng miteinander verbunden sind. Ein sicher gebundener Mensch mit einem balancierten Bindungssystem kann sich verbinden und abgrenzen, ohne dass einer dieser Pole ihn ängstigt oder die Beziehung belastet.

Das überaktivierte Bindungssystem hingegen bewirkt, dass man sehr auf den anderen fixiert ist und sich selbst darüber kaum spürt. Oder es sorgt dafür, dass man zu sehr um sich selbst kreist und in den Gedankenschleifen versinkt, alles richtig machen zu müssen. Beides geht zulasten der Verbundenheit. Es gibt dann keine Balance zwischen der Aufmerksamkeit für den anderen und für sich selbst. Zudem, und das wird oft übersehen, neigen Menschen im Stress eines überaktivierten Bindungssystems oft dazu, unbemerkt die Grenzen anderer zu überschreiten, weil sie so sehr von ihren Ängsten getrieben werden. Sich abzugrenzen wird oft mit einem Bindungsabbruch, der unbedingt vermieden werden muss, verwechselt.

Betroffene, die mit einem deaktivierten Bindungssystem durchs Leben gehen, praktizieren oft eine rigide Art der Abgrenzung und leben hinter Mauern, die Nähe und Verbundenheit verhindern.

Wenn der Kontakt zum eigenen Inneren mit Stress assoziiert ist, spiegelt sich das auch in unserer Verbundenheit nach außen und damit einhergehend in unserer Abgrenzungsfähigkeit wider.

Wir brauchen unser soziales Nervensystem nicht nur, um uns zu verbinden, sondern auch um gesunde Abgrenzung zu gestalten. Wie du bereits weißt, wird das soziale Nervensystem unter Stress heruntergefahren. Oft kommt es genau deswegen zu den schwierigen Verstrickungen, die durch Abgrenzungsthemen entstehen.

In dem Maße, in dem es an Bindungssicherheit mangelt, fehlt es an der Möglichkeit, Abgrenzung zu lernen.

Unsere frühen Bindungserfahrungen schaffen sowohl eine innere Blaupause für Verbundenheit als auch eine für den Umgang mit Grenzen. Ein nicht sicher gebundenes Kind kann es sich nicht erlauben, sich abzugrenzen. In unsicheren Bindungserfahrungen liegt die große Last, sich anpassen zu müssen, um eine Art Bindungssicherheit zu erzeugen. Eigene Abgrenzungsimpulse werden so zur Bedrohung für die ohnehin unsichere Bindung.

Sich gegen unangenehme Reize abzugrenzen, ist jedoch ein natürliches Bedürfnis und Teil unseres Autonomiebestrebens. Der Mangel an Bindungssicherheit verhindert hingegen, dass ein Kind Autonomie entwickeln kann. Wenn der natürliche Impuls zur Abgrenzung – von außen und dann von innen – unterdrückt wird, ist es dem Kind kaum möglich, die eigene Grenze und eigene Abgrenzungswünsche zuzulassen oder gar umzusetzen. Die Arbeitsmodelle von so geprägten Kindern enthalten dadurch oft keinerlei Bestrebungen zur Abgrenzung. Anders ausgedrückt: Kinder lernen unter diesen Umständen, das Empfinden für ihre eigenen Grenzen weitestgehend zu unterdrücken oder es erst gar nicht zu entwickeln. Was für eine folgenreiche Konsequenz frühkindlicher Anpassung!

Die wunderbare Kraft der Selbstwirksamkeit kann sich nicht entfalten

Wenn sich unser Autonomiebestreben nicht frei entwickeln konnte, verharren wir subtil oder offensichtlich in der Bedürftigkeit und Abhängigkeit von anderen. Häufig leiden Betroffene schwer unter dem Gefühl, sich selbst nicht helfen zu können, keine Veränderungen zu erreichen und letztlich hilflos und ohnmächtig zu sein. Sie kennen das Gefühl der Selbstwirksamkeit nicht. Dieses wunderbare Wort beschreibt buchstäblich das Erleben, durch die eigenen Handlungen eine gewünschte Wirkung erzielen zu können. Selbstwirksamkeit ist das Gegenteil von Ohnmacht und Hilflosigkeit. Sie ist ein Ausdruck gelebter Autonomie und deswegen ist gelingende Abgrenzung ein integraler Bestandteil derselben.

Die Verwechslung von Verschmelzung und Verbundenheit

Viele Menschen mit frühen Bindungstraumatisierungen und einem daraus folgend überaktivierten Bindungssystem bilden extrem feine Antennen aus, mit denen sie Stimmungen und Signale ihrer Mitmenschen empfangen, um daraufhin das passende Verhaltensmuster zu aktivieren. Diese Antennen sind vor allem auf Signale der Gefahr ausgerichtet. Um zu verstehen, wie sich das auf unsere Abgrenzungsfähigkeit auswirken kann, lohnt sich ein kurzer Blick in die Entwicklungspsychologie:

Die Fähigkeit, sich in ein Gegenüber einzufühlen und dabei klar zwischen eigenen und fremden Gefühlen zu unterscheiden, entwickelt sich über viele Jahre in einem kleinschrittigen Prozess bis ins Grundschulalter hinein. In den ersten Jahren reagieren Kinder auf die Stimmungen und Signale ihrer Bezugspersonen vor allem durch die sogenannte »Gefühlsansteckung«. Sie gehen in Resonanz mit dem, was sie bei ihrem Gegenüber wahrnehmen. In diesem Zustand ist es schwer zu unterscheiden, ob das Gefühl nun wirklich ein eigenes ist oder ob man das Gefühl des anderen nach innen genommen hat. (Erinnere dich an den Vorgang der Introjektion, der in der Kindheit alltäglich ist.) Nach und nach bildet das Kind weitere Fähigkeiten aus, die es ihm ermöglichen, zwischen eigenen und fremden Gefühlen zu unterscheiden. Wenn diese Entwicklungsschritte gehemmt werden, weil eine Bindungsperson nicht genügend präsent und zugewandt ist, bleibt die Reifung des Kindes oft bei der Fähigkeit zur Gefühlsansteckung stehen. Die gefühlte Verschmelzung mit der Bindungsperson ist dann ein Ersatz für echte Bindungssicherheit, da sie den Kindern ermöglicht, sich auf eine Art doch nahe zu fühlen. Eine Folge davon ist, dass die Gefühlsansteckung auch später im Leben die primäre Art der Kontaktaufnahme ist, um Sicherheit zu generieren. Menschen passen sich dann unbewusst enorm an die Stimmung und auch an die Dynamik anderer an. Es fällt ihnen schwer zu differenzieren, ob es sich um ihre eigenen Gefühle, Wünsche und Bedürfnisse handelt oder um die der anderen. All das führt zu einer Schräglage in Beziehungen, die sich vor allem dadurch nach und nach wandeln kann, dass wir echte Bindungssicherheit kennenlernen.

Einladung zur Reflexion

Was befürchtest du, wenn du dich abgrenzt? (etwa: Bestrafung, Bindungsabbruch, Verlustangst, Bewertung, Ablehnung ...)

Was ist dein Reaktionsmuster? Grenzt du dich besonders hart ab oder fast gar nicht?

Wenn du davon ausgehst, dass dieses Verhalten auf frühe Prägungen zurückgeht: Was braucht der innere Anteil, der die o.g. Befürchtungen trägt von dir? Was beruhigt ihn?

TRAUMA UND SEXUALITÄT

Die Grundlage für eine erfüllende Sexualität ist das umfassende Gefühl von Sicherheit.

In Teil 2 habe ich die traumatische Erfahrung sexueller Gewalt und ihre vielschichtigen Folgen beleuchtet. In diesem Teil soll es nun weiter gefasst darum gehen, wie jegliche frühen Traumatisierungen, insbesondere jene auf der Bindungsebene, Einfluss auf unsere Sexualität nehmen. Auch dieses Themenfeld ist noch immer mit einem Tabu belegt. Während wir mit einer übersexualisierten Medienlandschaft voller unnatürlicher »Schönheitsideale« von Körpern und Beziehungen konfrontiert sind und verschiedene sexuelle Revolutionen stattgefunden haben, ist es für die meisten Menschen schambehaftet, über Sexualität zu sprechen. Auch wenn wir heute in einer weit liberaleren Gesellschaft leben als die Generationen vor uns, ist sexuelle Selbstbestimmung noch nicht so lange ein explizites Recht. So wurde die Vergewaltigung in der Ehe erst 1997 unter Strafe gestellt. Auch #metoo und andere internationale Bewegungen zeigen, dass körperliche Unversehrtheit und gegenseitiger Respekt keine Selbstverständlichkeit darstellen. Um das Thema Sexualität ranken sich jede Menge Mythen und es gibt eine Menge Verletzungspotenzial, Irritationen und natürlich Skandale.

Hier soll es jedoch um das gehen, was Menschen mit Traumafolgen erleben, wenn sie mit ihrer Sexualität oder der ihrer Beziehungspartnerinnen und -partner in Berührung kommen.

In meiner Arbeit mit Paaren spielt Sexualität in den meisten Fällen eine Rolle, auch wenn sie bei Weitem nicht immer die Ursache für die Paartherapie ist. Sehr häufig erleben Betroffene die Situation als verfahren und erschöpfend. Sie fühlen sich überfordert, traurig und oft hilflos und verzagt. Über die Schwierigkeiten, die unlösbar scheinen, legt sich nach und nach Resignation und das Gefühl, getrennt zu sein und festzustecken.

Sicher gehen lange nicht alle genannten Schwierigkeiten auf Traumata zurück, weswegen dieses Kapitel keinen Anspruch auf eine erschöpfende Auseinandersetzung mit diesem großen Thema erhebt. Trotzdem soll es zu mehr Verständnis für gewisse Probleme beitragen.

Sexualität als komplexes Spektrum

Der Begriff »Sexualität« umfasst eine vielschichtige Bandbreite von Gefühlen, Gedanken, Verhaltensweisen und persönlichen Ausdrucksformen, die sich auf das sexuelle Empfinden und Erleben eines Menschen bezieht. Sexualität ist etwas hoch Individuelles und wird auch durch die Interaktion biologischer, psychologischer, sozialer, ökonomischer, politischer, kultureller, ethischer, rechtlicher, historischer und spiritueller Faktoren geformt. Sie ist ein integraler Bestandteil des menschlichen Seins über die gesamte Lebensspanne hinweg und eng verknüpft mit Gesundheit, Wohlbefinden und Lebensqualität.

Die Neurobiologie der Intimität

Um ein Verständnis für die Wirkung von Traumafolgen auf das sexuelle Erleben zu entwickeln, ist es hilfreich, sich zunächst einmal mit dem Begriff »Intimität« zu befassen.

Intimität ist weit mehr als Nähe oder Sexualität. Sie ist vielmehr ein Zustand gegenseitiger Akzeptanz und tiefer emotionaler und möglicherweise auch körperlicher Verbindung, der den Beteiligten ermöglicht, sich sicher und verstanden zu fühlen. Meines Erachtens ist dieser Zustand eine Voraussetzung für sexuelle Begegnungen jenseits von Stress, Grenzüberschreitungen oder unverbundener Bedeutungslosigkeit.

Das Empfinden von Intimität mit einem anderen Menschen oder Lebewesen ist aus einer polyvagalen Perspektive ein sogenannter

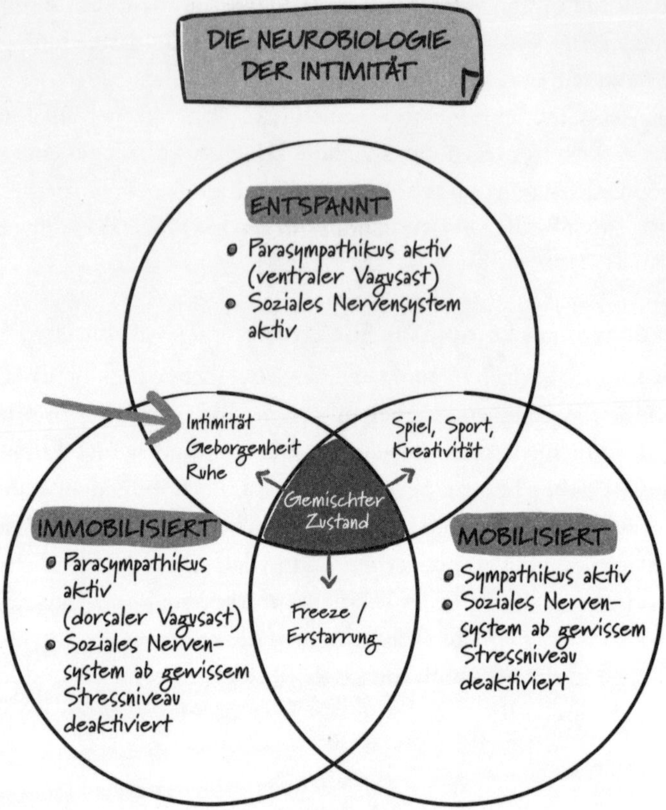

»gemischter Zustand«, an dem sowohl der dorsale als auch der ventrale Vagusast als Teil des parasympathischen Nervensystems beteiligt ist. Unser soziales Nervensystem ist dabei lebendig aktiv.

Der dorsale Vagus ermöglicht uns tiefe Entspannung, sodass wir körperliche Nähe als ungefährlich und vertrauensvoll erleben können. In diesem Zustand strahlt ein Mensch mit seinem stimmlichen Ausdruck, seiner Art zu berühren, seinen Gesten und seiner Haltung Offenheit, Wärme und Zugänglichkeit aus. Intimität hat zudem eine (ver-)bindende Kraft. Das »Bindungshormon« Oxytocin wird ausgeschüttet und stärkt Bindung und Vertrauen, sodass intime Momente entspannter Nähe zu wahren Tankstellen für unsere soziale Natur werden, weil unser Nervensystem dadurch tief regenerieren kann und wir das wundervolle Gefühl von Sicherheit im Hier und Jetzt genießen können.

Intimität ist mit einem dysregulierten Nervensystem nicht vereinbar

Wenn wir den Zustand der Intimität aus neurobiologischer Sicht betrachten, wird deutlich, wieso Traumafolgen an dieser Stelle eine so große Rolle spielen:

Menschen, die ein traumabedingt chronisch dysbalanciertes Bindungs- und Nervensystem haben, kennen diesen Zustand der entspannten Ruhe im Kontakt kaum. Intimität zu empfinden, ist ihnen in diesem Sinne nicht möglich. Besser wäre zu sagen: noch nicht. Denn achtsam korrigierende Erfahrungen mit einem sicheren Menschen können eine Tür öffnen, um intime Nähe kennenzulernen und nach und nach auch ihre wunderbaren Auswirkungen.

Um eine erfüllende, entspannte und bewusste Sexualität zu erleben, ist also, wie so oft, das Empfinden von Sicherheit eine Grundvoraussetzung. Daher empfehle ich den Paaren in meiner Praxis nicht, sich mit verheißungsvollen Techniken und Praktiken ihrer Wunschvorstellung zu nähern, sondern sich zunächst darum zu bemühen, eine wahre Sicherheit im Kontakt zu finden. Dafür ist es wichtig, dass sie bewusst ihren Beziehungsraum pflegen und ein Gewahrsein für die eigenen Traumafolgen oder die des Partners haben.

Ein hohes Erregungsniveau kann angstbesetzt sein

Wenn wir uns sicher fühlen, ist unser Nervensystem in der Lage, Zustände hoher sympathikotoner Erregung zu tolerieren. Wenn uns Sicherheit fehlt, sind hohe Erregungszustände ein Zeichen von Gefahr und lösen die bekannten Stressreaktionen aus. Es gibt viele Situationen in einem menschlichen Alltag, die mit hohen Erregungszuständen zusammenhängen. Etwa wenn wir mit dem Auto eine

Vollbremsung machen müssen, weil jemand unaufmerksam auf die Straße läuft. Auch wenn wir das Ergebnis eines Tests erwarten oder dieser uns noch bevorsteht, kann der Sympathikus unseren Grad der Erregung in die Höhe treiben. Herzschlag und Atemfrequenz steigen an. Auch sexuelle Lust und der sexuelle Akt finden in gewissen Phasen mit starker Beteiligung des Sympathikus statt. Wenn wir nicht gelernt haben, zwischen hohen Erregungszuständen in Gefahr und solchen in Sicherheit zu unterscheiden, weil es dafür zu wenig Sicherheit gab, sind alle hohen Erregungszustände bedrohlich. Dasselbe gilt für Entspannungszustände mit Beteiligung des dorsalen Vagusastes, da diese frühe Erinnerungen an das »Notprogramm« des Totstellreflexes aktivieren oder auch in die Dissoziation führen können.

So wird es nachvollziehbar, wenn manche Betroffene von Traumafolgen – vielleicht ohne es sich selbst erklären zu können – sexuelle Erfahrungen zu meiden beginnen. Ebenso leuchtet damit ein, dass viele von ihnen ein Gegenüber, das in körperlich-sexueller Erregung an sie herantritt, als bedrohlich empfinden, auch wenn er oder sie keineswegs beabsichtigt, sich aufzudrängen.

Sexuelle Energie ist kraftvoll und eindeutig und unterscheidet sich von jeder anderen Art, in Kontakt zu sein. Um ihrer intensiven Dynamik Raum geben und die viele Energie halten zu können, braucht es also mehr als nur Konsens.

Für Traumabetroffene kann es, selbst wenn sie keine sexuellen Gewalterfahrungen gemacht haben, ein gutes Stück Arbeit sein, sich einer erfüllenden Sexualität anzunähern. Bis es so weit ist, kompensieren viele, häufig völlig unbewusst, auf unterschiedlichste Art und Weise:

Die Kompensation mangelnder Sicherheit in der Sexualität

Da viele Menschen ihr Leben an ihren Überlebensstrategien ausrichten müssen, um mit der alten Last klarzukommen, ist es naheliegend, dass diese Strategien auch in der Sexualität eine Rolle spielen.

Jene, für die sich Nähe bedrohlich und Intimität unerreichbar anfühlen, entkoppeln möglicherweise unbewusst Sexualität und Verbundenheit voneinander. Dann wird »der Sex« zu einem rein körperlichen Akt. Wenn entsprechend viel Stress im Hintergrund ursächlich ist, ist das soziale Nervensystem kaum oder gar nicht beteiligt, und es findet keine echte Begegnung statt, sondern entweder eine Choreografie, die für den anderen gedacht ist oder ein unpersönliches Befriedigen eigener körperlicher Bedürfnisse.

Jene, die Angst vor der hohen Erregung in Körper und Nervensystem bei sich oder ihrem Gegenüber haben, werden Berührung und Körperlichkeit mehr und mehr meiden, um keine Tür zur sexuellen Interaktion aufzustoßen. Öffnet sie sich doch, entwickeln Betroffene möglicherweise dissoziative Strategien: nicht fühlen, nicht spüren, aber körperlich zur Verfügung stehen und irgendwie mitmachen.

Beide Wege führen nach und nach zu noch mehr Stress oder zusätzlichen Verletzungen und sie vergrößern die Distanz zwischen den Beteiligten.

Angst vor Kontrollverlust statt Hingabe und Genuss

Oft wird das Loslassen beschworen, um Schwierigkeiten beim Sex zu lösen. Man müsse nur endlich seinem Kopf entkommen und sich hingeben. Auch wenn sicher etwas dran ist, klingt das für Menschen mit Traumahintergrund ähnlich wie die Behauptung, man könne aus dem dritten Stock springen und dabei das Fliegen lernen. Unsere Sexualität beinhaltet etwas Instinkthaftes und Autonomes. Wie im Kapitel zur sexuellen Gewalt beschrieben, gibt es häufig autonome Reaktionen, die auch ohne empfundene Lust stattfinden können. Diese autonome Komponente stellt für viele Betroffene von Trauma und insbesondere sexuellen Traumata eine Art Kontrollverlust dar. So ist es viel sicherer, sich einer Entspannung gar nicht erst anzunähern. Loslassen wird zu einem Synonym für potenzielle Überwältigung.

Zudem liegt in der Angst vor dem Kontrollverlust nicht selten die Angst davor, sich aufzulösen. Da die hohen Erregungszustände in ein dissoziatives Erleben führen können, sofern sie als bedrohlich eingestuft werden, empfinden Menschen dabei (unangenehme) tranceartige Zustände, die sich wie eine Entkoppelung vom eigenen Körperempfinden anfühlen können. Wenn sie dann wieder »zurückkommen«, fühlen sie sich oft emotional furchtbar oder müssen weinen und können sich nicht erklären, wieso.

All diese Schutzstrategien sind Ausdruck eines Grundsatzes, dem vermutlich jedes traumatisierte Nervensystem unbewusst nachkommt: Sicherheit über alles. Auch wenn es Lebendigkeit, Intimität und Verbundenheit kostet oder in einer Traumadynamik gefangen hält.

Verbundene Sexualität stärkt die Bindung

Diane Poole Heller, eine bekannte Traumatherapeutin mit dem Spezialgebiet Bindung, erklärt, dass sexuelle Interaktion in der Partnerschaft im Laufe der Zeit unterschiedliche Funktionen erfüllt. In den ersten ein bis zwei Jahren werden in der sexuellen Begegnung vor allem biochemische Stoffe ausgeschüttet, die Anziehung und Erregung fördern. Nach einer Weile verändert sich dieser Cocktail und es werden vermehrt Stoffe ausgeschüttet, die Bindung und Vertrauen fördern.

Vielleicht ist das ein weiterer Grund, weswegen Personen mit einem tendenziell deaktivierten Bindungssystem sich auch sexuell nicht länger als eine gewisse Zeit einlassen, da sich andernfalls eine tiefere Bindung entwickeln könnte.

Die Beziehung zum eigenen Körper

Ein weiterer belastender Faktor für eine erfüllte Sexualität ist für viele Traumabetroffene der eigene Körper. Zum einen ist oft schon allein die Hinwendung zu körperlichen Empfindungen ein großer Trigger. So viele unterdrückte, verdrängte und intensive Körperwahrnehmungen und damit verknüpfte Emotionen und Erinnerungen lauern nur darauf, aktiviert zu werden. Also meiden sie den Kontakt besser ganz und bleiben ihrem Körper gewissermaßen fern.

Zum anderen ist die Beziehung zum eigenen Körper für viele Menschen vergleichbar mit der zu einem Feind. Mit dem Körper werden oft viele Kämpfe ausgetragen. Ein verletztes Selbstwertgefühl lässt sich hervorragend kanalisieren, indem man den Körper konsequent und oft gnadenlos abwertet. Das Gefühl, die Kontrolle haben zu müssen, drückt sich oft in einer Unterdrückung körperlicher Bedürfnisse aus. Er muss funktionieren, gut aussehen und »im Optimalfall« etwas darstellen, wohinter wir uns verbergen können. Viele Menschen, die frühes Trauma erlebt haben, leiden unter Essstörungen und hungern, essen ständig, erbrechen oder sind zwanghaft mit ihrem Essverhalten konfrontiert. Andere leiden an Übergewicht, weswegen sie sich oft abwerten.

Sinnlichkeit ist ausgeschlossen und körperlicher Genuss kaum möglich. Sich der Beziehung zum eigenen Körper zu widmen, ist Teil einer gesunden und verbundenen Sexualität in der Partnerschaft mit anderen und sich selbst.

Überlebensstrategien, die wie Masken wirken

Die Folgen von sexuellen Missbrauchserfahrungen in der Kindheit sind vielfältig und spielen logischerweise eine große Rolle für die eigene Sexualität. Da auch dieser Themenbereich ein ganzes Buch füllen könnte, möchte ich nur auf ein Phänomen konzentriert eingehen, das Betroffenen und deren Bindungspersonen eine Erklärung für manche irritierenden Situationen liefern kann.

> *Ciara war von ihrem 4. bis zu ihrem 11. Lebensjahr von ihrem Stiefvater regelmäßig schwer sexuell missbraucht worden.*
> *Sie schlug sich mithilfe hochfunktionaler Anteile durch ihr Leben. Als sie, bereits Mitte fünfzig, zu mir in die Therapie kam, hatte sie gerade das zweite Mal geheiratet. Ihr zweiter Mann war, ganz im Gegenteil zu ihrem ersten, ein wohlwollender, zuverlässiger und liebevoller Anker im Alltag. Ciara war sehr glücklich, endlich in eine Lebensphase einzutreten, in der sie weniger kämpfen und nach und nach etwas entspannen konnte. Es gelang ihr gut, sich den vielen*

korrigierenden Erfahrungen zu öffnen, während sie immer wieder auch mit Erinnerungen an früher konfrontiert wurde, die wir in der Therapie gut auffangen konnten.
Eine Sache jedoch machte Ciara große Angst. Sie erzählte mir, dass sie bisher in ihrem Leben sexuell sehr aktiv war und eine wilde und kraftvolle Sexualität gelebt habe. Seit Kurzem erlebte sie in Momenten großer Nähe und körperlicher Zärtlichkeit mit ihrem Mann, dass sie erstarrte, Panik bekam oder »auscheckte«, wie sie es nannte. Die wilde, scheinbar selbstbewusste Frau kam immer seltener hervor, bis sie irgendwann ganz verschwunden war. Stattdessen kam etwas furchtbar Verletztes und Ängstliches zum Vorschein, womit sie völlig überfordert war. Sie hatte große Angst, ihr Mann könnte sie deswegen verlassen, hatte er sie doch ganz anders kennengelernt. Was war hier geschehen und wie sollte es weitergehen?

Was Ciara berichtet, habe ich in verschiedenen Varianten von Klientinnen gehört. Viele Betroffene sexueller Gewalt in Kindheit oder Jugend wenden sich gänzlich von ihrer Sexualität ab, um nicht mit dieser für sie so bedrohlichen Energie und ihren Erinnerungen konfrontiert zu werden. Andere hingegen entwickeln eine ganz andere Strategie: Sie erobern sich ein Stück Kontrolle zurück, indem sie im sexuellen Kontakt die Führung übernehmen, jede Verletzlichkeit ausschließen und in eine sehr aktive oder dominante Rolle gehen. Indem sie die Situation, ihren Verlauf und häufig auch ihre Partner oder Partnerinnen lenken, schützen sie sich intelligent vor alten Ohnmachts- und auch Ekelgefühlen. Manche Betroffene entwickeln daraus eine Hypersexualität, also eine übersteigerte und oft leidvolle Beschäftigung mit sexuellen Fantasien, Gedanken und Impulsen, die häufig schwer zu kontrollieren sind. Dieses Erleben ist oft enorm schambesetzt, weswegen viele lange keine Hilfe suchen und dementsprechend auch keine erhalten.

Wenn sich dann jedoch mit einem Menschen ein Beziehungsraum öffnet, in dem sich zart der Zustand der Intimität entwickelt, bricht die funktionale Strategie der Kontrolle irgendwann auseinander. Im wahren Kontakt, in dem man sich sicher und respektiert fühlt, gelingt es nicht mehr, eine Rolle zu spielen und den anderen und sich selbst mit einer alten Dynamik zu täuschen. Im Grunde ist also der Moment, in dem sich ein scheinbar gefestigter sexueller Ausdruck verabschiedet und etwas Zartes zum Vorschein kommt, der Beginn einer neuen, heilsamen und erfüllenden Sexualität. Damit der Übergang dorthin gelingen kann, brauchen alle Beteiligten ein Verständnis für die Dynamik sowie Geduld und Neugierde.

In diesem Zusammenhang kann das bereits erwähnte Anteilemodell hilfreich sein, um sich immer wieder zu vergegenwärtigen, dass nichts »kaputt« ist, sondern lediglich unterschiedliche Anteile mit unterschiedlichen Aufgaben und Schutzfunktionen im Inneren einen neuen Platz finden wollen. Im aktuellen Beispiel wirkt ein so souverän und dominant agierender innerer Anteil, wenn er im Außen die Regie übernimmt, schützend für die traumatisierten Anteile, die unter der sexuellen Gewalt so enorm gelitten haben. Diese kommen erst zum Vorschein, wenn der Raum sicher genug ist, um sich zu zeigen. Und dann gilt es, sich ihnen zu widmen und sich nach und nach, behutsam und bewusst der eigenen Sexualität, jenseits aller Wunden, zuzuwenden.

Was hilft, um einer verletzen Sexualität heilsam zu begegnen?

Zusammengefasst kann man sagen, dass für eine erfüllte Sexualität trotz früher Verletzungen, die sie belasten, verschiedene Dinge nötig sind. Einige von ihnen haben zunächst scheinbar nicht zwangsläufig mit Sexualität zu tun, wirken jedoch mehr oder weniger subtil auf sie ein:

1. ein sicherer Beziehungsraum, in dem sich Intimität entfalten kann, sodass Entspannung, Neugierde und Offenheit möglich werden,
2. die Fähigkeit zur Selbstregulation und damit zusammenhängend die Kapazität, hohe Erregungszustände halten, steuern und genießen zu können,

3. das Gefühl, mit dem eigenen Körper befreundet und in ihm zuhause zu sein,
4. Traumafolgen verstehen und sich ihrer bewusst sein,
5. eine vertrauensvolle Kommunikation in der Beziehung,
6. gegebenenfalls fachliche Unterstützung, um zugrundeliegende Prägungen oder Traumata heilsam aufzuarbeiten,
7. Geduld und Wohlwollen mit sich selbst, dem Körper, inneren Anteilen und dem Bindungspartner.

All das mag nach viel Arbeit klingen oder auch Gefühle der Überforderung auslösen. Deswegen möchte ich dich daran erinnern, dass es in keiner Beziehung und in keinem Lebensbereich mehr darum gehen sollte, »jemand zu sein«, etwas zu schaffen oder Probleme loszuwerden. Vielmehr soll es darum gehen, dass wir Schritt für Schritt den heilsamen Weg zu unserem unversehrten Selbst gehen dürfen und dabei neue Erfahrungen sammeln, wahrer Menschlichkeit und Verbundenheit begegnen und endlich einmal so sein dürfen, wie wir gerade jetzt sind.

TRAUMA UND FREUNDSCHAFTEN

Freunde sind wie Sterne in der Nacht.

Verfasser unbekannt

Das letzte Kapitel dieses Teils soll der Freundschaft gewidmet sein. Freunde sind die Sterne in der Nacht. Sie leuchten und man sieht sie besonders dann, wenn es dunkel ist. Doch da sind sie auch, wenn man sie nicht sieht.

In unserer Idealvorstellung ist ein guter Freund oder eine gute Freundin ein Mensch, der uns in unserem Leben begleitet, uns wirklich kennt, für uns da ist und mit dem wir auf gemeinsame Erinnerungen zurückblicken können. Es ist eine wundervolle Ressource, mit Menschen durch verschiedene Lebensphasen zu gehen, sich bei Entwicklungsschritten zu begleiten und einander zu inspirieren.

Dieses wunderschöne Bild von Freundschaft ist für manche Menschen leider lange Zeit eine Wunschvorstellung. Viele Betroffene von frühen Traumatisierungen auf der Bindungsebene erleben auch in ihren freundschaftlichen Beziehungen die Muster und Dynamiken aus ihrer Kindheit. Wie können wir Freundschaften im Sinne einer sicheren Bindung pflegen und auf was sollten wir gefasst sein, wenn wir uns auf dem Integrationsweg befinden?

Bindungsstile zeigen sich auch in Freundschaften

Unsere frühen Prägungen machen auch vor unseren Freundschaften nicht halt und unsere Arbeitsmodelle beziehen sich nicht nur auf Partner und Partnerinnen. Die Gestaltung von Freundschaften nutzen wir unbewusst dafür, Überlebensstrategien und Arbeitsmodelle stabil weiterzuführen. Die meisten Freundschaften können wir so steuern, dass sie uns nicht herausfordern, uns unseren frühen Verletzungen zu stellen. Hier ein Beispiel: Eine Person mit einem überaktivierten Bindungssystem gestaltet ihre Freundschaften vermutlich so, dass ihr Gegenüber sich wohl fühlt. Sie kreiert Bindungssicherheit, indem sie sich so verhält, wie sie es gelernt hat. In dieser Freundschaft geschieht nur, was das Arbeitsmodell und der Bindungsstil hergeben. Man kommt sich nicht so nahe, dass die Verletzung, die dahintersteht, zum Vorschein kommen und Aufmerksamkeit erfahren könnte.

So spielen für viele frühtraumatisierte Menschen Freundschaften lediglich eine stabilisierende Rolle für alte Anpassungs- und Überlebensstrategien und bieten keinen Raum für Entwicklung und Entfaltung.

Das Zuhause fernab der Heimat

Deb Dana, eine amerikanische Therapeutin und Expertin auf dem Gebiet der Polyvagaltheorie, hat die Analogie »home away from home« geprägt.

Wenn wir davon ausgehen, dass die sichere Bindung und damit ein ventral-vagaler Zustand der Verbundenheit natürlicherweise unser aller »Heimat« ist, erkennen wir schnell, dass viele Menschen heimatlos sind, da sie an diesem Ort keine Wurzeln schlagen konnten. Da wir jedoch Sicherheit zum Überleben brauchen, bauen wir uns ein Zuhause fernab der Heimat. Dieser Ort besteht aus unseren Anpassungsleistungen, Überlebensstrategien und Arbeitsmodellen. So findet etwa ein Mensch, der unsicher gebunden aufgewachsen ist, in der latenten Übererregung sein Zuhause, da das der »Normalzustand« ist, mit dem er sich auskennt. Er findet beispielsweise über die Beschwichtigungsreaktion und eine starke Außenorientierung seine Art von Sicherheit.

Dieses Zuhause fernab der Heimat ist sehr wertvoll, da es uns Schutz und Halt gibt. Es ist jedoch ein Ort, der nur eingeschränkt

Platz für das bietet, was wir brauchen, um zu heilen und uns mehr und mehr in wahrer Sicherheit zu verankern.

Freundschaften fernab der Heimat sind auf unsicherem Grund gebaut

Wenn wir von diesem Zuhause aus unsere Beziehungen und Freundschaften gründen, entwickeln sie sich auf der Basis fehlender Sicherheit und finden Halt lediglich in unseren Schutzreaktionen und Anpassungsleistungen. Das kann eine ganze Weile sehr dienlich sein und in einem gewissen Maß Stabilität und Orientierung schenken. In dem Moment jedoch, in dem wir uns auf den Weg Richtung Heimat aufmachen, werden diese Freundschaften herausgefordert.

So berichten mir Klientinnen und Klienten immer wieder, dass sie Angst haben, auf ihrem Heilungsweg zu vereinsamen, da in so vielen Freundschaften Konflikte entstehen. Natürlich hat es eine Wirkung auf einen Freund, wenn sich plötzlich die meist unausgesprochenen und unbewussten Übereinkünfte ändern. Wenn etwa ein Mensch, der immer zur Verfügung stand, beginnt, eigene Grenzen zu kommunizieren.

Heilung bedeutet immer Veränderung. So kann es tatsächlich geschehen, dass wir auf diesem Weg die eine oder andere Freundschaft verlieren. Auch wenn das schmerzlich sein mag, ist es doch ein Zeichen der heilsamen Veränderung, weil unser Inneres sich auf sichere Bindungen und damit auch sichere Freundschaften ausrichtet.

Auch Freundschaften brauchen einen Beziehungsraum

Es ist eine schöne Vorstellung, in der Heimat der Sicherheit verschiedene Räume der Freundschaft vorzufinden. Um mit Menschen Beziehungsräume der Freundschaft zu gestalten, gelten die gleichen Voraussetzungen wie für Räume der Paarbeziehung. Ganz häufig ist es jedoch so, dass wir Freundschaften anders handhaben als Paarbeziehungen. Viele Menschen offenbaren sofort sehr vieles von sich und ihrer Geschichte. Ich wähle absichtlich das Wort »offenbaren« statt anvertrauen, denn ein Vertrauensverhältnis besteht noch gar nicht. Nicht selten ist das Gegenüber davon überfordert und zieht sich wieder zurück. Wieder andere bleiben verschlossen wie eine Auster und zeigen sich nicht wirklich. Du erkennst vermutlich, dass sich in diesem Verhalten ein überaktiviertes und ein deaktiviertes Bindungssystem spiegeln. Um Freundschaften in der Heimat der Sicherheit zu gründen, brauchen wir Zeit, uns kennenzulernen, Vertrauen und Nähe zu entwickeln und den Zustand der Intimität zu begrüßen.

Verbundenheit als Leitstern zur Sicherheit

Ganz gleich, ob wir langjährige Freundschaften in unserem Heilungsprozess weiterentwickeln oder ob wir neue Freundschaften schließen wollen, gibt es ein paar Grundsätze, die dabei unterstützend sein können.

1. **Gemeinsame Werte**

   Werte sind wie Leitsterne. Sie geben Orientierung und helfen dabei, in die richtige Richtung zu navigieren. Wenn die Werte zweier Menschen miteinander in Konflikt stehen, führt dies entweder zum Stillstand oder dazu, dass man sich in verschiedene Richtungen bewegt. Natürlich können Wertekonflikte auch dazu führen, dass einer seine Werte aufgibt und der Richtung des anderen folgt, die nach und nach in Gebiete führt, wo er nie sein wollte.

   Es ist sehr hilfreich, sich der eigenen Wertevorstellungen bewusst zu werden, um einen sicheren Beziehungsraum für die Freundschaft zu kreieren. Dann kann auch klar werden, wozu eine Freundschaft dienen soll. So kann man etwa mit einer Freundin hervorragend tiefe Gespräche führen und mit einer anderen etwas kreativ gestalten. In den jeweiligen Räumen sind verschiedene Werte wichtig.
2. **Reflexion**

   Wie in jeder Beziehung ist es auch in Freundschaften wichtig, sich selbst, die eigenen Erwartungen, Verhaltensmuster und Wünsche zu reflektieren. Je mehr beide Partner reflektieren, desto weniger führen Projektionen zu unerwünschten Konflikten oder Enttäuschungen. Gemeinsam und für sich zu reflektieren, ist eine Art, den Beziehungsraum reinzuhalten und ihn mit Licht zu durchfluten.

3. **Kommunikation**
   Wie heißt es so schön: Kommunikation ist alles. Wenn freundschaftliche Beziehungen in Sicherheit verankert sein sollen, ist es wichtig, dass alle Beteiligten sich bemühen, klar, respektvoll und bewusst zu kommunizieren. Insbesondere Konflikte lösen sich niemals, ohne dass wir kommunizieren. Alles, was beschwiegen wird, wird zu einem Muster. Wenn wir etwa Irritationen oder Enttäuschungen nicht kommunizieren, entwickelt sich unterbewusst die Suche nach der negativen Bestätigung. Wir warten förmlich darauf, dass sich etwas Negatives wiederholt und damit unsere Erwartung bestätigt wird. Und im Handumdrehen wird auch die Freundschaft von den Schatten der Vergangenheit erfasst.
4. **Pflege des Beziehungsraumes**
   Auch wenn es unattraktiv klingen mag: Freundschaft bedeutet auch »Arbeit«. Wenn wir nicht von vornherein in der sicheren Bindung zuhause sind und es uns leicht und natürlich gelingt, sichere Beziehungen zu gestalten, bedarf eine Freundschaft aktiver Pflege und Aufmerksamkeit. Mit einem Weggefährten, dem wir vertrauen und mit dem wir Lebenszeit teilen, entwickeln wir uns auch immer ein Stück. Wir gehen miteinander durch unterschiedliche Lebensphasen, die von unterschiedlichen Bedürfnissen und Herausforderungen geprägt sind. Um Sicherheit zu etablieren, ist es wichtig, den Beziehungsraum der Freundschaft zu hüten. Fürsorge, Zugewandtheit und das Aufrechterhalten einer Verbindung, auch in Zeiten, in denen man weniger Kontakt hat, sind hier elementar.

Einladung zur Reflexion

Was bedeutet Freundschaft für dich?

Bist du eine wahre Freundin oder ein wahrer Freund? Wenn nein, welche alten, schützenden Strategien stehen dir noch im Weg?

Auf welchen Werten möchtest du neue Freundschaften gründen oder bestehende neu ausrichten?

Was kannst du dafür tun, damit das gelingt?

Im folgenden Teil werde ich Leitprinzipien für gelingende Beziehungen vorstellen und einige Hinweise für die Praxis geben. All das, was dich dort erwartet, kannst du auch auf Freundschaften beziehen.

ESSENZ: WENN FREUNDE WIE STERNE SIND, VERLIERT DIE DUNKELHEIT AN BEDROHLICHKEIT

Freundschaften haben die Kraft, uns durch schwierige Zeiten zu tragen und in guten Zeiten zu beflügeln.

In der Dunkelheit sind Freunde wie Sterne, am Tag sind sie wie der Wind unter unseren Flügeln.

Wahre Freunde können Halt geben, herausfordern, einem den Spiegel vorhalten oder ein sicherer Hafen sein, den man ansteuern kann, um sich zu erholen, einen neuen Blickwinkel einzunehmen oder einfach Trost und Zuspruch zu erfahren.

Wenn es dir an Freunden mangelt, verzage nicht. Es liegt nicht an dir, sondern an dem, was du über Beziehung, Freundschaft und dich selbst gelernt hast. Unsere soziale Natur sucht Sicherheit in gesunden und freundlichen Beziehungen. Mit all deinem Wissen und der Zugewandtheit zu dir kannst du diese Suche zum Erfolg führen, mit Geduld, Behutsamkeit und Klarheit.

Es ist nie zu spät, um Räume der Freundschaft zu errichten. Es ist nie zu spät, ein guter Freund oder eine gute Freundin zu sein.

4

Die heilsame Kraft der Verbundenheit

Trauma geschieht in Beziehungen und Trauma heilt in Beziehungen. In diesem Paradoxon liegen die größte Heilkraft und die größte Herausforderung zugleich. Wer durch einen anderen schwer versehrt wurde, hat erlebt, dass das, was nähren und tragen soll, zu Gift wurde. Neues Vertrauen zu schöpfen und Herz und Körper behutsam zu öffnen, bahnt den Weg zu heilsamen Erfahrungen.

DIE GRÖSSTE HEILKRAFT LIEGT IN UNSEREN BEZIEHUNGEN

Es lag nicht in unserer Macht zu beeinflussen, wie unsere Bindungspersonen mit uns umgegangen sind. Aber es liegt in unserer Macht, wie wir heute mit uns selbst und anderen umgehen. Diese Macht zu nutzen, ist ein Schlüssel zur Heilung früher Wunden.

Wie können heilsame und gesunde Beziehungen entstehen? Was brauchen wir mental, körperlich, emotional und sozial, um uns gegenseitig dabei zu helfen zu erblühen, statt zu verkümmern? Wie kann es gelingen, trotz der frühen Wunden glückliche und nährende Beziehungen zu leben? Wie können wir aus alten, destruktiven Mustern herausheilen? Ist es überhaupt möglich oder vielleicht schon zu spät?

Um diese Fragen soll es im letzten Teil des Buches gehen. Hier erwarten dich einige Prinzipien, die auf der bisherigen Lesereise teilweise schon angeklungen sind, und ihre Umsetzung ins Leben. Ich werde praktische Handlungsinspirationen mit dir teilen, die dich unterstützen können, bewusst und aktiv an deinen Beziehungen zu arbeiten.

Das Ziel der Reise lautet nach wie vor, sichere Bindungen zu gestalten. Viele Menschen müssen dafür ihren inneren Kompass, das Bindungssystem, komplett neu kalibrieren und dann konsequent der Richtung folgen, in die die Nadel zeigt. Das erfordert, sich neu zu orientieren, da sich unbekannte, zuvor verborgene Landschaften zeigen.

Verbundenheit schafft Sicherheit

Eine wesentliche Essenz zog sich durch die vorangegangenen Kapitel wie ein roter Faden: Es geht immer um Sicherheit. Unser Nervensystem prüft in jeder Sekunde, ob wir sicher sind. Vielleicht erinnerst du dich daran, dass die allererste Reaktion auf Stress die Bindungssuche ist? Wir sind zutiefst soziale Wesen, für die Bindung (Über-) Leben ist. Wer erlebt hat, dass Bindung gefährlich ist, verliert den Zugang zum Erleben von Sicherheit. Die wichtigste Zuflucht, die Verbundenheit zu einem anderen Menschen, wird so genommen. Und weil in der Bindung die größte Verletzung geschah, ist jede weitere Bindungserfahrung zunächst mindestens ambivalent, wenn nicht per se bedrohlich.

Du hast einiges über die vielfältigen Kompensationsstrategien und kreativen Anpassungsleistungen erfahren, die Menschen vollbringen, um den Mangel an Sicherheit zu kompensieren. Nun geht es also darum, echte Sicherheit zu finden, sie neu zu entdecken und in unserem Leben zu kultivieren. Wie kann das gehen?

1. LEITPRINZIP AUF DEM WEG ZU GELINGENDEN BEZIEHUNGEN: WIR BRAUCHEN KORRIGIERENDE ERFAHRUNGEN

Korrigierende Erfahrungen sind wie Geschenke des Himmels.
Sie öffnen uns Türen in eine neue Welt.

Die Kraft der korrigierenden Erfahrung

Wie kann es gelingen, sichere Bindungen aufzubauen und zu gestalten, wenn man sie nie zuvor erlebt hat? Einfach gesagt: Man muss es lernen. Dazu gilt es zunächst zu erforschen, wie Sicherheit sich anfühlt. Für viele Menschen heißt das, eine grundlegende Erfahrung nachzuholen, die sie früh im Leben nicht gemacht haben. Für andere bedeutet es, verloren gegangene Sicherheit und das Vertrauen in sie wiederzufinden. Und all das können wir nicht allein. Wir brauchen einander. Sich einzuschließen und jede mögliche Gefahr auszusperren, führt nicht zu einem Gefühl von Sicherheit. Wirklich sicher fühlen wir uns, wenn wir verbunden und eingebunden sind. Kleine Kinder schlafen schneller und leichter ein, wenn sie die Stimmen der Erwachsenen im Nebenzimmer hören. Stille ist oft weniger beruhigend für sie.

Wie zu Beginn des Buches beschrieben, ist das Empfinden von Sicherheit viel mehr ein neurobiologischer, also körperlicher Zustand als das Ergebnis einer sachlichen Gefahrenanalyse. Fühlen wir uns sicher, sind das soziale Nervensystem und der ventrale Vagusast aktiv, das Stressniveau ist niedrig, wir können auf Herausforderungen kreativ und angemessen reagieren.

Um zu lernen, wie Sicherheit sich anfühlt und um sie in unserem Inneren zu verankern, brauchen wir Erfahrungen, die uns dieses Erleben zugänglich machen. Wir brauchen Begegnungen mit sicheren Menschen. Wir brauchen Orte und Tätigkeiten, die uns Sicherheit vermitteln. Es hilft ungemein, ein Umfeld zu kreieren, das Anker der Sicherheit bereithält.

Und tatsächlich ist es nie zu spät dazu, denn jede Erfahrung, die uns ein Gefühl von Geborgenheit und Verbundenheit schenkt, ist eine Lernerfahrung, die unser Nervensystem formt, indem sie alten, tiefen Prägungen etwas hinzufügt. Neue, gute Erfahrungen bilden nach und nach ein Gegengewicht zu den alten Überzeugungen.

Sicherheit liegt im Hier und Jetzt

Unter Traumafolgen zu leiden bedeutet, immer wieder von der Vergangenheit entführt zu werden. Alte, unverarbeitete Gedächtnisinhalte, Gefühle und Körperempfindungen fluten die Gegenwart. Die Schatten der Vergangenheit verdunkeln den Moment und rauben uns die Chance auf Verbundenheit und Sicherheit im Hier und Jetzt. Das soziale Nervensystem geht offline. Um aus diesen anstrengenden Wiederholungsschleifen zu entkommen, brauchen wir vor allem drei Dinge:

- das Bewusstsein darüber, was gerade geschieht,
- ein Umfeld, das uns Co-Regulation im Hier und Jetzt ermöglicht,
- die Fähigkeit, uns selbst zu regulieren und damit in der Gegenwart zu verankern.

Zu verstehen, wie alte Prägungen in uns wirken, ist elementar. Sobald wir erkennen, dass die Vergangenheit sich in die Gegenwart mischt, und sobald wir verstehen, was in diesem Moment in unserem Körper und Nervensystem passiert, endet das Gefühl, dem Geschehen ausgeliefert zu sein. Wir werden nach und nach handlungsfähig. Uns dessen bewusst zu sein, ermöglicht uns einen Blickwinkelwechsel aus der Überflutung in die Beobachtung. Das ist ein großer und wichtiger Schritt auf dem Weg zur Sicherheit im Hier und Jetzt.

Insbesondere, wenn wir in der Kindheit einen Mangel an Co-Regulation erfahren haben, ist es wichtig, dass wir uns heute darum bemühen, sie zu finden. Die Fähigkeit zur Selbstregulation, die sich so viele Menschen wünschen, entwickelt sich durch gelungene Co-Regulation. Eines folgt auf das andere. Wer keine Co-Regulation erfahren hat und sich selbst regulieren möchte, wird das Gleiche erleben wie ein Nichtschwimmer, der ins Wasser springt. Er wird sich erschöpfen und dabei untergehen. Zuerst muss jemand ihm Schwimmen beibringen. Den wichtigen Entwicklungsschritt – von der Co-Regulation zur Selbstregulation – können wir nicht auslassen. Indem wir Menschen, Dinge, Orte und Tätigkeiten in unserem Alltag integrieren, die uns helfen, uns selbst zu regulieren, schaffen wir eine Umgebung, die uns Halt und Sicherheit vermittelt. Das ist ein gutes Stück Arbeit, und doch sehr wichtig und lohnend.

Ich betrachte meine Klientinnen und Klienten auf diesem Wegabschnitt als Architektinnen und Architekten ihrer eigenen, sicheren Welt. Ich lade sie ein, sich zu fragen: Was gehört hinein und was nicht? Was stabilisiert und was irritiert? Alles, was zur Regulation beiträgt, ist willkommen. Alles andere darf langsam, nach und nach verabschiedet oder, wenn möglich, verändert werden.

Zu lernen, das eigene Nervensystem zu regulieren, ist Basis und Krönung des Prozesses zugleich. Selbstregulation ermöglicht es uns, mit intensiven Gefühlen und inneren Zuständen im Hier und Jetzt präsent sein zu können. Sie ist nicht zu verwechseln mit Selbstbeherrschung oder Beruhigung. Sich selbst und sein Nervensystem regulieren zu können bedeutet, innerhalb des Stresstoleranzfensters zu bleiben, auch wenn intensive Erinnerungen oder Gefühle spürbar werden. Selbstregulation verfolgt demnach nicht das Ziel, immer in Ruhe und Freude zu verweilen, sondern mit den Wellen des Lebens und der eigenen Innenwelt umgehen zu können. Es geht darum, Sicherheit im Inneren zu kultivieren. Sich selbst halten zu können, entspricht dem Gefühl der Sicherheit in sich selbst.

Was ist ein sicherer Mensch?

Oben erwähnte ich, dass wir Begegnungen mit »sicheren Menschen« brauchen. Sie zählen zu den wichtigsten korrigierenden Erfahrungen für Betroffene von interpersonellem Trauma. Unter einem sicheren Ort können sich viele schnell etwas vorstellen, aber was ist ein sicherer Mensch? Vielleicht möchtest du, bevor du weiterliest, diese Frage einmal an dich selbst richten: Woran erkennst du, dass dein Gegenüber ungefährlich und nicht bedrohlich, sondern sicher ist?

Ein sicherer Mensch muss weder ein Engel noch erleuchtet sein, jedoch muss er ein paar wesentliche Aspekte verkörpern. Wie du vielleicht nach der bisherigen Lektüre erahnen kannst, haben diese etwas mit seinem Bindungssystem, seinem Bindungsstil, seinen Arbeitsmodellen und mit dem daraus resultierenden Verhalten zu tun.

Im Folgenden findest du einige klare Merkmale sicherer Menschen:

- Es sollte selbstverständlich sein, doch leider ist es das nicht für alle frühtraumatisierten Menschen: Ein sicherer Mensch verübt keine Gewalt, weder verbal noch emotional oder körperlich. Er kann seine Impulse kontrollieren.
- Darüber hinaus sind seine Handlungen und Reaktionen berechenbar.
- Er ist uneingeschränkt *für* die Menschen, die ihm nahestehen, interessiert sich aufrichtig für sie, sorgt sich um sie und gibt ihnen Vorrang vor anderen Menschen oder der Arbeit. Er zeigt weder Feindseligkeit noch Missgunst.
- Er behandelt sich und andere respektvoll und achtet ihre Würde.
- Er steht unverbrüchlich zu den Menschen, die ihm nahestehen, selbst wenn sie nicht seiner Meinung sind.
- Er ist bereit, seine Vertrauten gegenüber anderen zu schützen.
- Er ist und verhält sich vertrauenswürdig und integer. Es gibt bei ihm keine Doppelstandards, etwa nach außen andere Werte zu vertreten als hinter verschlossenen Türen.
- Er ist ehrlich, verlässlich und empathisch.

Wenn dir diese Attribute in ihrer Fülle zu groß und unrealistisch erscheinen, sei dir gewiss: Das wird sich ändern, wenn du die sichere Bindung für dich entdeckst. Wenn einer oder mehrere der genannten Punkte fraglich sind, gibt es für die betreffende Person Arbeit zu tun. Denn, das sei angemerkt, es ist nie zu spät, ein sicherer Mensch zu werden. Womit wir bei einem weiteren wichtigen Punkt angelangt sind:

Es wäre zu kurz gedacht, ausschließlich im Außen nach sicheren Menschen zu suchen. Es ist wesentlich für sichere und gute Beziehungen, auch selbst einer zu werden. Und das Beste ist: Wir können einander dabei helfen, sichere Menschen zu werden. Wie das geht, werden wir später beleuchten.

Sicherheit kann sich falsch anfühlen

Aus der Erfahrung mit Klienten, die sich Richtung sichere Bindung aufgemacht haben, möchte ich eine »Warnung« aussprechen. Für viele Betroffene, die sich an Bindungspersonen mit unsicheren Bindungsstilen anpassen mussten, kann sich die sichere Bindung zunächst langweilig anfühlen. Es scheint etwas zu fehlen. Das Nervensystem sucht nach den vertrauten Reizen und findet … nichts. Die Signale der Sicherheit wahrnehmen und annehmen zu können, will erlernt werden. Wenn innere Anteile in Habachtstellung sind, wirkt Sicherheit falsch oder ermüdend, weil die aufgebaute Stressenergie kein Objekt findet, an dem sie sich entladen kann. Wann immer man sich in einer neuen Erfahrung langweilt, geht es darum, zu bleiben, einen Schritt näher zu kommen, die eigene Neugierde zu aktivieren und herauszufinden, was entstehen kann, wenn man nicht kämpfen, fliehen, beschwichtigen oder sich anderweitig anpassen muss.

Eine korrigierende Erfahrung ist ein heilsamer Moment

Nicht nur eine stabile Beziehung mit einem sicheren Menschen, gleich ob Freundin, Beziehungspartner, Kollegin oder Therapeut ist eine korrigierende Erfahrung. Auch weit kleinere und unspektakulärere Situationen können korrigierende Erfahrungen sein. Nämlich all jene Momente, die uns das Gefühl geben, in diesem Augenblick verbunden zu sein. Das Lächeln des Menschen hinter der Verkaufstheke wirklich wahrzunehmen, kann eine korrigierende Erfahrung sein. Oder auch im Kino von der einzigartigen Lache eines fremden Menschen angesteckt zu werden oder etwa in einem Moment der Traurigkeit oder des Zorns einen mitfühlenden Blick und ein freundliches Wort zu empfangen. Es lohnt sich so sehr, die Augen für die Gelegenheiten offen zu halten, die zu korrigierenden Momenten werden können. Das können wir tun, indem wir versuchen, uns im Hier und Jetzt zu orientieren und mitzubekommen, was um uns herum und im Kontakt mit anderen geschieht.

Einladung zur Reflexion

Wo verhältst du dich in deinen Beziehungen nicht wie ein sicherer Mensch? Kannst du herausfinden, wieso? Vor was versuchst du dich dadurch zu schützen?

Wer ist ein sicherer Mensch für dich? Woran kannst du festmachen, dass er es ist?

Für wen bist du ein sicherer Mensch? Wie fühlt es sich an, dir das bewusst zu machen?

2. LEITPRINZIP AUF DEM WEG ZU GELINGENDEN BEZIEHUNGEN: NERVENSYSTEMGERECHTE KOMMUNIKATION

Einander zu verstehen, ist essenziell für gelingende Beziehungen. Dafür brauchen wir weit mehr als Worte.

Kommunikation ist komplex. Zahlreiche Paare und auch Menschen in Freundschaften oder Arbeitsbeziehungen erleben sich in festgefahrenen Mustern, wenn es darum geht, sich zu verständigen. Viele suchen Lösungen in Beziehungsratgebern, die mal mehr und mal weniger komplexe Anleitungen und Übungen enthalten, die helfen sollen, sich zu verstehen, statt aneinander vorbeizureden oder zu streiten.

Ich möchte nicht noch mehr Ratschläge in den Raum werfen, sondern stattdessen den Blick auf die Frage lenken, wie wir so kommunizieren können, dass unsere autonomen Nervensysteme einander verstehen, was die Basis für jede gelingende Interaktion darstellt. Mit dieser Fragestellung geht es erst sekundär um den Inhalt der Kommunikation. An erster Stelle dreht sich alles darum, wie wir kommunizieren und nicht was. Die zwischenmenschliche Atmosphäre und die Art, wie wir miteinander umgehen, sind maßgeblich für das Ergebnis. Denn wie du bereits erfahren hast, können wir ohnehin nur dann vernünftig, erwachsen und empathisch miteinander kommunizieren, wenn unser soziales Nervensystem aktiv ist, wir uns also ausreichend sicher fühlen.

LEITSTERNE FÜR SICHERHEIT UND NERVENSYSTEMGERECHTE KOMMUNIKATION

Im Folgenden möchte ich Prinzipien vermitteln, die sich in der Praxis sehr bewährt haben. Sie können dabei helfen, in deinen Beziehungen die Basis für gelingende Kommunikation zu legen, da sie dein Nervensystem und dein Bindungssystem mit einbeziehen. Behalte beim Lesen im Hinterkopf, dass damit auch die Beziehung zu dir selbst gemeint ist. Zudem kannst du auch reflektieren, was es für dich als Beziehungsgegenüber bedeutet, dir dieser Leitsterne bewusst zu sein. Indem du an deinen zwischenmenschlichen Interaktionen arbeitest, kreierst du neue und im besten Falle korrigierende Erfahrungen für alle Beteiligten. Daraus entwickelt sich eine positive, wechselseitige Dynamik.

1. **Sei ein sicherer Mensch.**
   Indem du dich darauf ausrichtest, selbst ein sicherer Mensch zu sein, wirst du die Würde des anderen und die eigene in Worten und Taten achten. So wirst du zu einem sicheren Hafen für dein Gegenüber und deine eigenen inneren Anteile. Das ist die Basis, zu der du immer wieder zurückkehren kannst. Sei, so gut es geht, ein sicherer Mensch.
2. **Achte darauf, die Beziehung nicht zu bedrohen.**
   Oft habe ich in der Praxis erlebt, dass Menschen bewusst oder unbewusst die Beziehung bedrohen, um Druck auszuüben oder endlich gehört zu werden. Das entspricht einer starken Manipulation über das Bindungsband. Etwa so, wie ein gestresster Elternteil zu einem bockigen Kind alltäglich sagt: »Wenn du nicht mitkommst, gehe ich eben allein!«, um den Effekt zu erzielen, dass das Kind dadurch Angst bekommen und folgen wird. Wann immer mit einem Beziehungsabbruch gedroht oder die Beziehung als solche grundlegend infrage gestellt wird, wird die Basis der Bindungssicherheit erschüttert. Das wiederum aktiviert (alte) Schutz- und Abwehrstrategien, die weiter ins Schlamassel führen. Natürlich ist es elementar wichtig, eine Beziehung nicht

aufrechtzuerhalten, wenn sie schadet. Wenn jedoch ein grundlegender Konsens besteht, dass man eine Gemeinschaft darstellt, sollte diese nie aufs Spiel gesetzt werden. Beispielsweise eine Situation impulsiv zu verlassen und sich stunden- oder tagelang nicht zu melden, zu schweigen oder sich auf andere Weise zu entziehen, zerstört Bindungssicherheit. Mit der Trennung zu drohen ebenso. Achte in deiner Kommunikation darauf, auf Drohungen zu verzichten. Wenn sie zu deinem früh erlernten Verhaltensrepertoire gehören und es dir doch passieren sollte, korrigiere diesen Moment, indem du sehr zeitnah klarstellst, wie du wirklich zur Beziehung stehst.

3. **Werde dir deiner Strategien bewusst und übe dich in Transparenz.**
Nutze die Erkenntnisse über deine Kompensationsstrategien, deaktivierenden Strategien oder weiteren Bindungsmuster, um sie nach und nach zu modulieren. Solange sie noch bestehen, ist es hilfreich, wenn du nahestehenden Menschen gegenüber transparent damit umgehst. So kann sich Neues entwickeln und es entsteht Raum für das Authentische hinter den Strategien und Rollen.

Beziehungen, in denen Menschen Rollen spielen, sind unsichere Beziehungen. Es wäre sicher unangemessen, in jeder zwischenmenschlichen Beziehung alles von sich preiszugeben. Doch in bedeutsamen Beziehungen sind Transparenz und Integrität hohe Werte, die die Bindungssicherheit stärken.

4. **Achte auf Gegenseitigkeit und Gemeinsamkeit.**
Konsens und Einverständnis sind in Beziehungen ebenso wichtig wie Ebenbürtigkeit. Selbst in einer Verbindung, die in einem hierarchischen Kontext besteht, wie zwischen Vorgesetzten und Mitarbeitern, ist Ebenbürtigkeit essenziell. Jede andere Struktur führt schnell in missbräuchliche Dynamiken.

Praktisch gesehen gilt die Frage: Sind die Übereinkunft und die gelebte Realität gut für beide? Besteht ein Gleichgewicht in der Verteilung der Lasten? Sind Geben und Nehmen im Ausgleich? Wenn ja, kann die Verbindung kraftvolle Synergien entfalten. Wenn nein, wird mindestens eine Partei Kraft verlieren und die Beziehung wird schädlich wirken.

Achte in deiner Kommunikation darauf, so lange dranzubleiben, bis du das Gefühl hast, dass das Ergebnis für alle Seiten möglichst ausgewogen ist. Triff keine Entscheidungen, deren Auswirkungen beide berühren, ohne davor in Austausch darüber zu gehen.

5. **Achte darauf, Verletzungen und Missverständnisse schnell zu versorgen und sie nicht zu übergehen.**
Es ist fast alltäglich, dass Menschen aneinander vorbeireden oder sich verletzen. Oft wird unterschätzt, dass der Umgang damit meist folgenreicher ist als das Geschehene selbst. Je mehr Zeit zwischen einer Erschütterung des Bindungssystems und seiner Regulation vergeht, desto schwerwiegender sind die Folgen. In jeder Minute, die unser Unterbewusstsein mit einer Bedrohung konfrontiert ist, werden die Schutzreaktionen stärker, die Interpretationen wilder und der Kontakt zu Gegenwart schwächer. Der Sog des Vergangenen beginnt zu ziehen. Das lässt sich vermeiden, indem man nach einem solchen Bruch schnellstmöglich wieder die Verbindung aufnimmt. Konkret könnte es bedeuten, nach einem Missverständnis, das zu einem Disput geführt hat, dazubleiben, den Blickkontakt zu suchen und etwas grundlegend Korrigierendes zu sagen, wie: »Auch wenn es gerade nicht leicht ist, wir kriegen das hin.« Verletzungen und Missverständnisse zu übergehen, unterminiert das Empfinden von Sicherheit an der Basis.
6. **Arbeite an dir und der Beziehung, nicht am anderen.**
Oft richten wir unsere Aufmerksamkeit auf den anderen, wenn etwas nicht rundläuft. Wenn er oder sie sich anders verhalten, die Dinge anders betrachten oder anders fühlen würde, gäbe es das Problem nicht. Das ist vermutlich fast immer höchstens die halbe Wahrheit und zudem ein Ansatz, der nicht funktioniert. Aus einer polyvagalen Perspektive nehmen wir dann am meisten positiven Einfluss auf einen anderen, wenn wir selbst Sicherheit vermitteln. Wenn wir also innerhalb unseres Stresstoleranzfensters sind und von dort aus agieren und kommunizieren, was bedeutet, dass

wir uns selbst wahrnehmen und gleichzeitig dem anderen empathisch verbunden sind. In diesem Fall ist die Wahrscheinlichkeit am höchsten, dass wir uns gegenseitig verstehen und gemeinsam das erreichen, was beiden guttut. Am eigenen Nervensystem und sicheren Rahmenbedingungen für die Beziehung zu arbeiten, ermöglicht allen Beteiligten, nach und nach ganz natürlich Überlebensstrategien und alte Schutzmuster abzulegen.

Wenn wir gestresst und mit einem aktivierten Bindungssystem versuchen, den anderen oder uns selbst so zu verbiegen, dass sich alles wieder »beruhigt«, lösen wir keine Probleme, sondern streuen lediglich etwas Glitzer darauf. Statt dich zu fragen, wie du den anderen verändern kannst, versuche einmal schlicht und ergreifend, alles dir Mögliche zu tun, um für dich und ihn Sicherheit zu schaffen und dabei transparent und authentisch zu sein.

7. **Werde neugierig, statt zu urteilen.**
Einen anderen zu verurteilen, gehört zu den Strategien, die das Bindungssystem deaktivieren. Die trennendste Form der Verurteilung ist die Verachtung. Wenn wir Abstand brauchen oder jemanden, inklusive unserer Gefühle für ihn, wirklich loswerden wollen, ist Verachtung oft der Weg, den wir unbewusst wählen. Dieser führt jedoch auch zur Drosselung unseres sozialen Nervensystems und hat damit Wirkungen weit über das Ziel hinaus.

Immer dann, wenn wir urteilen, bedrohen wir die Beziehung zu dem betreffenden Menschen. Leider passiert das sehr schnell. Sind wir genervt, rollen wir mit den Augen oder stoßen einen Seufzer aus. Diese körpersprachlichen und stimmlichen Kommunikationsmittel transportieren Abwertung.

Achte darauf, ob dir das passiert und versuche, es einzustellen, wenn du deine Beziehung sicher gestalten möchtest. Übe stattdessen, neugierig zu werden, was in dir passiert und was den anderen gerade bewegt, sich so zu verhalten. So hältst du dein soziales Nervensystem »online« und eine grundlegende Sicherheit aufrecht.

8. **Bemerke, wenn du projizierst und erkenne deine »Trigger«.**
Öfter als wir denken, verwechseln wir unser Gegenüber mit unseren frühen Bindungspersonen, ohne es zu bemerken. Dann inter-

pretieren wir sein Verhalten entsprechend unseren damaligen Erfahrungen. Wir fühlen uns etwa angegriffen oder alleingelassen, ohne dass der andere dafür einen konkreten Anlass bietet. Ein altes Muster wurde durch einen Trigger, also ein Signal der Bedrohung, aktiviert. Dieser Mechanismus führt zu Reinszenierungen alter Muster in der Gegenwart. (Erinnere dich an die projektive Identifikation.)

Um deine Beziehung für dich und den anderen sicher zu gestalten, achte darauf, wann du reaktiv bist. Erforsche deine »Trigger«, finde heraus, was für Auslösereize dich in alte Muster katapultieren. Dafür braucht es ein gutes Maß an Selbst(er)kenntnis und -reflexion. Es obliegt der Verantwortung jedes Einzelnen, die Beziehung so bewusst wie möglich im Hier und Jetzt zu verankern und achtsam miteinander und sich selbst umzugehen. Dazu gehört, sich um die eigenen Wunden zu kümmern. Denn was nicht integriert ist, wird projiziert oder ausagiert.

9. **Fördere das Gute im anderen, indem du Sicherheit gibst.**

Oft habe ich von sicher und glücklich gebundenen Paaren gehört, dass sie einander zu besseren Menschen machen. Beziehungen entfalten heilsame Dynamiken, wenn das Wahre und Unversehrte sich entfalten und das Versehrte zur Ruhe kommen kann. Das ist eine logische Konsequenz von empfundener Sicherheit, denn Bindungssystem und Nervensystem entspannen sich, es entsteht mehr Raum zwischen Reiz und Reaktion und das soziale Nervensystem kann seinen Dienst tun.

Indem wir einander Sicherheit geben, wirken wir heilsam, sowohl individuell als auch kollektiv. Sichere Menschen haben eine heilsame Präsenz. Wenn es uns gelingt, auf der Ebene des Nervensystems und damit zwischenmenschlich Sicherheit zu kultivieren, machen wir die Welt zu einem sichereren Ort.

Lass uns konkret werden

Nun möchte ich darauf eingehen, was wir praktisch tun können, um so zu kommunizieren, dass unser Nervensystem Signale der Sicherheit senden und empfangen kann. Was hilft konkret, um Sicherheit in der alltäglichen Kommunikation zu fördern und zu etablieren? Auf der Basis, die sich durch die oben genannten Leitsterne bilden kann, können folgende praktische Ansätze unterstützen:

- **Lerne die Sprache des Nervensystems zu verstehen.**
  Je besser wir dysregulierte Zustände in uns selbst und anderen erkennen können, desto besser können wir ihnen regulierend begegnen und alte, auch generationsübergreifende, Muster beenden. Das Wissen über Trauma und seine Folgen ist hier enorm hilfreich. Indem du dich mit den dir nahestehenden Menschen über diese Hintergründe austauschst und ihr kompetenter darin werdet, einander lesen zu können, wird die Beziehung sicherer und die Interaktion friedvoller und verbundener.

  Wenn du etwa bei deinem Partner Zeichen einer Dysregulation erkennst, kannst du ihm die Hand reichen, statt dich irritiert oder etwa zurückgewiesen zu fühlen. Solltest du dich selbst aus der Balance fühlen, so kannst du es benennen und dadurch der Situation einen sicheren Rahmen geben, womit ich zum nächsten Punkt komme.
- **»Name it to tame it.«**
  Dieser bekannte Ausspruch von Daniel Siegel bedeutet übersetzt, dass wir Gefühlszustände »zähmen« können, indem wir sie benennen. Indem wir einen emotionalen Zustand bewusst wahrnehmen und ansprechen, helfen wir unserem Gehirn, vom reaktiven, emotionalen Bereich (dem limbischen System) in den reflektierenden, rationalen Teil (den präfrontalen Kortex) zu wechseln. Anders ausgedrückt, wechseln wir aus dem Erleben eines inneren Anteils in den Blickwinkel des bewussten Beobachters. Indem wir den Zustand benennen, aktivieren wir zudem das soziale Nervensystem mit seinen beruhigenden Funktionen. Sich dieser Tatsache praktisch zu bedienen, kann ungemein helfen, nicht in destruktive

Dynamiken zu geraten. Dies gelingt praktisch, indem wir uns oder unser Gegenüber befragen, welche Empfindungen gerade da sind. Wir pausieren also etwa eine Diskussion, um zu erkennen und zu benennen, in welchem Zustand wir uns gerade befinden, und gegebenenfalls zu erörtern, was helfen kann, ihn zu regulieren. Indem wir das tun, ermöglichen wir einander, dysregulierte Zustände leichter zu verlassen, was weitreichende Wirkungen hat, wie im nächsten Punkt deutlich wird.

- **Story follows state.**
Wie wir eine Situation empfinden und interpretieren, wird maßgeblich von dem Zustand unseres Nervensystems gesteuert. Sind wir in einer sympathikotonen Übererregung, erleben wir Menschen um uns herum als potenzielle Feinde, die es zu bekämpfen oder vor denen es zu fliehen gilt. Sind wir in einer dorsalen Untererregung, erscheint uns jede Situation hoffnungslos, Menschen und die Verbindung zu ihnen weit entfernt. Unser soziales Nervensystem funktioniert sehr eingeschränkt. Erleben wir die exakt gleiche Situation in einem Zustand der ventralen Verbundenheit, so interpretieren wir sie vollkommen anders. Wenn wir also mit jemandem zusammentreffen, der in einem dysregulierten Zustand ist, können wir davon ausgehen, dass er uns weder richtig verstehen noch die Situation korrekt einschätzen kann. Dann ist es wichtig, sich nicht von der Dysregulation anstecken zu lassen, sondern co-regulierend einzugreifen.

Auch Erinnerungen spielen in diesem Kontext eine wichtige Rolle, denn sie beeinflussen unseren Zustand im Hier und Jetzt intensiv, wie sicher inzwischen deutlich wurde. Umgekehrt gilt das genauso. Unser Zustand beeinflusst ebenso, woran wir uns erinnern. Wenn du wütend auf jemanden bist, erinnerst du dich an all die Situationen, in denen du dich bereits in der Vergangenheit über die Person aufgeregt hast. Fühlst du dich hingegen mit der Person verbunden, erinnerst du dich an die schönen gemeinsamen Momente. Der gegenwärtige Zustand wird also von der Vergangenheit gefärbt und der gegenwärtige Zustand färbt die Wahrnehmung unserer Vergangenheit. Und die unserer Zukunft.

Es lohnt sich so sehr, den Fokus der Aufmerksamkeit auf die Regulation des Nervensystems zu lenken, um den gegenwärtigen Zustand zu modulieren, statt sich sofort in den Inhalten einer Situation zu verfangen, wie in einem Spinnennetz. Das zu üben, kann viele korrigierende Erfahrungen mit sich bringen.

- **Setze Dinge in einen Kontext.**
  Wie in den beiden vorangegangenen Punkten schon angeklungen ist, macht es einen großen Unterschied in der Kommunikation, wenn wir wissen, was im anderen gerade vorgeht. Wenn uns der Zusammenhang fehlt, in dem etwas stattfindet, füllen wir die Lücke mit unseren Erwartungen, Erfahrungswerten und Erinnerungen. Die Wahrscheinlichkeit, dass wir mit diesen Interpretationen richtigliegen, ist eher gering. Daher lohnt es sich, unmittelbar klarzustellen, in welchen Kontext das aktuelle Geschehen einzuordnen ist. Hier ein Beispiel: Wenn etwa ein Beziehungspartner wütend verstimmt nachhause kommt, sich zurückzieht und abwehrend verhält, bezieht sein Gegenüber das möglicherweise augenblicklich auf sich. Das wiederum ruft bei ihm selbst Reaktionen wach und die negative Stimmung regiert innerhalb kürzester Zeit die ganze Situation. Das kann vermieden werden, wenn die verstimmte Person direkt mitteilt, dass sie etwas bewegt, es aber nichts mit dem anderen zu tun hat. Der Zusammenhang, der dadurch transparent wird, entlastet beide Partner und ermöglicht ihnen, das Problem gemeinsam zu betrachten, statt von ihm umgeworfen und voneinander getrennt zu werden.
- **Übergänge gestalten**
  Sicher gebundene Menschen sind mit ihren grundlegend regulierten Nervensystemen flexibel in der Lage, Veränderungen fließend zu gestalten. Sie wechseln aus der Konzentration auf die Arbeit schnell in eine zugewandte Einstimmung auf ein Kind, sie kommen von einem Wochenendkurs nachhause und sind in Sekundenschnelle mit dem Menschen verbunden, der sie zuhause erwartet. Übergänge fallen ihnen leicht.

Für Menschen, die ein latent dysreguliertes Nervensystem und ein reaktives Bindungssystem haben, sind Übergänge oft unbewusst eine große Herausforderung. So freuen sie sich etwa nach einem Wochenendseminar darauf, nachhause zu kommen und verfallen dort aber augenblicklich in schlechte Stimmung, weil sie sich von allem überfordert oder schlicht nicht wohl fühlen. Auch bei alltäglichen Wechseln, wie vom Tag in die Nacht oder von der Arbeit zur Freizeit fühlen sie sich gestresst und dysreguliert. Sich darüber gewahr zu sein, dass manche Nervensysteme mehr Zeit brauchen, um Übergänge zu integrieren, kann dem Haussegen sehr dienen. So kann man Übergänge sanft gestalten, sie mit Ritualen zu vorhersehbareren Umständen machen und Spitzen der Dysregulation vermeiden.

- **Selbst- und Co-Regulation**
  All die genannten Ansätze dienen unmittelbar der Selbst- und Co-Regulation. Sie zielen darauf ab, das soziale Nervensystem zu (re-)aktivieren und aus dysregulierten Zuständen herauszufinden oder ihnen zuvorzukommen. Je konsequenter wir uns in Selbst- und Co-Regulation üben, desto mehr Raum und Halt entstehen für intensive Emotionen und verletzte Anteile. Auch hier sei nochmals betont, dass Regulation nicht mit Beruhigung oder Besänftigung zu verwechseln ist. Die Fähigkeit zur Regulation ermöglicht uns, mit dem, was auftaucht, da sein zu können, ohne davon überfordert zu sein. Selbst- und Co-Regulation verhelfen uns zur Integration all dessen, was nie einen Platz bekommen hat, aber schon lange dazugehört. Wenn wir füreinander regulierend wirken können, werden unsere Beziehungen zu Heilungsorten und die Bindung wird zu einem soliden und haltgebenden Anker in dieser Welt.

Einladung zur Reflexion

Machen dich die Leitsterne eher motiviert oder verzagt?

Bei Ersterem: Notiere, welche Gefühle, Gedanken, inneren Bilder und Körperempfindungen in dir geweckt wurden. Hast du konkrete Ideen, was du direkt umsetzen möchtest?

Bei Letzterem: Erforsche, was für Überzeugungen in dir berührt wurden. Frage dich, was Neues entstehen könnte, wenn du es wagen würdest, den Leitsternen zu folgen.

3. LEITPRINZIP AUF DEM WEG ZU GELINGENDEN BEZIEHUNGEN: SICHERE BINDUNG KULTIVIEREN

Liebe allein ist nicht genug.

Die Liebe in Paarbeziehungen wird oft sehr romantisch dargestellt. Etwa mit Sätzen wie: »Die Liebe heilt alle Wunden«, »Liebe ist die größte Kraft oder Liebe kann alles«. Ich bedauere es, wenn ich Leser und Leserinnen enttäuschen muss, doch das ist nicht die ganze Wahrheit. Liebe trägt nur dann, wenn sie sich in Worten und Taten widerspiegelt. Wir können einen Menschen lieben und uns doch so verhalten, dass wir ihm oder der Beziehung schaden. Es ist möglich, große Gefühle für jemanden zu haben und ihn dabei überhaupt nicht wahrzunehmen. Ein sehr krasses Beispiel für »Liebe« im destruktiven Sinne ist der sogenannte »Liebeswahn«, eine psychotische Störung, bei der der erkrankte Mensch davon überzeugt ist, dass das Objekt der Begierde in ihn verliebt sei, selbst wenn es dafür keinerlei Anhaltspunkte gibt. Menschen morden »aus Liebe« und sind in der Lage, viele andere sehr irrationale Dinge mit Liebe zu begründen.

Um gelingende Liebesbeziehungen und sichere Beziehungen in jedem Kontext zu gestalten, braucht es also vermutlich mehr als Liebe und auch die Aufklärung eines häufigen Missverständnisses.

Liebe und Bindung sind nicht dasselbe

Es gibt sowohl Bindung ohne Liebe als auch Liebe ohne Bindung. Und natürlich gibt es auch Bindung und Liebe in einem. Nach Stephen Porges ist Bindung ein biologischer Imperativ. Das bedeutet auch, dass wir nicht anders können, als uns zu binden. Unwillkürlich sucht unser Nervensystem nach Bindung, denn, du erinnerst dich sicherlich, Bindung bedeutet Überleben. Während sich eine gute Bindung ruhig und sicher anfühlen kann, kann sich Liebe und noch mehr Verliebtheit sehr turbulent und aufregend anfühlen. Auf neurobiologischer Ebene wird Bindung vor allem mit der Ausschüttung von Oxytocin und Vasopressin in Verbindung gebracht, Hormonen, die Vertrauen, Empathie und die Bindung zwischen Individuen fördern. Liebe ist mit der Aktivierung bestimmter Gehirnbereiche verbunden, darunter das Belohnungssystem, das Dopamin und andere Neurotransmitter ausschüttet, was zu Gefühlen von Glück, Euphorie und intensiver emotionaler Verbindung führt. Liebe kann flüchtig sein, Bindung ist auf Dauer ausgelegt. Wie bereits in vorangegangenen Kapiteln beschrieben, kann uns Bindung auch in destruktiven Beziehungskontexten halten. Nicht die Liebe hält uns dort, auch wenn das allzu oft verwechselt wird.

Nun soll es also darum gehen, wie es gelingen kann, sichere Bindung zu kultivieren, damit die wunderbaren Gefühle, liebevoller und tiefer menschlicher Zuneigung einen gesunden Nährboden finden und sich Irrungen und Wirrungen auf der Bindungsebene lösen können. Ich werde hier nun den Fokus auf Paarbeziehungen legen, wobei sich die Prinzipien in gewissem Maße auch auf Eltern-Kind-Beziehungen, Arbeitsbeziehungen, Teams und große Systeme übertragen lassen.

LEITSTERNE FÜR SICHERHEIT IN DER BEZIEHUNG

Die folgenden Leitsterne sind gesammelte Essenzen, inspiriert von unterschiedlichen Experten und Expertinnen auf dem Feld der Traumatherapie und traumasensiblen Paartherapie und von der Arbeit mit Paaren in meiner Praxis. (Literaturempfehlungen findest du am Ende des Buches.) Sie alle fußen auf Kenntnissen der Neurobiologie, Bindungstheorie und Psychotraumatologie.

Ein Wertekodex, der Sicherheit schafft

Manchmal befinden wir uns schon lange in einer Beziehung, jedoch ohne sagen zu können, welchen Werten sie folgt. Im glücklichsten Fall teilen Menschen die für sie wichtigsten Werte miteinander. Sicher gebundene Menschen folgen oft unbewusst Werten, die Sicherheit vermitteln, weil diese natürlicherweise Teil der sicheren Bindung sind. Dazu gehören etwa Respekt, Ebenbürtigkeit und die Gewissheit, dass die Partner grundlegend zueinanderstehen. Für unsicher gebundene Menschen ist es sehr hilfreich, gemeinsam einen Wertekodex zu formulieren, der beiden als Ausrichtung und Orientierungshilfe dienen kann, wenn es darum geht, eine sichere Bindung zu kultivieren. Paaren in meiner Praxis hat diese Klärung meist sehr geholfen, sich gegenseitig dabei zu unterstützen, zu einem sicheren Menschen zu werden.

Meine Einladung zum Kultivieren einer sicheren Beziehung lautet: Nehmt euch Zeit für die Erstellung eines Wertekodex, in dem euer beider wichtigsten Werte einvernehmlich Platz finden. Genießt diesen kreativen Prozess der Klarheit und Verbindung.

Sowohl-als-auch – Die Ambiguitätstoleranz

Dysregulierte Nervensysteme und Bindungssysteme sind oft rigide. Sie schwingen nicht flexibel. Häufig existiert nur Schwarz oder Weiß. Um Sicherheit empfinden zu können, ist es wichtig, Toleranz für das »Sowohl-als-auch« zu entwickeln. Die sogenannte »Ambiguitätstoleranz« ermöglicht es uns, Mehrdeutigkeiten, Unsicherheiten oder unklare Situationen auszuhalten, ohne sich überwältigt zu fühlen oder schnelle Lösungen finden zu müssen. Das ist auf dem Weg in die sichere Bindung sehr wichtig, denn Menschen mit früh geprägten Überlebensstrategien fühlen und verhalten sich oft mehrdeutig. Sie sagen etwas anderes, als sie fühlen. Sie handeln anders, als sie wollen. Sie wissen, dass sie sicher sind, aber sie fühlen es nicht. Ein Anteil will Nähe, der anderer Anteil lehnt sie ab. Betroffene erleben, dass es oft keine eindeutige Klarheit gibt, sondern mehreres und manchmal Widersprüchliches nebeneinander besteht. Je besser wir uns diese Widersprüche erklären können (was zuallermeist mit dem Wissen um Trauma und Bindung gelingt), desto leichter wird es, tolerant zu werden und sie nach und nach zu verändern.

Die Einladung lautet also: Versuche in deinem Inneren, Raum für das Sowohl-als-auch zu schaffen. Interessiere dich für die Ursachen und guten Gründe, die zu den widerstreitenden Aspekten führen. Und dann bleibe dem Wertekodex treu, um den Weg zu finden, mit der Ambiguität umzugehen.

Sich einander sicher sein

Primäre Bindungspersonen genießen Priorität vor allen anderen. Dieses Prinzip vermittelt Bindungssicherheit. Ist ein Kind krank, steht seine Versorgung vor allen anderen Bedürfnissen oder Verpflichtungen. Braucht uns unser Partner oder unsere Partnerin, so hat das Vorrang vor Dritten. Partner können einander sicher sein, wenn sie sich vor anderen (und auch sich selbst) schützen. Wenn klar ist, dass das Wohlergehen und die Sicherheit des anderen bedingungslos Priorität vor Ansprüchen aus dem Außen haben, wird die Beziehung zum sicheren Ort. Wenn Partner vor anderen nicht zueinanderstehen können, hat die Beziehung keine sichere Basis.

Die Einladung zum Kultivieren einer sicheren Beziehung lautet hier: Stehe zu deinem Partner und schütze sie oder ihn vor anderen.

Vertrauensperson Nummer 1

Wenn ich herausfinden möchte, ob jemand in seinem Leben sichere Bindungen genießt, frage ich: Wen rufst du an, um Zuspruch und Hilfe zu finden, wenn du nachts um vier in Not bist? Sicher gebunden zu sein und sichere Beziehungen zu leben bedeutet, sich selbst zumuten zu können, ohne, Scham oder Schuld dabei zu empfinden. In sicheren Beziehungen wird die Bindung vertieft, wenn man wechselseitig füreinander da sein kann. Vertrauensperson Nummer 1 zu sein bedeutet, ein sicherer Mensch zu sein. Wenn Beziehungspartner ihre Sorgen und Nöte vorwiegend mit Menschen außerhalb ihrer Partnerschaft besprechen, ist das ein Anzeichen für fehlende Bindungssicherheit.

Hier lautet die Einladung erneut: Sei, so gut es dir möglich ist, ein sicherer Mensch.

Füreinander wach bleiben

Wir glauben allzu oft, dass wir einen anderen Menschen kennen. Doch es ist wichtig, sich bewusst zu machen, dass wir zu einem gewissen, recht großen Teil unsere Erfahrungen, Erwartungen und Erinnerungen auf den anderen projizieren (den Partner automatisieren). Wenn diese unbewusste Energiesparmethode überhandnimmt, verlieren wir den Kontakt und die Beziehung wird unlebendig, wodurch Distanz entsteht.

Wie bereits beschrieben, neigen wir dazu, Informationslücken unbewusst auszufüllen. Wir sind auf natürliche Weise durch und durch voreingenommen, da unsere Erfahrungen unser Welt- und Menschenbild prägen. Wenn wir nicht achtgeben, hören wir damit auf, einem Menschen zuzuhören, sobald wir glauben, ihn zu kennen. Wir hören auf, Fragen zu stellen, und mutmaßen stattdessen. Das ist eine Falle, in die man nicht tappen sollte, denn sie führt in die Stagnation und abermals in die Wiederholung alter Muster.

Die Einladung zum Kultivieren einer sicheren Beziehung lautet daher: Achte darauf, deinen nahen Mitmenschen fortwährend Fragen zu stellen und nicht in Vorannahmen einzurasten. Höre ihnen zu und beobachte sie genau. Welche Botschaften stecken in den Worten und welche in der Körpersprache, die so viel zusätzliche Informationen enthält? Was entdeckst du, wenn du dich aufrichtig interessierst?

Verletzlichkeit schafft Verbundenheit

Wenn Menschen früh in ihrem Leben gelernt haben, dass ihrer Verletzlichkeit mit Abwertung, Gleichgültigkeit oder gar Beschämung begegnet wurde, wird die eigene Verletzlichkeit zur Bedrohung für die Bindungssicherheit. Ursprünglich ist sie jedoch das Gegenteil. Verletzlichkeit schafft Verbundenheit. Sich in der eigenen Verletzlichkeit zeigen zu können, ohne beschämt oder bewertet zu werden, bedeutet Vertrauen und Bindungssicherheit. Sobald Menschen einander ihre verletzlichen Seiten zeigen, begeben sie sich in eine gegenseitige Verantwortung füreinander. Dann geht es darum, das Verletzliche zu schützen und Verletztes nach und nach zu heilen. In Beziehungen, in denen wir unsere Verletzlichkeit verbergen, enthalten wir einen wesentlichen Teil unserer Persönlichkeit vor. Ohne das Risiko einzugehen, sich verletzlich zu zeigen, kann keine sichere Bindung entstehen.

Die Einladung zum Kultivieren einer sicheren Beziehung lautet: Reflektiere deine Haltung gegenüber deiner Verletzlichkeit und der deiner primären Bindungsperson. Fälle gemeinsam mit ihr die Entscheidung, euch einander verletzlich zu zeigen und achtsam damit umzugehen. Beobachte, was sich dadurch zwischen euch und in deinem Inneren verändert.

Kraft der Eigenverantwortung

Die Merkmale einer sicheren Beziehung zeichnen sich vor allem durch die große Ressource der zwischenmenschlichen Bezogenheit aus. Wir brauchen einander und sind füreinander da. Unter Umständen kann es geschehen, dass eine wesentliche Voraussetzung für eine gelingende Beziehung in den Hintergrund rücken kann. Selbst wenn wir füreinander Verantwortung tragen, ist Eigenverantwortung ein wichtiger Schlüssel für Gegenseitigkeit und Ebenbürtigkeit. Die Verantwortung für das eigene Wohlergehen, Lebensglück oder die Lebensumstände an einen anderen Menschen zu übertragen, schadet beiden Seiten. Auch wenn es unangenehm sein mag, das zu hören: Manche Menschen geraten in die Dynamik, das Wissen über Trauma und ihre eigene Versehrtheit hin und wieder zu benutzen, um Verantwortung an andere abzugeben. Es ist sehr nachvollziehbar, dass das kindliche Bedürfnis nach Versorgtsein und Beschütztsein sich manchmal so äußern kann. Es ist jedoch wichtig, die Kraft der Eigenverantwortung nicht über längere Zeit abzugeben und sie viel mehr zu nutzen, um alle guten Ressourcen und Möglichkeiten, die im Erwachsenenleben zur Verfügung stehen, in Anspruch zu nehmen.

Die Einladung zum Kultivieren einer sicheren Beziehung lautet: Richte dich auf und nimm die Größe deiner Eigenverantwortung an. Sorge für deine kindlichen inneren Anteile. Für sie bist du die primäre Bindungsperson und nicht dein Beziehungspartner oder deine Beziehungspartnerin. Ermutige auch dein Gegenüber, die Verantwortung für sich selbst würdevoll zu tragen. Das ist sehr heilsam.

Die Bedeutung von Ressourcen

So wie keine Pflanze ohne Wasser wächst, entwickelt sich kein menschliches Wesen ohne gute Ressourcen. Kraftquellen, die uns helfen, uns zu regulieren, zu regenerieren und Kraft zu schöpfen, sind ein wesentlicher Bestandteil eines gesunden und glücklichen Lebens. Aus traumatherapeutischer Sicht fällt in die Kategorie »gute Ressource« alles, was uns dabei hilft, in Balance zu kommen oder zu bleiben. Ressourcen unterscheiden sich von Kompensationsstrategien dadurch, dass sie nebenwirkungsfrei einen wohltuenden Effekt haben. Die Bedeutung von Ressourcen kann nicht überbetont werden. Um eine sichere Beziehung gestalten zu können, ist es wichtig, dass man gemeinsame Ressourcen teilt und pflegt. Wohltuende Kraftquellen können sowohl große Dinge wie gemeinsame Urlaube oder auch kleine Dinge wie ein Sonntagsfrühstück oder ein gemeinsames Lieblingslied sein. Ressourcen stärken die Verbindung und aktivieren das soziale Nervensystem.

Die Einladung zum Kultivieren einer sicheren Beziehung lautet in diesem Sinne: Finde Ressourcen und pflege diese mit deiner primären Bindungsperson regelmäßig. Denn Ressourcen sind Anker der Sicherheit. Achte darauf, sie besonders dann heranzuziehen, wenn

Belastungen in die Beziehung drängen. Ressourcen sind wichtige Anknüpfungspunkte an die stabilen und haltgebenden Aspekte einer Beziehung.

Kontingenz schafft Sicherheit

In Teil 1 des Buches habe ich dir den Begriff »Kontingenz« vorgestellt, also das Empfinden, von einem anderen Menschen einfühlsam wahrgenommen, gesehen und verstanden zu werden. Die sichere Bindung ist eine Erfahrung der Kontingenz. Daher lautet die Einladung zum Kultivieren einer sicheren Beziehung in diesem Zusammenhang: Schaffe Kontingenz in deiner Beziehung. Damit wird sie zu einem sicheren Ort. Interessiere dich aufrichtig, neugierig und mit deiner vollen Aufmerksamkeit für deine primäre Bindungsperson. Die empfundene Sicherheit, die sich daraus ergibt, wird beidseitig Halt und auch Spielraum schenken, um sich zu entwickeln, gemeinsam die Welt da draußen und die innere Welt des anderen sowie die eigene zu erforschen und heilsame Erfahrungen zu sammeln.

AUFGEBEN IST KEINE OPTION

Nicht müde werden
sondern dem Wunder
leise
wie einem Vogel
die Hand hinhalten.
Hilde Domin

Wiederholung bringt Veränderung

Du hast bei der Lektüre dieses Buches viel erfahren über menschliche Nervensysteme, die Neurobiologie von Beziehungen und Verbindung, unser Gehirn mit der Fähigkeit zur Neuroplastizität und unsere inneren Anteile. Besonders in diesem letzten Teil steckt viel Inspiration zur Gestaltung der eigenen Beziehungsräume. Wie bereits in der Einleitung angekündigt, handelt es sich bei diesem Buch nicht um einen Ratgeber. Deswegen findest du auch keine Schritt-für-Schritt-Anleitungen, um die beschriebenen Prinzipien umzusetzen. Damit du das erworbene Wissen in deinem Alltag anwenden kannst, ist es nötig, Dinge auszuprobieren und zu experimentieren. Es geht nicht darum, etwas richtig zu machen, sondern darum, Erfahrungen zu machen. Nur das führt zu Veränderung. Es liegt in deinen Händen, einen großen Teil deiner zukünftigen Erfahrungen zu korrigierenden Erfahrungen zu machen.

Sofern es dir gelingt, dich an die grundlegenden Prinzipien für sichere Bindungen zu halten, wirst du in deinem Leben mit der Zeit kleine und große Veränderungen bemerken. Der einzige sogenannte Fehler, den du machen könntest, wäre aufzugeben. Doch Aufgeben ist keine Option. Es ist natürlich und vorhersehbar, dass man sich auf Heilungswegen und in tiefen Veränderungsprozessen phasenweise verzagt und entmutigt fühlt. Nicht alles gelingt sofort und vieles wird ja in der Zuwendung zu sich selbst zum ersten Mal wirklich spürbar. Ich möchte dich daher zum Abschluss noch einmal daran erinnern, dass jeder Schritt auf deinem Weg dich nach vorne bringt, auch wenn es sich manchmal anfühlt, als würde es rückwärtsgehen. Du bist vermutlich an einer Stelle in deinem Leben, an der du Veränderung herbeisehnst oder aber von ihr überwältigt bist. Mit den Hinweisen, Prinzipien und Informationen aus diesem Buch kannst du diese Wandlungen so gestalten, dass sie dir sofort oder in einer Weile dienen werden.

Die wichtigste Essenz des Buches möchte ich dir noch einmal ins Gedächtnis rufen, weil wir sie doch allzu schnell vergessen:

ESSENZ: WIR BRAUCHEN EINANDER

Wenn es uns gelingt, unsere soziale Natur mit ihrer Verletzlichkeit und ihrer großen Kraft in den Mittelpunkt zu stellen, wird heilsame Veränderung möglich.

Wertesysteme werden sich wandeln, Prioritäten verschieben, Wesentliches wird von Unwesentlichem getrennt.

Unsere soziale Natur der Verbundenheit zur Grundlage unserer Bewertungen, Entscheidungen und Planungen zu machen, ruft das Beste im Menschen hervor.

Verbundenheit ist eine große Heilkraft und in der Lage, die Folgen von Trauma individuell, kollektiv und transgenerational zu heilen und weitere Traumatisierungen zu vermeiden.

EPILOG

Wir brauchen einander.

Am Ende einer Reise liegt nicht nur eine Wegstrecke hinter einem. Viele Erlebnisse, Bilder und Eindrücke warten darauf, integriert zu werden. Und wenn man schließlich wieder im vertrauten Zuhause ankommt, kann es auf eigenartige Weise fremd erscheinen. Dabei hat sich nichts verändert – außer man selbst.

Vielleicht teilst du diese Erfahrung. Vielleicht geht es dir auch nach dieser Lektüre auf eine Art ähnlich. Manche Erkenntnisse verändern eine innere Landschaft. So manche innere Berührung lässt lange Bekanntes in neuem Licht erscheinen. Und manch eine Beobachtung führt uns auf neue Wege. Das kann sich erhebend, motivierend und entlastend anfühlen, oder auch beängstigend, erschütternd und verunsichernd.

Was auch immer du während der Lesereise oder jetzt, an ihrem Ende empfindest: Es ergibt einen Sinn. Nicht nur dein bewusster Verstand hat sie erlebt, sondern auch deine inneren Anteile, dein Körper und dein Unterbewusstsein. Auf all diesen Ebenen wirken die Informationen und deine Assoziationen dazu auf ihre ganz eigene Weise. Ich möchte dich einladen, all dem Raum zu geben. Du könntest dieses Buch fortan wie ein Reisedokument handhaben, so wie ein Fotoalbum, das du immer wieder aufschlagen kannst, um gewisse Wegabschnitte noch einmal zu erleben. Du wirst immer und immer wieder Neues entdecken und daran erkennen, wie viel sich in deinem Inneren bewegt.

Vielleicht siehst du dich mit offenen Fragen konfrontiert und sehnst dich nach Antworten, Lösungen und Klarheit. Ich möchte an dieser Stelle die Worte Rainer Maria Rilkes bemühen, um dich zu ermutigen, diesen Fragen Zeit zu geben, statt den Antworten nachzujagen.

> *»[…] und ich möchte Sie, so gut ich es kann, bitten, […], Geduld zu haben gegen alles Ungelöste in Ihrem Herzen und zu versuchen, die Fragen selbst liebzuhaben wie verschlossene Stuben und wie Bücher, die in einer sehr fremden Sprache geschrieben sind.*
> *Forschen Sie jetzt nicht nach den Antworten, die Ihnen nicht gegeben werden können, weil Sie sie nicht leben könnten.*
> *Und es handelt sich darum, alles zu leben. Leben Sie jetzt die Fragen. Vielleicht leben Sie dann allmählich, ohne es zu merken, eines fernen Tages in die Antwort hinein.«*
>
> -Rainer Maria Rilke-

In meinen Worten gesagt, möchte ich dich einladen, den Weg zu sicheren Bindungen, liebevollen Beziehungen und heilsam korrigierenden Erfahrungen als einen Prozess zu betrachten, dem du dein Vertrauen schenken kannst. Letztlich geht es darum, Platz zu machen für das, was in deinem Inneren und deiner bindungsorientierten Natur darauf wartet, sich entfalten zu können. Je mehr es gelingt, kleine Momente der Sicherheit zu kreieren und zu genießen, desto mehr werden sich Schutz- und Überlebensstrategien wandeln und die Verbundenheit zu dir selbst und anderen wird sich verstärken.

Es ist nie zu spät für heilsame Veränderungen und die heilsame Kraft der Verbundenheit bleibt uns immer erhalten, ganz gleich, was wir einmal erlebt und gelernt haben.

DANK

»Ein wahrer Freund ist der, der deine Hand nimmt, aber dein Herz berührt.«
Gabriel García Márquez

Mein Herz ist erfüllt von Dankbarkeit für die Menschen, die an meiner Seite sind, in meinem Herzen wohnen und mit mir diesen unbeschreiblichen Weg namens Leben beschreiten. Der Prozess, dieses Buch zu schreiben, war getragen von diesen Menschen.

Danke, Azize, für deine ansteckende, sprühende Lebenskraft, die mich immer wieder, fast jeden Morgen, inspiriert und aufrichtet. Danke, Edel, für deine unerschütterliche Präsenz, die Halt und Raum gibt, für alles, was ist. Ich danke euch beiden für die enge Begleitung in meiner Schreibwerkstatt! Danke, Sabine, für dein warmes, helles Licht!

Mein herzlicher Dank geht auch an Sonja Heinrich, der Vorständin der Polyvagalakademie Deutschland. Danke für deine beeindruckende Hilfsbereitschaft und deine fachliche und beherzte Unterstützung und dafür, dass du mir viele Türen geöffnet hast!

Danke, liebe Verena, für deine wunderbare Kunst und deine verbundene Fähigkeit, tief in mein Inneres zu blicken, du liebe Freundin.

Danke, Joachim, für deine unendliche Geduld, die vielen Aufheiterungen, den bedingungslosen Rückhalt und deine Liebe, die Sicherheit und Wärme schenken.

Danke, liebe Familie, für die sichere Bindung, die Liebe, eure fraglose Unterstützung und die nährende Verbundenheit von Tag eins meines Lebens an!

Danke an dich, liebe Anne, für dein wieder so liebevolles und verbundenes Lektorat! Von Herzen Dank auch an Pascal Frank für die

Hörbuchbearbeitung und alles, was dazugehört! Danke an Stella, Caroline und alle tollen Menschen vom Arkana Verlag, die diesem Projekt mit so viel Leichtigkeit und Klarheit den passenden Rahmen schenken!

Danke an all meine Klientinnen und Klienten, Kursteilnehmer, Leserinnen und Hörer der vergangenen 20 Jahre, die mich so viel über das Leben und Licht und Schatten der Menschheit gelehrt haben.

Danke an mein wunderbares Team, das mir in großem Maße beherzt den Rücken freigehalten hat, damit ich schreiben konnte.

Und zu guter Letzt danke an dich, liebe Leserin, lieber Leser, dass ich dich mitnehmen durfte auf diese Reise in die heilsame Kraft der Verbundenheit. Ich hoffe, dass dieses Buch dir einfach guttut.

GLOSSAR

Bindungstrauma

Bindungstraumatisierungen entstehen, wenn in der verletzlichen Lebensphase unserer Kindheit Traumatisierungen geschehen, die unmittelbar die Bindung zwischen Kind und Bezugsperson betreffen und eindeutig zur Folge haben, dass sich daraus eine nachhaltige Beeinträchtigung der Bindungsfähigkeit ergibt.

Dissoziation

Dissoziation bezeichnet einen psychischen Zustand, bei dem das Bewusstsein, das Gedächtnis, die Wahrnehmung oder die Identität teilweise oder vollständig von der aktuellen Realität abgetrennt wahrgenommen werden. Dieser Mechanismus dient als Schutzfunktion, um extrem belastende Situationen wie Traumata abzumildern. In der Psychotraumatologie wird Dissoziation als eine der zentralen Reaktionen auf traumatische Ereignisse verstanden. Sie kann sich in verschiedenen Formen äußern, von leichten Tagträumen bis hin zu schweren dissoziativen Störungen wie der dissoziativen Identitätsstörung. Typische Symptome umfassen Gedächtnislücken und Entfremdungsgefühle. Betroffene erleben ihre Gedanken, Gefühle und Körperempfindungen als unwirklich oder distanziert, als ob sie sich selbst von außen beobachten würden (Depersonalisation). Auch die Umwelt wird als unwirklich, fremd oder verzerrt wahrgenommen (Derealisation).

dorsaler Shut-down

In der Polyvagaltheorie beschreibt »shut down« einen Zustand tiefer Immobilisierung, ausgelöst durch den dorsalen Vagusnerv des parasympathischen Systems, als Reaktion auf extreme Bedrohung, wenn Flucht oder Kampf nicht möglich sind.

Entwicklungstrauma
Im Rahmen der aktuellen Traumaforschung hat sich der Begriff »Entwicklungstrauma« oder »Traumabedingte Entwicklungsstörung« herauskristallisiert. Seit den späten 1990er-Jahren wächst eine neue Fachrichtung, die sich Entwicklungstraumatologie nennt. Entwickungstraumata entstehen durch Hochstresserleben in der frühesten und frühen Kindheit und zeichnen sich durch Entwicklungsstörungen des Gehirns aus. Sie beeinträchtigen die Fähigkeit zur Affektregulation, das Selbstbild und die Beziehungsfähigkeit, was zu anhaltenden emotionalen, sozialen und kognitiven Schwierigkeiten führen kann.

Interdependenz
Interdependenz bezeichnet eine wechselseitige Abhängigkeit zwischen Individuen, Gruppen oder Systemen, in der alle Beteiligten voneinander beeinflusst werden und aufeinander angewiesen sind. Interdependenz beschreibt eine gesunde Balance, in der individuelle Autonomie mit der Fähigkeit, enge und unterstützende Verbindungen zu anderen zu pflegen, vereint wird.

Konditionierung
Konditionierung ist ein grundlegender Lernprozess, bei dem durch die systematische Assoziation zwischen einem Reiz und einer Reaktion ein neues Verhalten oder eine Veränderung im Verhalten erzeugt wird. Es gibt zwei Hauptformen: die klassische Konditionierung, bei der ein neutraler Reiz mit einem Stimulus verbunden wird, der automatisch eine Reaktion auslöst, und die operante Konditionierung, bei der das Verhalten durch Belohnungen oder Bestrafungen verstärkt oder geschwächt wird. Konditionierungen und vor allem die automatischen Reaktionen sind oft unbewusst.

Kontingenz
Kontingenz im Kontext der Arbeiten von Daniel Siegel, einem Experten auf dem Gebiet der Interpersonellen Neurobiologie, beschreibt die Feinabstimmung und Angemessenheit der Reaktionen eines Individuums auf die Signale eines anderen, was für die Qualität und Tiefe der Verbindung zwischen Menschen entscheidend ist. Dieses Prinzip ist insbesondere in der Kindheit relevant, spielt jedoch auch in Beziehungen im Erwachsenenalter eine wichtige Rolle, einschließlich Freundschaften, romantischen Beziehungen und professionellen Interaktionen. Kontingente Kommunikation trägt dazu bei, Verständnis, Empathie und emotionale Nähe zu fördern, unabhängig vom Alter der Beteiligten.

kPTBS
Die komplexe Posttraumatische Belastungsstörung umschreibt eine Diagnose aus dem ICD 11 (»International Statistical Classification of Diseases and Related Health Problems«) der WHO, die folgendermaßen lautet: »Die komplexe Posttraumatische Belastungsstörung (Komplexe PTSD) ist eine Störung, die sich entwickeln kann, nachdem man einem Ereignis oder einer Reihe von Ereignissen extrem bedrohlicher oder schrecklicher Natur ausgesetzt war, meist lang anhaltende oder sich wiederholende Ereignisse, denen man nur schwer oder gar nicht entkommen kann (z. B. Folter, Sklaverei, Völkermordkampagnen, lang anhaltende häusliche Gewalt, wiederholter sexueller oder körperlicher Missbrauch in der Kindheit). Alle diagnostischen Voraussetzungen für eine PTBS sind erfüllt. Darüber hinaus ist die komplexe PTBS gekennzeichnet durch schwere und anhaltende 1) Probleme bei der Affektregulierung; 2) Überzeugungen über die eigene Person als vermindert, besiegt oder wertlos, begleitet von Scham-, Schuld- oder Versagensgefühlen im Zusammenhang mit dem traumatischen Ereignis; und 3) Schwierigkeiten, Beziehungen aufrechtzuerhalten und sich anderen nahe zu fühlen. Diese Symptome führen zu erheblichen Beeinträchtigungen in persönlichen, familiären, sozialen, schulischen, beruflichen oder anderen wichtigen Funktionsbereichen.« (ICD 11 Code 6B41)

Neuroplastizität
Neuroplastizität bezeichnet die Fähigkeit des Gehirns, sich strukturell und funktionell durch Erfahrungen, Lernen oder Schädigungen zu verändern. Dieser Prozess ermöglicht die Anpassung des Gehirns durch das Bilden neuer neuronaler Verbindungen, die Stärkung bestehender Netzwerke oder deren Umbau, um Lernen, Gedächtnisbildung und die Erholung von Verletzungen zu unterstützen. Neuroplastizität ist eine über die gesamte Lebensspanne fortbestehende Funktion.

Neurozeption
Neurozeption ist ein Konzept aus der Polyvagaltheorie von Stephen Porges und bezeichnet den unbewussten Prozess, durch den das Nervensystem Sicherheit, Gefahr oder lebensbedrohliche Situationen wahrnimmt und darauf reagiert. Es handelt sich um eine vorbewusste Bewertung der Umgebung, die bestimmt, welche Reaktionen des autonomen Nervensystems aktiviert werden, ohne dass dies dem Bewusstsein zugänglich sein muss. Neurozeption spielt eine entscheidende Rolle bei der Regulation emotionaler und sozialer Prozesse und beeinflusst, wie sicher oder bedroht wir uns in unseren Beziehungen und Umgebungen fühlen.

Polyvagaltheorie
Die Polyvagaltheorie, entwickelt von Stephen Porges, ist ein neurobiologisches Modell, das erklärt, wie das autonome Nervensystem (ANS) durch die Evolution drei verschiedene Zweige entwickelt hat, die unser soziales Verhalten und unsere Reaktionen auf Sicherheit und Bedrohung beeinflussen. Die Theorie betont insbesondere die Rolle des Vagusnervs, der in zwei Zweige unterteilt ist: den älteren, dorsalen Vagus, der in extremen Stresssituationen eine Immobilisierung bewirkt, und den neueren, ventralen Vagus, der mit sozialer Kommunikation und beruhigenden Mechanismen assoziiert ist. Die Polyvagaltheorie bietet Einblicke in die physiologischen Grundlagen von Emotionen, Stressreaktionen und zwischenmenschlichen Beziehungen und hat weitreichende Anwendungen in Therapie und Psy-

chologie, insbesondere im Verständnis und in der Behandlung von Traumafolgestörungen. Zur Kritik an der Polyvagaltheorie empfehle ich diese Stellungnahme von Stephen Porges: https://polyvagal-akademie.com/kritik

Prosodie
Prosodie bezeichnet die rhythmischen und melodischen Aspekte der gesprochenen Sprache, einschließlich Tonhöhe, Lautstärke, Tempo und Betonung. Sie ist entscheidend für die Vermittlung emotionaler Nuancen und Bedeutungen, die über den reinen Wortlaut hinausgehen, und trägt zum Verständnis der Absicht, Stimmung und Einstellung des Sprechers bei. Prosodie spielt eine zentrale Rolle in der zwischenmenschlichen Kommunikation und ist wichtig für die Interpretation der emotionalen und sozialen Kontexte von Aussagen.

Psychopathologie
Die Psychopathologie ist die Lehre von Symptomen und Syndromen psychischer Erkrankungen und ist ein Teilgebiet der Psychiatrie und der Psychologie. Sie beinhaltet die Untersuchung der Ursachen, Symptome, Verläufe und Behandlungsmöglichkeiten psychischer Krankheiten und zielt darauf ab, die zugrundeliegenden psychologischen, biologischen und sozialen Faktoren zu verstehen, die zu psychischen Beeinträchtigungen führen können.

PTBS
»PTBS« (Posttraumatische Belastungsstörung) ist eine psychische Erkrankung, die nach der Erfahrung oder dem Zeugnis von traumatischen Ereignissen wie Unfällen, Naturkatastrophen, Gewalttaten oder schwerwiegenden Verlusten auftreten kann. Betroffene leiden unter der sogenannten »Traumatrias«: Wiedererleben: Dies umfasst intrusive Erinnerungen, Flashbacks und Albträume, bei denen das traumatische Ereignis psychisch wiederholt erlebt wird.

Vermeidung und emotionale Taubheit: Betroffene vermeiden aktiv Situationen, Gedanken oder Gefühle, die sie an das Trauma erinnern, und können eine allgemeine emotionale Abstumpfung gegenüber ihrer Umwelt erfahren.

Erhöhte Erregung: Dazu gehören Symptome wie Hypervigilanz, Schlafstörungen, Reizbarkeit, Wutausbrüche und Konzentrationsschwierigkeiten.

Reaktant, Reaktanz

Reaktanz bezeichnet die emotionale Reaktion auf wahrgenommene Einschränkungen der eigenen Freiheit oder Autonomie. Sie äußert sich oft als Widerstand gegen Einflüsse oder Kontrolle von außen. Dies kann dazu führen, dass Betroffene sich gegenüber der Einflussnahme oder Kontrolle von anderen widersetzen, selbst wenn diese Einflüsse positiv oder vernünftig sind. Die Reaktanz kann verschiedene Formen annehmen, darunter Widerstand, Trotzverhalten oder eine erhöhte Neigung, das Gegenteil dessen zu tun, was ihnen gesagt oder vorgeschlagen wird.

Social engagement system/das soziale Nervensystem

Das »Social Engagement System« (soziales Engagement-System) nach Stephen Porges ist ein zentrales Konzept der Polyvagaltheorie. Es beschreibt, wie unser Körper und insbesondere unser Nervensystem auf soziale Interaktionen reagiert und wie diese Fähigkeiten im Laufe der Evolution entstanden sind. Dieses System ist das Ergebnis der evolutionären Integration mehrerer Hirnnerven – insbesondere der Nerven V (Trigeminus), VII (Fazialis), IX (Glossopharyngeus), X (Vagus) und XI (Akzessorius).

Trigger

In der Psychotraumatologie bezeichnet ein »Trigger« einen Reiz von außen oder aus dem eigenen Inneren, der Erinnerungen, Gefühle oder Symptome im Zusammenhang mit einem früheren traumatischen Erlebnis reaktiviert. Trigger können vielfältig sein und beispielsweise bestimmte Geräusche, Bilder, Gerüche, Orte oder Wörter umfassen, die eine starke emotionale Reaktion oder sogar eine Wiedererleben des Traumas auslösen.

Unterwerfungsreaktion
körperlich (shut down) und sozial (fawn)

Vigilanz
(Hypervigilanz, Hypovigilanz) »Vigilanz«: Bezeichnet den Zustand der Wachsamkeit, Aufmerksamkeit und Bereitschaft, auf Veränderungen in der Umgebung zu reagieren. Vigilanz ermöglicht es einer Person, aufmerksam und fokussiert zu bleiben, um relevante Stimuli zu erkennen und darauf zu reagieren.

Hypervigilanz: Ein Zustand übermäßiger oder gesteigerter Wachsamkeit, bei dem Individuen in einem erhöhten Maße nach potenziellen Bedrohungen Ausschau halten. Hypervigilanz ist oft eine Reaktion auf traumatische Erfahrungen und kann mit Angststörungen, PTBS (Posttraumatischer Belastungsstörung) und anderen stressbezogenen Störungen assoziiert sein. Personen, die hypervigilant sind, können Schwierigkeiten haben, sich zu entspannen, und können überreagieren auf Reize, die sie als bedrohlich wahrnehmen.

Hypovigilanz: Bezeichnet einen reduzierten Zustand der Aufmerksamkeit und Wachsamkeit, bei dem die Fähigkeit, auf Umgebungsreize zu reagieren, herabgesetzt ist. Hypovigilanz kann etwa in Situationen der Ermüdung, bei bestimmten neurologischen oder psychiatrischen Erkrankungen oder auch als Symptom der Untererregung auftreten. Personen mit Hypovigilanz zeigen oft eine verminderte Reaktionsfähigkeit auf potenzielle Gefahren und können Schwierigkeiten haben, sich auf Aufgaben zu konzentrieren.

WEITERFÜHRENDE LITERATUR

Inspirationen und weiterführende Literatur

Bindung und Beziehung

- Tatkin, Stan: *Wired for Love*, New Harbinger 2024
- Levine, Amir / Heller, Rachel: *Attached*, Penguin 2012
- Hübl, Thomas: *Attuned*, Sounds true 2023
- Poole Heller, Diane: *Tief verbunden*, Kösel 2020
- Fern, Jessica: *Polysecure*, Divana 2023
- Brisch, Karl Heinz: *Bindungsstörungen*, Klett-Cotta 2022
- Brisch, Karl Heinz: *Bindung und psychische Störungen*, Klett-Cotta 2021
- Peichl, Jochen: *Destruktive Paarbeziehungen*, Klett-Cotta 2008
- Vogt, Ralf: *Täterbindung*, Asanger 2016
- Moeller, Michael Lukas: *Die Wahrheit beginnt zu zweit*, Rowohlt 1998
- Klees, Katharina: *Traumasensible Paartherapie*, Junfermann 2018

Einsamkeit

- Stijovic, Ana, u. a.(2023): *Homeostatic Regulation of Energetic Arousal During Acute Social Isolation: Evidence From the Lab and the Field.* Psychological Science, 34(5), 537–551. https://doi.org/10.1177/09567976231156413
- Vgl. dazu auch: Alleinsein kann so müde machen wie Hunger: https://science.orf.at/stories/3218590/
- Eggert, Laura, Schröder, Johanna, Lotzin, Annett (2023): *Living alone is related to depressive symptoms during the COVID-19*

pandemic, https://link.springer.com/article/10.1007/s10389-023-02118-6
- Palmer, Barton W., Hussain, Mariam A., Lohr, James B. (2022). *Loneliness in Posttraumatic Stress Disorder: A Neglected Factor in Accelerated Aging?* Journal of Ageing and Longevity, 2(4), 326–339. www.mdpi.com/2673-9259/2/4/27

Narzissmus

- Hirigoyen, Marie-France: *Die Masken der Niedertracht*, dtv 2002
- Röhr, Heinz-Peter: *Narzissmus. Das innere Gefängnis*, dtv 2005
- Asper, Kathrin: *Verlassenheit und Selbstentfremdung*, Patmos 2012
- Miller, Alice: *Das Drama des begabten Kindes und die Suche nach dem wahren Selbst*, 1979
- Sprenger, Bernd: *Im Kern getroffen*, Kösel 2005
- Wardetzki, Barbara: *Weiblicher Narzissmus*, Kösel 2004
- Haller, Reinhard: *Die Narzissmusfalle*, Ecowin 2019

Traumatherapie und Psychotraumatologie

- Van der Kolk, Bessel: *Verkörperter Schrecken*, Probst 2015
- Lembke, Anna: *Dopamine*, Headline, 2021
- Dana, Deb: *Die Polyvagaltheorie in der Therapie*, Probst 2018
- Walker, Pete: *Komplexe Posttraumatische Belastungsstörung*, Unimedica 2019
- Bradshaw, John: *Healing the shame that binds you*, Health Communications Inc. 2005
- Porges, Stephen: *Die Polyvagaltheorie*, Probst 2017
- Heller/Lapierre: *Entwicklungstrauma heilen*, Kösel 2013
- Scaer, Robert: Das Trauma-Spektrum, Probst 2022
- Siegel, Daniel: *Mindsight*, Goldmann 2012
- Schwarz, Arielle: *Arbeitsbuch Komplexe PTBS*, Probst 2021
- Kachler, Roland: *Traumatische Verluste*, Carl Auer Verlag 2021
- Gysi, Jan: *Diagnostik von Traumafolgestörungen*, Hogrefe 2024

- Hartman, Woltemde / Ftitzsche, Kai: *Einführung in die Ego-State-Therapie*, Carl Auer 2023
- Zanotta, Sylvia: *Wieder ganz werden*, Auer System Verlag 2023
- Fisher, Janina: *Die Arbeit mit Selbstanteilen in der Traumatherapie*, Junfermann 2019

QUELLEN

Soweit nicht anders angegeben, stammen alle Auftaktzitate von der Autorin selbst.

Teil 1

- Zum Stresstoleranzfenster vgl. Daniel Siegel: *Wie wir werden, die wir sind*, Junfermann Verlag, 2006
- Auftaktzitat von Bessel van der Kolk in: *Verkörperter Schrecken*, Probst Verlag, 2015, S. 97
- Beziehung als Schutzfaktor gegen Demenz, vgl. dazu: Eckert, Nadine: »Was zeichnet Superager aus?« Vgl. https://deutsch.medscape.com/artikelansicht/4912739
- Bindungssystem, vgl. dazu: Lohaus, Arnold, Vierhaus, Marc & Maass, Asja, *Entwicklungspsychologie des Kindes- und Jugendalters*, Springer Verlag. (Stangl, 2024).
- Vgl. auch: Stangl, W. (2024, 11. Jänner). Bindungssystem. Onlinelexikon für Psychologie & Pädagogik https://lexikon.stangl.eu/7216/bindungssystem

Teil 2

- Beschwichtigung, vgl. dazu: Keltner, Dacher et al. (1997)
- Trauer, vgl. dazu: Barlé Nicole, Wortman Camille B., Latack Jessica A.: »Traumatic bereavement«. *Journal of Psychotherapy Integration* 2017; 27 (2): 127–39.
- Verhage, Marije et al.: »Narrowing the transmission gap: A synthesis of three decades of research on intergenerational transmission of attachment«. *Psychological Bulletin*, 142, 2016

- Der Begriff »one person system« geht auf Stan Tatkin zurück, vgl. dazu: *Wired for love*, Sounds True Inc 2023 und *In each other's care*, New Harbinger 2024

Teil 3

- Die Abbildung »Die Neurobiologie der Intimität« ist inspiriert vom Polyvagal Institut Deutschland, polyvagal-akademie.com
- In ihrem Training DARe (Dynamic Attachment Re-patterning experience) zitiert Diane Poole Heller aus verschiedenen Studien, die zeigen, dass sexuelle Interaktion in der Partnerschaft im Laufe der Zeit unterschiedliche Funktionen erfüllt.

Teil 4

- »Name it to tame it« – dieses bekannte Zitat ist von Daniel Siegel, klinischer Professor für Psychiatrie an der UCLA School of Medicine und Mitbegründer des Mindful Awareness Research Centers an der UCLA. Er ist ein prominenter Autor und Sprecher im Bereich der interpersonellen Neurobiologie, der Erziehung und der Achtsamkeitspraktiken.
- Die Gleichung »story follows state« stammt von Deb Dana, einer Expertin der praktisch angewandten Polyvagaltheorie.
- Auftaktzitat von Hilde Domin in: *Gesammelte Gedichte*, S. Fischer 1987

REGISTER